乔布斯的发明世界
iPatents of Steve Jobs

周胜生 高可 李楠◎著

知识产权出版社
全国百佳图书出版单位

内容提要

实干型专利战略家乔布斯给世界贡献了几百件发明,并且通过这些发明改变了世界。这些发明是怎样诞生的?为什么这些发明属于乔布斯?这些发明给果粉们及广大普普通通的人们留下了哪些启示?乔布斯之后苹果公司还将有哪些发明?发明、创新、知识产权布局及保护如何缔造了苹果帝国?——答案就在本书中!!

本书为向乔布斯学习而作,是企业创新培训的鲜活案例。

读者对象:社会大众,以热爱创新的青年读者及企业经营管理者、技术研发人员为主。

责任编辑:李 琳 胡文彬	责任校对:董志英
装帧设计:张 冀	责任出版:卢运霞

图书在版编目(CIP)数据

乔布斯的发明世界/周胜生,高可,李楠著.—北京:知识产权出版社,2012.8
ISBN 978-7-5130-1406-9

Ⅰ.①乔… Ⅱ.①周… ②高…③李… Ⅲ.①乔布斯,S.(1955~2011)-人物研究 Ⅳ.①K837.125.38

中国版本图书馆CIP数据核字(2012)第161594号

乔布斯的发明世界
Steve Jobs de Faming Shijie

周胜生 高可 李楠 著

出版发行:	知识产权出版社		
社 址:	北京市海淀区马甸南村1号	邮 编:	100088
网 址:	http://www.ipph.cn	邮 箱:	bjb@cnipr.com
发行电话:	010-82000860转8101/8102	传 真:	010-82005070/82000893
责编电话:	010-82000887 82000860转8118	责编邮箱:	lilin@cnipr.com,huwenbin@cnipr.com
印 刷:	北京雁林吉兆印刷有限公司	经 销:	各大网上书店、新华书店及相关销售网点
开 本:	720mm×960mm 1/16	印 张:	15.25
版 次:	2012年9月第1版	印 次:	2012年9月第1次印刷
字 数:	253千字	定 价:	36.00元

ISBN 978-7-5130-1406-9/K·136(4283)

出版权专有 侵权必究

如有印装质量问题,本社负责调换。

乔布斯的专利苹果（1998～2011）

iInvention
（共88件）

iDesign
（共278件）

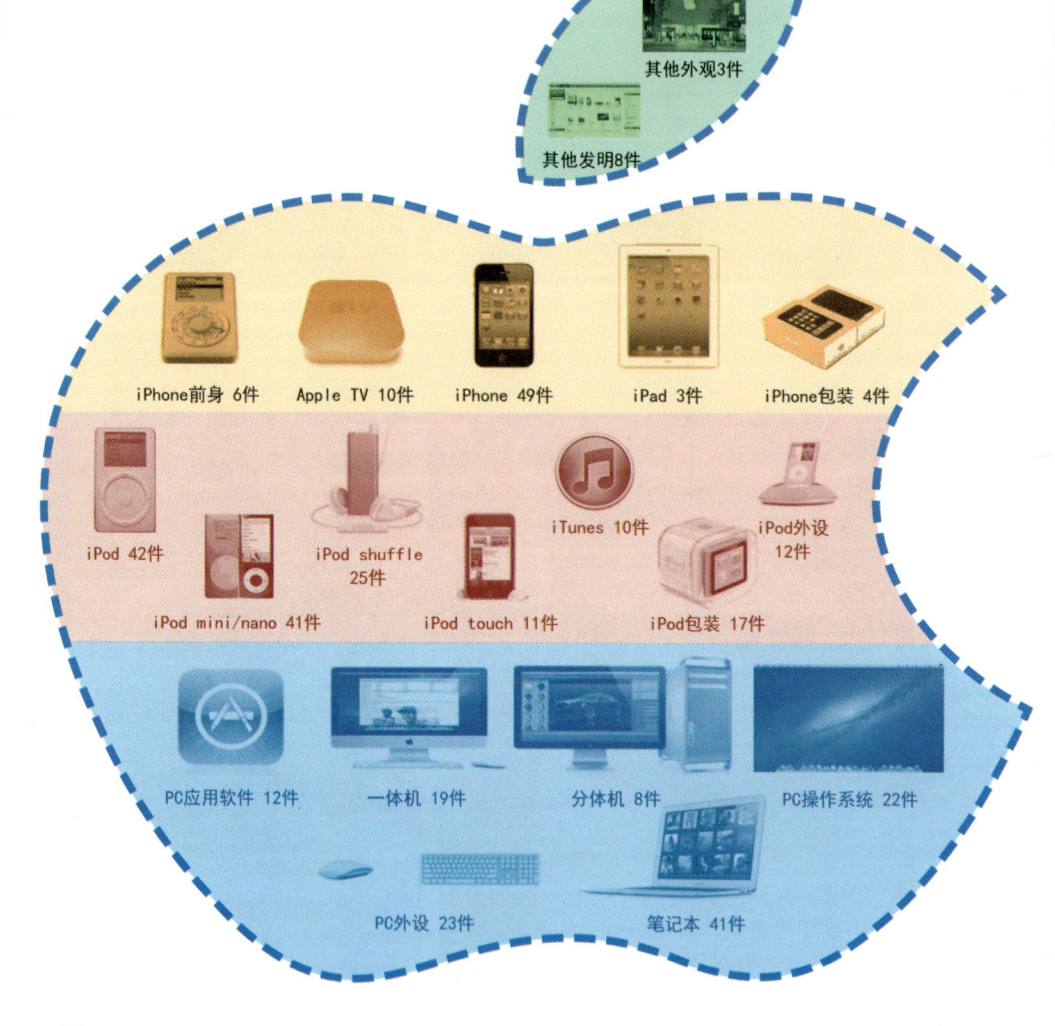

其他外观 3件

其他发明 8件

iPhone前身 6件　　Apple TV 10件　　iPhone 49件　　iPad 3件　　iPhone包装 4件

iPod 42件　　iPod shuffle 25件　　iTunes 10件　　iPod外设 12件

iPod mini/nano 41件　　iPod touch 11件　　iPod包装 17件

PC应用软件 12件　　一体机 19件　　分体机 8件　　PC操作系统 22件

PC外设 23件　　笔记本 41件

iPatents 〔366件 1998～2011〕

序1

21世纪，世界进入知识经济时代，进入创新的时代。

在这个时代里，你可以因某个绝妙的创意而一夜暴富，也可能会因一念之差而被时代发展的洪流所抛弃。近年来，一些刚刚诞生起步的企业重视创新而生机盎然，青春勃发，一些有较长历史的老牌企业因一时没能跟上创新的步点而美人迟暮，危机重重，更有一些创新实力雄厚的大牌企业在发展的历程中坚定秉持不断创新的理念，始终屹立时代潮头，从容应对潮起潮落，引领创新的方向。

知识经济时代，看似喜怒无常，甚至近乎疯狂，但是如果学会了创新，懂得保护创新，你就掌握了知识经济时代的命脉。

在这个时代里，有一位会创新、更懂得保护创新的奇人，他就是乔布斯。

乔布斯用生命的最后14年诠释了创新的含义，魔术般地推出使苹果公司重回世界级PC厂商的iMac、几乎完全占有音乐播放器高端市场的iPod、让人们重新认识手机功能的iPhone、开创电脑新纪元的iPad……每一个产品无不让世人为之惊叹，让果粉们为之疯狂。乔布斯不仅改变了苹果公司的命运，而且改变了世界，颠覆了人们的思维观念。全世界都为乔布斯喝彩！

在为乔布斯喝彩之后，人们开始冷静地观察其精彩的人生，分析其独特的思想。

本书以乔布斯一生的发明为脉络，对乔布斯本人及其苹果公司的专利技术进行深入分析，揭示了乔布斯奇妙的发明世界，展现其娴熟的知识产权运用技巧，领略其远见卓识和伟大天才的思想。

本书视角新颖，构思巧妙，语言风趣。一气读完，掩卷沉思，乔布斯的奇妙创意与神奇的i系列产品、乔布斯与其团队对创新甚至技术细节的固执坚持、乔布斯与专利审查员的智慧交锋、乔布斯的天才发明与其那把锋利的专利双刃剑，始终萦绕脑海，浮现眼前，深受启迪。

本书撰写风格独特，即便你原本对枯燥的技术、神秘的专利、专业的知识产权概念还很懵懂，你也会被书中大量幽默的故事、活力四射的青春气息所吸引、所感染而沉醉其中，你会忘却自身，忘却外面世界，会循着乔布斯发明的轨迹寻找一代天才的创新人生，一种影响无数人的创新人生。

我赞赏本书，更赞赏写就这本书稿的三位年轻人。他们在繁重的专利审查工作之余，充分利用了自身的专业特长和研究积累，从一个十分有价值的角度研究乔布斯，取得了堪称创新的成果。无论你是知识产权领域的新兵、老将，还是企业的科研人员、管理人员，甚至老板，本书都会启发你的思考，甚至激发你创新的冲动。

从表面看，这是一本研究乔布斯的著作，实质上也是一本年轻人写给创新的书。三位年轻的作者非常智慧地把我们带进了"乔布斯的发明世界"，了解了那标有被咬了一口的苹果引领时代产品中的创意和奥秘，表达了他们对如何完成创新、如何保护创新以及如何运用创新的心得和思考。

我相信这本书不仅会吸引当代的年轻人，感动曾经的年轻人，更会影响未来的年轻人。

是为序。

国家知识产权局专利局专利审查协作北京中心主任　魏保志

序2

《乔布斯的发明世界》是三位年轻专利审查员的合力之作。

初读此书，扑面而来的是年轻人所特有的生气与灵动。挥洒的笔锋，在人们熟悉的时尚元素与人们并不熟悉的知识产权概念之间鱼贯而行，自然而流畅。诙谐的口吻，令艰辛的创新之路与激烈的市场竞争平添了许多轻松。

这是一本轻松的读物，但却不乏专业元素。这本书将我们带入一个奇幻而又现实的创新世界。当苹果产品成为当下的一种时尚时，你一定想知道，为什么苹果产品会这样风靡全球，引领无数果粉"折腰"？乔布斯到底掌握着什么神奇的密钥？

当发明创造成为许多年轻人的梦想时，你一定想知道，发明的源泉来自哪里？什么样的发明为世人所崇尚？

当知识产权已经进入经济世界时，你一定想知道，知识产权是什么？如何能够获得有效的知识产权？

作为企业的技术研发人员或者经营管理者，你一定更想弄明白，怎样才能学到苹果产品或者苹果公司神速发展的真传？

……

关于乔布斯，关于苹果，关于创新，人们心中有无穷的好奇，无限的想象。乔布斯在2011年的突然离世，掀起了一股几乎是全球性的研读乔布斯的热潮，相关著作纷至沓来，有时甚至令人茫然无措，无从下手进行选择……

而这本历时一年创作出版的《乔布斯的发明世界》却显然不是某种跟风之作，它以乔布斯及其苹果公司的发明创新为研究视角，立意新颖，风格别致，相信打开此书的读者，一定会有自己独到的体会和发现。

也许，这本书不能给你如同教科书般的答案，但融会在精彩纷呈的故事之中的论述已经涉及专利制度中一些基本问题和一些前沿性的问题。例如专利申请的类型和提交申请的时机，计算机界面的专利保护，将方法发明撰写为产品专利，等等。

本书的三位作者多年从事专利审查工作，对发明创新的价值具有独特、敏锐的评判眼光；他们多年关注专利领域的研究，对热点问题的研究具有清晰、准确的分析头脑。

作为专利审查部的部长，看到专利审查员们利用自己的业余时间自发、自愿地将自己的学识、智慧奉献给社会，深感欣慰。专利事业后继有人。

　　我国的专利事业刚跨过30年的发展历程，这是一项大有可为的事业，是一项可为创新型国家建设添砖加瓦、保驾护航的事业，是一项需要全社会积极参与的事业。生命之树常青，创新之花长盛。乔布斯的一生恰好是一种极其生动的诠释。希望这本《乔布斯的发明世界》能给更多的发明人、专利申请人，给更多的企业经营管理者、技术研发人员，给更多的各行各业追求发展、追求卓越的人士带来思考，带来启发……

国家知识产权局专利局电学发明审查部部长　李永红

前言

2011年10月，乔布斯走了。

身后留下了被咬过一口的苹果，一个不可思议的苹果，一个市值超过5 000亿美元的苹果。

毫无疑问，教父乔布斯是苹果的核心，他用苹果证明了他人生的辉煌。

有人把这种辉煌归结为乔布斯扭曲现实的感染能力；

有人把这种辉煌归结为乔布斯非黑即白的叛逆性格；

有人把这种辉煌归结为乔布斯全心投入的工作热情；

有人把这种辉煌归结为乔布斯孜孜不倦的追求细节；

有人把这种辉煌归结为乔布斯无所不能的海盗团队；

……

但是，更多的人还是把这种辉煌归结为乔布斯一贯秉承的创新、创新、再创新。

（一）

回顾历史，乔布斯一生有三次创新高潮。

1977年，苹果公司研发出当时最伟大的个人计算机Apple II。1978年，借助Apple II强劲的市场表现，苹果公司在美国成功上市，乔布斯的创新有了充足的物质基础。1979年，乔布斯参观了拥有几十位世界级计算机科学家的施乐公司PARC研究中心，见到了似乎只有赛伯坦星球上才可能出现的Alto计算机，瞬间明确了自己的创新方向。

所以，从1980年至1984年，乔布斯迎来了第一次创新高潮。这期间，苹果公司先后推出了Apple III、Apple Lisa和Macintosh个人计算机，这些计算机在IT产业的发展历史上都占有一席之地。特别是以乔布斯女儿命名的Apple Lisa，首开先河地将施乐PARC研究中心养在深闺的图形用户界面（GUI）和鼠标带给千家万户。而Macintosh第一次使用了后来改变出版业的漂亮字体，这些字体在现代计算机中都还能觅其踪影。很难想象，30年前的个人计算机能承载具有如此强劲生命力的创新。

1996年，苹果公司离破产只有一步之遥。为挽大厦于将倾，乔布斯回到了阔别十年的苹果公司。乔布斯很清楚，在如此逆境中，唯有创新才能让苹果公司起死回生，唯有创新才能让苹果公司重新焕发活力。

从1998年至2001年，乔布斯迎来了第二次创新高潮。期间苹果公司推出的iMac G3像诱人的果冻，iBook像张合的贝壳，iMac G4像动画里的台灯，完全颠覆了世人对PC的认识。除此之外，苹果公司还推出了可抗衡Windows的Mac OS X，重量级音乐播放软件iTunes，以及和iTunes配套使用的音乐播放器iPod。在其后的几年内，Mac OS X一直蚕食Windows的地盘，iTunes逐渐成长为音乐出版商的在线销售平台，iPod也发展出三大系列几十个品种，垄断了超过70%的音乐播放器市场。事实上，iPod+iTunes组合大放异彩，不仅让"苹果计算机公司"变成了"苹果公司"，也引发了"音乐播放器"和"音乐销售"两个行业的大洗牌。

居安而思危，乔布斯并没有躺在iPod的功劳簿上睡大觉，而是敏锐地意识到能听音乐的手机将成为iPod的致命威胁。为消除这种威胁，苹果公司决定先下手为强，迅速挺进智能手机领域。

从2006年到2010年，乔布斯迎来了第三次创新高潮。以iPod作为硬件基础，以Mac OS X作为软件基础，以多点触控为用户体验基础，乔布斯在2007年借助iPhone完成了苹果帝国的建立。然而，乔布斯创新脚步不止，苹果帝国仍在前进。继iPhone之后，2008年发布了堪称当时世界上最轻薄的笔记本MacBook Air，成为近两年流行的超级本概念的前身；2010年首次发布了让传统的PC产业唯美转身的iPad，使平板电脑逐渐成为数字舞台的主角。

三次创新高潮为世界带来了Mac、iMac、iPod、iPhone和iPad等科技艺术品，也让乔布斯领导下的苹果公司成为时代的宠儿，成为知识经济时代的典范，乔布斯本人也被誉为创新的天才，甚至干脆就是创新的代名词。

（二）

乔布斯的创新最终浓缩成372项专利/专利申请，这是很多资深研发人员都无法企及的高度。作为实际上并没有深厚技术背景的CEO，是什么秘诀让乔布斯具有威力如此巨大的创新功力呢？或许是职业的原因，我们无法抑制住探索乔布斯发明世界的欲望。

乔布斯能在旅行中获得电源连接线的灵感，能在散步中获得计算机外形的灵感，能在开车时获得按钮图标的灵感，也能在头脑风暴中获得操作方式的灵感。在乔布斯眼里，似乎一花一草、一树一木都能够成为一个伟大发明的源泉。所以，我们首先想探究，作为一个CEO兼发明家，乔布斯泉涌般的灵感来自何处？

灵感还不是创新，最多只是创新的开始。乔布斯不仅能够源源不断地获得创新的灵感，还能把他每一个创新灵感科学合理地应用到苹果公司的产品中，使其变成为冲击世界的伟大产品。事实上，在乔布斯的发明世界里，大多数的创新并不是高深复杂的技术创新，而是微创新。所以，我们还想探究，乔布斯是如何把发明灵感，尤其是那些微创新灵感变成最终可用于极大改善产品用户体验的发明？

伟大的发明不一定成就伟大的市场，中间还横着一座"山寨"。创新的历史中，从来就不缺少劣币驱逐良币的血腥屠杀。曾经的万燕牌VCD，一度被认为当时消费电子领域中国达到国际先进水平的研究成果，因为没有得到充分的专利保护，很快在群狼的蚕食下销声匿迹。苹果公司虽然申请了不少专利，但与三星、微软等强劲竞争对手相比，仍然微不足道。作为在专利领域工作多年的我们，还特别想探究，拥有如此多创新成果的乔布斯及其所领导的苹果公司如何用很少的专利守住这些创新成果，并为其带来丰厚的回报呢？即乔布斯是如何有效保护和运用他们的发明创新呢？

发明灵感从何而来？如何实现？如何保护和运用？这三个问题就是我们写作本书的初衷，也是我们写作的主要内容。我们试图在通过乔布斯一系列的发明故事来回答这三个问题，也希望这三个问题能够引发广大读者一些体验和思考。

如果你是一位企业管理者、甚至企业老板，通过本书，你会看到作为舵手的乔布斯是如何搞创新的，如何运用自己的知识和经验高瞻远瞩地指导研发团队进行前瞻性的研发，如何为提升产品用户体验而对每个细节锱铢必较，并最终得以成就伟大的产品。过去，人们可能认为，这些技术上的活都应该是研发人员的分内之事，而今，这本书告诉你在这个特别注重用户体验的时代，你也大有可为……

如果你是一位研发人员，通过本书，你会看到作为发明人的乔布斯如何去联想、去借鉴、去"偷灵感"，成就其伟大的创新人生。或许你所从事的行业与乔布斯涉猎的领地远隔千山万水，可是通过本书，你将会吃惊地发现，从创新及知识产权保护的这个角度看，乔布斯和苹果公司，不过就是你家的芳邻……

如果你是一位知识产权工作者，通过本书，你会领略到乔布斯那看似毫无章法、实则掌握其精髓的知识产权战略和战术，甚至你还会看到苹果专利律师们与专利审查员之间进行的斗智斗勇。你将会禁不住激动，知识产权事业还真是精彩无限……

如果你仅仅是享受创新成果的果粉，通过本书，你会发现原来苹果公司那些令人称绝的产品设计的背后原来如此之简单。创新这个东东，有时候就是一层窗户纸……说不定你会抑制不住灵感的迸发，由此成为另一个乔布斯。在众多的创新者队列里，恰恰时时刻刻都活跃着你我他这些普普通通的平凡人的身影，虽然我们不是"乔布斯"，但世界会因为我们各式各样的发明创新而异彩纷呈，会因为我们大大小小的奇思妙想而绚烂多姿……

（三）

本书以乔布斯的发明为主线，首先按照个人计算机、音乐播放器、智能手机和其他发明等分章展示乔布斯的发明世界，并适当介绍苹果公司部分相关的重要专利。之后总结了乔布斯式创新的特点、乔布斯的专利策略，并对相关的知识产权热点问题进行简要评析。本书最后还对没有乔布斯的苹果公司的后续发展进行了展望。

乔布斯作为苹果公司的CEO，统领着苹果公司，因此书中有些地方在论述时没有严格区别乔布斯和苹果公司，为避免误解，特此说明。

本书的三位作者长期从事专利审查等工作，虽然工作有交集，但一起创作还是首次，人物传记和知识产权紧密结合的题材对作者更是一种前所未有的挑战。我们热情虽高但写作经验有限，有些研究也刚刚起步，观点尚不成熟，书中难免出现错误，敬请广大读者批评指正。

2012年10月，谨以此书纪念乔布斯逝世一周年。

/目录/

第一章
PC人生　　　　　　　　　001

乔布斯和计算机　　　　　002
Apple的诞生神话　　　　　002
人品大爆发　　　　　　　　004
王者的矩阵革命　　　　　　009
简洁的一体机　　　　　　　011
大爱方盒子　　　　　　　　013
最轻薄的时代　　　　　　　015

Apple II的传说　　　　　019
彩色压倒一切　　　　　　　019
静心要静音　　　　　　　　020
真的是家电　　　　　　　　021
最简单的软驱　　　　　　　023
游戏和办公　　　　　　　　024

Aqua的锋芒　　　　　　026
什么是Aqua　　　　　　　026
核心的Dock（1）　　　　　027
核心的Dock（2）　　　　　028
让窗口回家　　　　　　　　031
小功能 大工程　　　　　　032
图标军团　　　　　　　　　036
继续前进　　　　　　　　　037

iMac G4的重托　　　　　039
LCD的机遇　　　　　　　　039
向日葵　　　　　　　　　　039
三段式设计　　　　　　　　040

灵活的摇臂　　　　　　　　042
呕心沥血的保护　　　　　　044

iPad的完美　　　　　　047
中庸之道　　　　　　　　　047
聪明的部分保护　　　　　　049
一颗地雷　　　　　　　　　051
最后的夕阳红　　　　　　　054

第二章
小播放器 大事业　　　　055

iPod之前　　　　　　　056
鼻祖　　　　　　　　　　　056
Walkman的天下　　　　　058
学院派的启蒙　　　　　　　058
有人吃螃蟹　　　　　　　　060
大容量的诱惑　　　　　　　062

先有iTunes　　　　　　063
简洁的外观　　　　　　　　064
聪明的播放列表　　　　　　064
音乐的困境　　　　　　　　066
像超市一样　　　　　　　　067
歌曲的版权保护　　　　　　068
支持视频　　　　　　　　　069

大家族　　　　　　　　071
iPod：我是经典　　　　　　071
Mini-Nano：小一点　　　　075
Shuffle：再小一点　　　　　077

Touch：攀附手机	079

滚轮成就经典	**080**
无处不在	080
营销大师的智慧	082
物理学原理	082
走进计算机	083
专利是怎样"炼"成的	083

选歌最方便	**086**
层级化操作	086
有意还是疏忽	087
我与你不同	087
你告我 我告你	088
我们和解吧	088

生活随机演绎	**090**
Shuffle就是随机	090
随机 随意 随停	091
环形按键	093
一只手的魔力	094

动力源泉	**096**
变形电池	096
节电模范	098

第三章 **重新发明手机**	**101**

太阳般的光芒	**102**
巨人的脚步	102

我的奶酪	104
iPod肩上的探索	105
输入的革命	107
钻石通常很小	108
惊鸿一舞	110

开机和关机	**112**
中国的锁	112
织一张天网	113
都会解锁	115
以貌取人	117

指尖上的舞蹈	**118**
魔镜魔镜	118
滑一滑	119
转一转	121
摇一摇	121
按一按	123
收缩自如	123

固执的坚持	**126**
设计就这么简洁	126
屏幕就这么大	127
卡就这么小	128
电池就不能换	129
天线就是边框	129
Flash就是要封杀	129

卖程序啦	**131**
敞开大门	131
看见就知道	132

苹果公司的 大家的	133	做艺术品	167
		把握时机	168

第四章
小苹果们　　135

手指的律动	136	乔布斯式专利	171
		专利强人	171
一键纵天下	139	苹果公司有多少专利	171
从三条腿到一条腿	143	有的放矢与漫天布雷	173
		全球排兵布阵	175
百变微充	145	与专利审查员"斗争"	176
如此包装	147	小苹果·青苹果·黄苹果·红苹果	178
		小苹果时代	178
爱工作 爱生活	151	青苹果时代	178
		黄苹果时代	179
还有别的吗	154	红苹果时代	180
漂亮的Apple TV	154	四面出击 四面应战	180
身份象征的白色耳机	155	开放与封闭的较量	181
独具匠心的楼梯	156	第一个炮轰对象	181
方便购买的网站设计	157	一个好汉三个帮	182
		一山不容二虎	183
		杀鸡儆猴	185

第五章
向乔布斯学习　　159

		热点评析	187
		iPad的纷争	187
乔布斯式创新	160	漂亮的陷阱	187
打造A级团队	160	法庭上的战斗	188
初心 细心 决心	163	结局	189
用户体验至上	164	天使与怪兽	190
化繁为简	164	NPE来了	190
注重细节	167	善恶混合体	192
		苹果与怪兽	193

愤怒的开发者	194
他山之石	195
封堵苹果皮	195
草根的魅力	195
真正的果皮	196
永远的果皮	197
保护好创意	197

第六章
后乔布斯时代　199

苹果生态圈	200
iCloud云服务	201
3D多点触控	202
语音控制Siri	203
近场通信	204
欢乐与忧愁	205

参考文献　207

附录　217

1. 乔布斯发明年表	217
2. 苹果公司历年美国专利统计表	219
3. 苹果公司专利按技术主题统计表	220
4. 苹果公司历年在各主要国家/地区专利申请统计表	221
5. 七大消费电子公司美国专利申请对比表	222
6. 乔布斯历年提交的发明专利申请统计表	223
7. 乔布斯历年获得的外观设计专利统计表	224
8. 乔布斯全部专利按技术主题统计表	225

后记　226

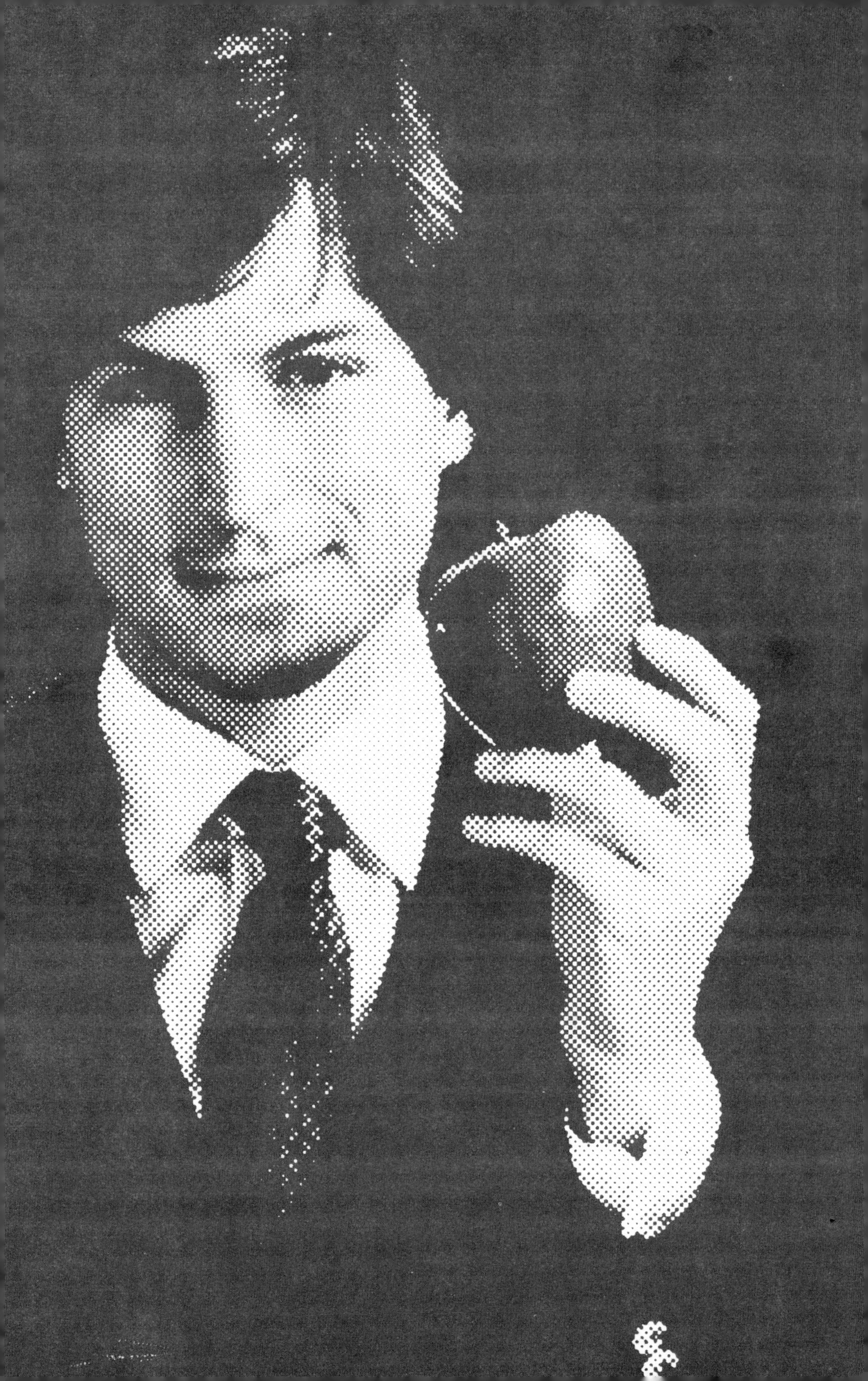

第一章

PC人生

乔布斯的一生就是PC的一生

乔布斯用Apple I创建苹果公司

乔布斯用Apple II成为亿万富翁

乔布斯用Apple III获得平生第一件专利

乔布斯用Apple Lisa表达对女儿的怀念和歉意

乔布斯用Mac创造了最伟大的营销广告

乔布斯用Next开始离开苹果后的新生涯

乔布斯用PC矩阵宣布苹果的东山再起

乔布斯用iMac告诉世界电脑是如此可爱和诱人

乔布斯用MacBook Air告诉世界电脑是如此轻薄和便携

乔布斯用iPad将电脑带入新的天地

从Apple I到iPad 2,35年的职业生涯从来都没有离开过PC,全世界只有乔布斯

所以,让我们先看一看乔布斯精彩的PC人生

乔布斯和计算机

Apple的诞生神话

1975年，IT界的两位先驱Gordon French和Fred Moore成立了一家叫做Home Drew的计算机俱乐部。

俱乐部里流传着一本叫做*Popular Mechanics*的杂志。

这本杂志的封面上画了一个组装好的计算机。

这台计算机的名字叫做Altair 8800，它的发明者叫做罗伯茨。

Altair 8800就是业界公认的第一台个人计算机（PC），而罗伯茨就是PC之父。

Altair 8800

俱乐部的所有成员都在赞叹Altair 8800，但是有4个人例外：

它第一个人叫做比尔·盖茨，他说：Altair 8800太不方便操作了，我来给它编写一个BASIC程序，这样就方便操作了。于是他开始了成为世界首富之路。

第二个人叫做保罗·艾伦，他说：我和你一起开发BASIC程序。于是他成为微软的联合创始人。

第三个人叫做史蒂夫·沃兹尼亚克（昵称沃兹），他说：Altair 8800太不方便操作了，我自己造一个方便操作的计算机。于是在1975年6月28日，一台崭新的Apple I诞生了。后来，原版的Apple I拍卖到213 600美元。

第四个人叫做史蒂夫·乔布斯，他说：沃兹你来造，我来帮你卖。于是，伟大的苹果公司也诞生了。后来，苹果公司的市值超过5 000亿美元，成为全球市值最高的公司。

在整体设计理念上，Apple I吸取了1973年的两台计算机的优点。

第一台计算机是TV Typewriter，它的最大特点是使用键盘作为输入设备，使用显示器作为输出设备。要知道，那个年代的计算机都是使用开关作为输入设备，使用灯泡作为输出设备的。所以TV Typewriter很酷，Apple I同样也很酷地使用了键盘和显示器。

杂志封面上的TV Typewriter　　　　　　　　组装好的Apple I

第二台计算机是越南人发明的Micral，它的最大特点是将计算机所有的零部件都集成到一起，形成完整的产品。要知道，那个年代的计算机多是黑客们的大玩具，基本上就是一个电路板加上一堆电子元件。所以Micral很酷，Apple I同样也很酷的是具有完整的电路板。

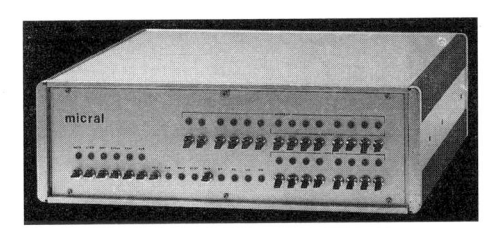

Micral　　　　　　　　具有完整电路板的Apple I

Apple I卖出去200台，使得乔布斯和沃兹基本解决了温饱问题，但温饱显然无法满足创业者的胃口，乔布斯和沃兹努力推出Apple I的替代者。

1977年4月16日，替代者研制成功，乔布斯把它叫做Apple II。

Apple II要比Apple I酷10倍。

未来的16年中，Apple II创造了PC历史上的神话，请看：

Apple II诞生了11个版本，而Apple I只有1个版本；

Apple II卖了16年，从1977年一直卖到1993年，而Apple I只卖了1年；

Apple II卖了600多万台，而Apple I卖了200台；

Apple II还有欧洲版和日本版，遍布全球，而Apple I可能还没有走出加利福尼亚；

Apple II使得苹果上市融资17.9亿美元，而Apple I只养活了乔布斯和沃兹两个人；
还有……

在Apple II的继任者相继失败的时候，Apple II还在坚持着赢利；

在1973年就有很多PC雏形的时候，《时代周刊》仍然将Apple II评选为第一台PC；

在IBM兼容机一统天下的时候，只有Apple II还在扛着反抗的大旗；

直到退出市场十几年后，质量奇高的Apple II还能继续玩游戏；

所以，Apple II的诞生意味着苹果公司真正的诞生，神话一般的诞生。

人品大爆发

Apple II成功了，苹果公司上市了，乔布斯手里有大把大把的钞票。

但是几乎所有的人都把Apple II的成功归功于沃兹的技术天赋，所以沃兹成为Apple II之父，沃兹成为苹果公司的1号员工，而乔布斯只好当苹果公司的2号员工。

也正因如此，乔布斯决定要追求一次伟大的创新，一次完全属于自己的创新。

1980年5月19日，创新完成。一台全新的PC诞生了，乔布斯把它叫做Apple III。

Apple III放弃了Apple II成熟的体系结构，是革命性的创新。

Apple III具有Apple II难以企及的强大功能。

Apple III由乔布斯领导的团队设计。

1980年11月3日，乔布斯为Apple III申请了外观设计专利，这可是连Apple II都没有的殊荣。1983年4月12日，美国专利商标局（USPTO）批准了这项专利（专利号USD268584）。USD268584号专利是乔布斯的第一件专利，也是苹果公司的第一件外观设计专利。这件专利，乔布斯是第一发明人。

Apple III   USD268584中的Apple III

遗憾的是，乔布斯坚持在Apple III中不使用风扇散热，导致机箱内部温度过高。温度一高，Apple III内部的电子元件纷纷罢工，有些甚至脱落了，引起严重的故障。从1981年3月上市到1984年4月退市，Apple III只卖了12万台，而同时期Apple II卖了

130万台。

Apple III失败了，乔布斯的第一次创新失败了。

Apple III的失败让苹果公司损失了6 000万美元，但对于18亿美元的融资来说只是九牛一毛。失败是成功之母，乔布斯很快就打起了精神，开始了下一次的创新。

这次创新要从复印机界的大哥大施乐公司（Xerox）说起。

1970年，施乐公司在硅谷成立了一家叫做PARC（Palo Alto Research Center）的研究中心。

这个研究中心不光研究复印机，还脑子一热，引进了当时100位最顶级的计算机科学家中的70位。这70位大牛可不会改行研究复印机，他们一直做着老本行，所以PARC研究中心很快就成为世界范围内计算机研究的中心。

1973年，PARC研究中心诞生了一台叫做Alto的计算机，Alto最大的特点是抛弃了冷冰冰的DOS命令行界面，首次使用了友好的图形用户界面（GUI）。配合GUI，科学家还给Alto配备了历史上第一款成熟的鼠标。

Alto　　　　　　　　　　　Alto的操作界面

Alto的GUI在1995年变成了微软的Windows 95，在2001年变成了苹果公司的Mac OS X，在2007年变成了iPhone上的iOS。

所以从技术上说，1973年的Alto要比1977年最成功的Apple II先进100倍。

但是，PARC研究中心的所有人都是科学家，他们只是把Alto放在了实验室中，而没有把Alto推向市场。假如能够穿越，施乐在Alto问世后转型做PC的话，那么苹果、IBM、微软等都只能当浮云了。

1979年，乔布斯参观PARC研究中心时看到了Alto，就像看到外星人使用的计算机一样。这不就是未来的PC吗？乔布斯瞬间明确了自己的创新方向。

1983年，创新转化为产品，乔布斯把它叫做Apple Lisa，Lisa是乔布斯女儿的名字。IT公司中，在研发阶段经常使用女儿的名字作为项目代号，但在最终产品中使用女儿的名字却很少见。这也可以看出乔布斯对于Apple Lisa的喜爱和厚望。

Apple Lisa确实是一只凤凰。

硬件上，Apple Lisa使用前卫鼠标作为输入设备，而且鼠标中还配备了机械球。

软件上，Apple Lisa具有完美的GUI，层叠窗口、图标、菜单等概念一个都不少，完全站在了时尚的最前沿。

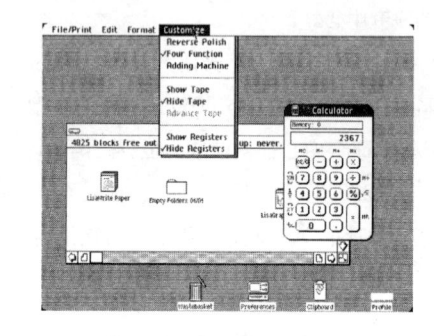

Apple Lisa

Apple Lisa的GUI

但是，凤凰只会落在梧桐树上，而梧桐树要9 935美元。

在1983年，9 935美元是什么概念呀。

根据当时的汇率，1美元兑换2元人民币，Apple Lisa要20 000块，而当时中国最富的人叫做万元户。

如果将美元贬值因素考虑在内，1983年的9 935美元相当于现在的20 807美元，能够买40多台iPad。有人会用40台iPad换一台台式机吗？没有。

所以，很少有人买得起Apple Lisa，也很少有人去买Apple Lisa。

Apple Lisa失败了，乔布斯的第二次创新失败了。

在Apple Ⅲ和Apple Lisa先后失败之后，乔布斯把注意力转移到了一个名叫Macintosh的小项目上，小项目的负责人叫杰夫·拉金斯，而Macintosh就是拉金斯最喜欢吃的一种苹果。

乔布斯介入后，Macintosh项目迅速发展，并最终诞生了苹果公司引以为豪的Macintosh计算机，简称Mac。

在Mac的外观设计上，乔布斯从梅西百货的厨房家电中吸取灵感。同时，乔布斯还延续Apple Ⅲ的做法，为Mac申请了两个专利（专利号分别是USD285687和USD285688）。

Mac 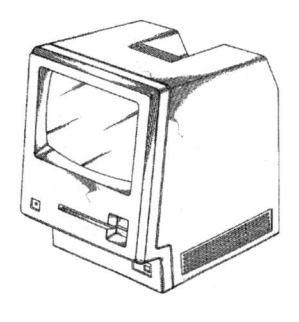　　　　　　USD285687中的Mac 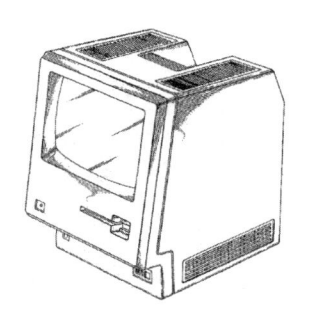　　　　USD285688中的Mac

在Mac的GUI上，乔布斯也下足了工夫。例如，大量使用圆角矩形代替矩形，重新改进了图标，以及增加对多种多样的字体支持。尤其是苹果公司提供的字体，直接改变了出版业，在斯坦福大学的演讲中，乔布斯甚至自豪地说："如果没有我，现在的个人计算机就不会有这么精美的字型了。"

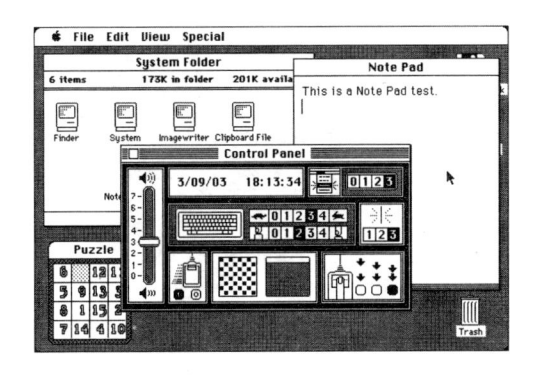

Mac的GUI 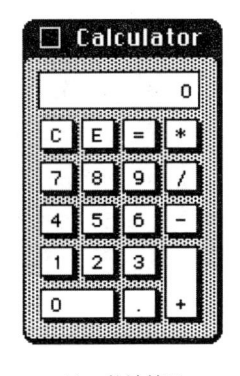　　　　　　　　　　　　　Mac的计算器

在应用程序中，乔布斯和比尔·盖茨进行了强强联手，成功引进了历史上最成功的电子表格，现在仍然叱咤风云的Excel。

在Mac的市场营销中，乔布斯请来了百事的营销大师斯卡利，还发布了美国历史上最成功的广告《1984》，引发了一阵销售狂潮。

Mac几乎具备了大获成功的一切条件，几乎具备了成为最闪亮的PC的一切条件，但在1985年后，Mac的销量迅速下滑，最终走向了失败。失败的主要原因和Apple III类似，为了完美的静音，乔布斯仍然没有给Mac配备风扇进行散热，结果Mac成了米黄色的"烤面包机"。"烤面包机"是不可能占领PC市场的，何况它的对手是强劲的蓝色巨人IBM。这是乔布斯第二次栽在散热上。

Mac失败了，乔布斯的第三次创新失败了。

失败的结果很严重，乔布斯被迫离开了苹果公司。

离开后，乔布斯办了两件事情。

第一件事情是重操旧业，创办了一家新的计算机公司，乔布斯给公司起的名字是Next，寓意制造下一代的计算机。乔布斯对Next极其重视，光设计公司的Logo就花了10万美元。

第二件事情是被忽悠着收购了一家叫做Pixar的公司，Pixar的主要业务包括两部分，其一是利用计算机制作动画电影，其二是生产能制作动画电影的计算机。

两个公司在乔布斯的领导下一步一步地发展着。

Next公司的Logo

1986年，乔布斯有了Pixar图像计算机，售价135 000美元，另外还需要价值35 000美元的工作站。1988年，乔布斯有了Next计算机，Next计算机实际是一台工作站，售价6 500美元，另外还需要价值近4 000美元的配套设备。

Next计算机

Pixar图像计算机

不管是Pixar，还是Next，都不是真正意义的个人计算机，都是乔布斯不熟悉的领域。而且它们的价格也确实太高了，所以销量一直都不理想。

Pixar失败了，Next也失败了，乔布斯第四次创新失败了。

这次失败的后果更严重，乔布斯基本上变成了穷光蛋。

从1980年开始，到1994年结束。

由于技术不过关，乔布斯的Apple III和Mac失败了。由于价格太贵，乔布斯的Apple Lisa、Pixar和Next也失败了。

整整15年，乔布斯的人生连续4个跌停。整整15年，乔布斯用最美好的青春来体验失败的苦涩。整整15年，乔布斯奋斗的结果是败光了10亿美元，但是积累了宝贵经验……

曾经有个真理，能量是守恒的。

后来也有个真理，人品是守恒的。

1995年，失落到极点时，乔布斯的人品终于爆发了，Pixar制作的计算机动画片《玩具总动员》获得了难以想象的成功，Pixar上市了。乔布斯在Pixar花掉的5 000万美元魔术般变成了12亿美元。败光的10亿美元瞬间回到了乔布斯的账户，乔布斯又成了大富翁。

1996年，Next计算机的操作系统NextStep崭露头角，而Apple的操作系统全面败给Windows，于是苹果公司花了4亿美元收购Next，乔布斯重新回到了他亲自创办的苹果公司。

乔布斯40岁了，但大起大落的经历让他拥有了20岁的激情和60岁的老辣。

乔布斯决定亲自开启数字产业界最精彩的10年。

王者的矩阵革命

乔布斯离开苹果公司的时候，比尔·盖茨正在努力建立他的软件帝国。从1985年到1995年，Windows经历了翻天覆地的变化，彻底统治了操作系统市场。

1985年8月，Windows 1.0发布，没有层叠窗口，没有亮丽的图标，只是一堆DOS命令的集合。

1990年5月，Windows 3.0发布，相对于Windows 1.0来说，已经有了突破性飞跃。

1995年8月，Windows 95发布，这已经是现在的操作系统了，层叠窗口、图标、任务栏、大名鼎鼎的"开始"按钮，以后的Windows全部都是这个调调。Windows 95的成功是出乎想象的，主要结果是让比尔·盖茨在未来13年中都是世界首富。世界首富的这把交椅，比尔·盖茨或许还要继续坐下去……

Windows 1.0 　　　　　　Windows 3.0 　　　　　　Windows 95

与此同时，缺少乔布斯的苹果公司却裹足不前，10年间，苹果公司的操作系统Mac OS几乎没有实质性变化。

1984年5月，Mac OS 1.1发布，这时乔布斯还在苹果公司，Mac OS 1.1要比Windows 1.0不知道先进多少倍。12年后的1996年1月，Mac OS 7.5.3发布，和

Mac OS 1.1   Mac OS 7.5.3

Mac OS 1.1相比，你能在自然光下面看出它的变化吗？

10年，微软成了帝国，苹果还仅仅是一种水果。

事实上，苹果公司也不是白痴，苹果公司也看到了PC的竞争其实就是Mac OS和Windows的竞争，苹果公司也做出了自己的努力。

1988年，苹果和IBM合作进行了Taligent计划，Taligent = Talent（天才）+ Intelligent（智能），Taligent显示了苹果公司的美好愿望和决心，但总体上失败了。

1994年，苹果公司自主开发下一代操作系统Copland，Copland是一位作曲家的名字，但总体上又失败了。

合作开发的路走不通，自主开发的路也走不通，山寨微软又太丢份，那就只剩下一条路：买。

当时能买的产品主要是两款，其一是乔布斯的NextStep系统，乔布斯当然是苹果公司的老朋友了；其二是Gassée的BeOS系统，Gassée原来是苹果公司的硬件部门负责人，也算苹果公司的老朋友了。NextStep是完整的产品，拿来就能用，报价4亿美元；BeOS是个半成品，还需要后续开发，报价是2亿美元。

虽然BeOS很便宜，但苹果公司考虑到之前研发操作系统的艰辛，最终选择了相对成熟的NextStep。

1996年12月，苹果公司收购了Next，乔布斯回归苹果公司。

1997年7月，苹果公司的股票跌到12年中的最低点，CEO吉尔·阿梅里奥下课。

1997年9月，乔布斯重新执掌苹果公司，离家13年后，王者归来。

从乔布斯离开苹果公司后，苹果公司的风格发生了巨大的变化，每年都发布许多种Mac机。到乔布斯回归的前几年，Mac机的型号达到顶峰。

1994年，苹果公司发布了43款Mac计算机。

1995年，苹果公司发布了54款Mac计算机。

1996年，苹果公司发布了51款Mac计算机。

所以，当乔布斯回到苹果公司时，看到的是100款的Mac计算机。

20年前一款Apple II就让苹果公司成功上市，13年前一款Mac就让全美疯狂，而现在100款的Mac让苹果公司濒临倒闭。其原因就是太多的型号导致用户难以选择，甚至苹果公司自己的销售人员都不清楚不同Mac的区别是什么。

因此，乔布斯迅速明确苹果公司的发展方向，决定大幅削减产品的型号，将未来的产品定位成2×2的PC矩阵，即消费级台式机、消费级笔记本、专业级台式机和专业级笔记本，一共4种型号。

乔布斯的PC矩阵

	消费级	专业级
台式	?	?
笔记本	?	?

随后的几年内消费级台式机变成了iMac，消费级笔记本变成了iBook，专业级台式机变成了Power Mac，专业级笔记本变成了Power Book。

1998年开始，苹果公司盈利了。

王者就是王者，乔布斯的矩阵革命取得了初步成功。

简洁的一体机

矩阵革命确定了4种型号的PC，从哪一种开始呢？乔布斯回忆了一下，之前做的计算机中最成功的就是Apple II。于是，苹果公司复兴的赌注押在了消费级台式机上。

环绕市场，乔布斯观察到台式机最主要的特点是，都具有一个主机箱和一台显示器，主机箱有一根电源线，显示器有一根电源线，主机箱和显示器之间还有一根显示信号连接线，一共是2台设备和3根电缆。这对于乔布斯来说太复杂了，必须精简。

精简的任务交给了艾维，艾维现在是苹果公司的首席设计师兼高级副总裁。过去10年中，艾维是iMac、iPod、iPhone、iPad的总设计师。

1998年5月6日，乔布斯和艾维完成了消费级台式机的设计，将主机箱和显示器有机结合在一起，形成了一体机。沿用Mac的叫法，新的消费级台式机统称为iMac。由于使用了摩托罗拉生产的G3型号的中央处理器（CPU），所以第一台iMac叫做iMac G3。

iMac G3的主机箱和显示器合二为一，只需要一根电源线。所以，iMac G3的所有装备就是1台设备和1根电缆，十分简约。

iMac G3具有半透明的彩色外壳，萌得让人想舔一口，所以有一个形象的昵称"果冻"。

iMac G3在1998年的Mac World大会上明艳亮相，用一句"Hello（Again）"

把果粉们带回到14年前。

iMac G3的定价是1 200美元，而之前的Mac多数在2 000美元以上，可以说相当有诱惑力。

即使在苹果公司的复苏元年，乔布斯也没有忘记知识产权，iMac G3拥有自己的外观设计专利（专利号USD413105）。

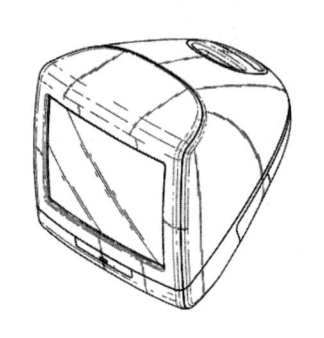

最重要的是，iMac G3在不使用风扇的情况下，终于能够顺利散热了。

简约的设计、亮丽的外表、感人的营销、亲民的定价、成熟的技术以及强烈的专利保护意识，所有成功的要素都在。1998年8月15日，iMac G3正式上市后，两年内狂销200万台，成为历史上销售最快的PC。

随后，计算机产业界开始了平板革命，LCD显示器逐渐取代了CRT显示器。

USD413105中的iMac G3

和其他PC一样，iMac也要换上LCD显示器了。在一体机思想的指导下，经过3年的努力，艺术品般的iMac G4在2001年成功面世。

由于长得有点像Pixar公司的"跳跳灯"，所以iMac G4的昵称是"台灯"。

又过了3年，乔布斯和艾维将台灯的底座删除，把机箱完全放到显示器的背面。2004年，苹果公司推出的iMac G5和一台显示器几乎一样。

由于长得有点像电子相框，所以iMac G5的昵称是"相框"。

iMac G3（1998-08-15） 　　iMac G4（2002-01-07） 　　iMac G5（2004-08-31）

从"果冻"到"台灯"，再到"相框"，乔布斯把追求"极简"的理念实践得淋漓尽致，也把台式机设计到了极致，人类已经无法找到一款比"相框"更简约的台式机了。

所以在"相框"之后，虽然iMac的机身从塑料变成了铝合金，虽然iMac的心脏变成了Intel制造，虽然iMac的显示器越来越大，但是iMac的昵称一直都是"相框"。

但奇怪的是，一向重视知识产权保护的乔布斯却没有为"相框"及时申请专利。能够找到的关于"相框"的最早专利也是在2007年8月1日申请的USD620932，这时候相框早已经上市，iMac的重点改进是用更为环保的铝合金来代替塑料。

USD620932中的"相框"

没有专利的有效保护，意味着将"相框"的设计免费提供给了全世界。所以自iMac G5之后，几乎所有的计算机制造商都推出了自己的"相框"一体机。

联想一体机 　　　　　华硕一体机 　　　　　惠普一体机

大爱方盒子

一体机很简约，但是功能不够强大，所以苹果公司的专业级台式机还需要有个机箱。与iMac G3前后脚发布的PowerMac G3就有独立的大机箱。

平心而论，PowerMac G3的机箱设计感还是很强烈的，但是这种机箱的形状太常见了，和其他机箱没有明显区别。怎么才能有明显区别呢？

乔布斯和艾维一起思来想去，最后想到了1988年的Next计算机，这台计算机的机箱就很特立独行，因为

PowerMac G3

它是立方体。

2000年8月，PowerMac G4 Cube问世。Cube的意思就是立方体，更准确一点是长、宽、高都是8英寸的立方体。从工业设计的角度看，Cube堪称完美，毫无疑问地成为艾维的代表作，最终被纽约博物馆收藏。

但是Cube最终还是失败了，失败的原因有两个，而且很历史……

PowerMac G4 Cube

第一个原因还是散热。Cube把散热孔放到机箱的上边，如果用户不小心在Cube上放一本杂志，就会堵住散热孔，导致机箱内过热而产生故障。

第二个原因还是价格高。Cube的售价是1 800美元，比同等配置的PowerMac G4贵200美元。而且Cube卖的是裸机，没有显示器，要是配上Cube亮丽外形的高端显示器至少要1 000 美元。

所以Cube在2001年7月就停产了，连一周岁生日都没来得及过。

Cube的失败让乔布斯清醒地意识到，在专业级台式机领域，用户对漂亮的机箱没有兴趣，性能和价格才是王道。所以2003年推出的PowerMac G5又恢复成常规的机箱模样。

现在，苹果公司的专业级台式机已经变成了Mac Pro，但是其外形依然和PowerMac G5类似，没有太大的改变。

PowerMac G5

不过Cube的失败并没有浇灭乔布斯对于正方形的热情。乔布斯想，虽然专业级台式机的用户不在乎外观，但消费级台式机的用户可是大大在乎外观的。

2005年1月，乔布斯将方盒子的设计理念转移到消费级台式机，推出了市场认可的Mac mini。Mac mini不再是立方体，但是它的正面仍然是正方形，算是完成了乔布斯对于方盒子的愿望。当然，乔布斯绝对不会忘记为自己的心爱之物申请外观设计专利，而且一口气就是4个。

Mac mini

最轻薄的时代

在台式机推陈出新的时候，乔布斯对笔记本的设计也在热火朝天地进行着。

笔记本的学名是便携式计算机，便携意味着必须轻薄，所以追求轻薄是笔记本设计的终极目标。

乔布斯回归苹果公司后，先后推出专业级笔记本PowerBook和消费级笔记本iBook。

第一代iBook 　　　　第二代iBook 　　　　PowerBook

这两款笔记本使用的CPU都是AIM（Apple，IBM，Motolola）合作生产的Power PC处理器。到了2006年，苹果公司对旗下的计算机进行了心脏更换手术，放弃Power PC处理器，逐步改用Intel的处理器。

之后，iBook改名MacBook，PowerBook改名MacBook Pro。其中，白色的MacBook被亲切地称为"小白"。

MacBook 　　　　MacBook Pro

乔布斯高度重视笔记本的专利保护，从2006年到2011年，乔布斯为各个型号的MacBook和MacBook Pro申请了27件外观设计专利。

MacBook和MacBook Pro的专利列表

USD558753	USD621409	USD571364	USD604291	USD611045	USD648333
USD572246	USD639295	USD572247	USD604292	USD623645	USD648334
USD574378	USD633907	USD589507	USD604293	USD621824	
USD612844	USD645860	USD604290	USD606989	USD621825	
USD612843	USD558752	USD611043	USD606988	USD633087	

专利文献中的MacBook和MacBook Pro

虽然MacBook和MacBook Pro有一定的市场，有一定的粉丝，但是整体上和其他品牌（例如索尼）的笔记本差别并不大，这是乔布斯所不能容忍的。

苹果公司的笔记本一定要与众不同，可是笔记本就是一个显示器、一个键盘和键盘下面的主机，样子已经非常成熟，如何做到与众不同的？乔布斯冲着西太平洋发了一会儿呆，想到了一个字：薄。

苹果公司的笔记本应该是全世界最薄的笔记本。

MacBook Air

2008年1月15日，苹果公司发布了最薄的笔记本，它的名字叫MacBook Air，意思是像空气一样的MacBook，有人亲切地叫她Air，也有人亲切地叫她MBA。Mac World大会上，当乔布斯从大信封中拿出MacBook Air的时候，会场沸腾了，人们没法相信地球上还能有如此轻薄的计算机。

MacBook Air重量只有1 360克，最厚的地方只有0.76英寸（1.73厘米），最薄的地方只有0.11英寸（0.28厘米）。而当时流行的轻薄电脑代表索尼TZ系列的厚度是0.8～1.2英寸。

MacBook Air和索尼TZ系列的侧面比较（引自乔布斯的演讲图片）

为了做到最轻薄，乔布斯和苹果公司绞尽脑汁，采取了四大举措。

第一大举措是合理的设计。采用特殊工具打开MacBook Air的后盖，整齐地排列着硬盘、主板和电池三大模块。硬盘和电池都是买来的，形状没法改变，但是苹果公司将主板设计成适应其他模块的外形，力求在最小的空间里摆放最多的模块。

第二大举措是量身定制。首先是定制中央处理器（CPU），MacBook Air使用了Intel公司特制的酷睿2处理器，采用了最先进的微缩封装技术，比普通的酷睿2体积小60%，发热量也小60%。较小的发热量意味着较小的散热空间，这可是MacBook Air能够轻薄的基石，否则又会是一款烤面包机。然后定制LED显示屏，MacBook Air使用的LG显示

普通的酷睿2　　特创的酷睿2

屏，厚度只有3毫米，显示模块的重量比MacBook减少40%以上。最后定制硬盘，MacBook Air使用的三星笔记本硬盘，厚度只有5毫米。

第三大举措是改进工艺。MacBook Air中首次使用Unibody一体成型技术，外壳是一块完整的铝合金板，MacBook Air之后，Unibody也被广泛用到苹果公司的各种产品中。此外，借鉴iPhone的做法，把最占空间的电池固定到MacBook Air中，不允许用户更换，这样减少了许多更换电池所必需的机械零件。

第四大举措是删除接口。MacBook Air中取消了网线接口，取消了火线接口，取消了内置光驱，取消了所有可以取消的接口。事实上，MacBook Air仅保留了4个必要的接口，一个MagSafe电源适配器接口，用于连接电源或者对MacBook Air充电；一个USB接口，插上鼠标就没有办法插U盘，所以后来的MacBook Air变成了两个USB接口；一个音频输出接口，可以外接音响或耳机；一个迷你视频输出接口，可以连接电视或投影仪。

虽然身材轻薄了，但是MacBook Air的内涵可一点都没有轻薄。乔布斯为MacBook Air配备了LED背光显示器和全尺寸背光键盘，能够根据周围的光线强度自动调解显示器和键盘的亮度；配备了iSight摄像头，能够方便地和朋友们视频聊天；配备了支持多点触控的大号触摸板，让用户的输入更加随心所欲；配备了5小时（后续版本达到7小时）的超长待机时间，让旅行期间的用户仍然具有强劲的动力。

MacBook Air上市后，影响非常巨大，销售速度很快，侵占了大量传统笔记本的市场。为了夺回失去的地盘，Intel在2011年提出了超级本（Ultrabook）的概念，意图和MacBook Air一争高下。

Intel说超级本超级薄，不到21毫米；而同时期MacBook Air只有3～17毫米。

Intel说超级本超级轻，不到1.4公斤；而同时期MacBook Air只有1.3公斤。

Intel说超级本超长待机，能坚持5小时以上；而同时期MacBook Air能坚持7小时。

这哪里是和MacBook Air争天下，分明是对MacBook Air赤裸裸的山寨，更准确地说是对MacBook Air的优点进行华丽的总结。

对于如此美妙的笔记本，乔布斯当然不会吝啬对它进行充分的知识产权保护。从2008年到2010年，苹果公司向美国专利商标局先后提交了10件关于MacBook Air的专利，并均获得授权。

2010年1月，苹果公司删除了MacBook Air的键盘，推出了只有触摸屏的iPad，计算机进入了最轻薄的时代。

MacBook Air专利列表

USD600688	USD611469
USD604289	USD625717
USD611044	USD616881
USD625716	USD635566
USD604294	USD616880

专利文献中的MacBook Air

Apple II的传说

彩色压倒一切

　　Apple I的不温不火让乔布斯和沃兹感觉到需要一台更酷的Apple II，但是Apple II应该酷在什么地方呢？沃兹首先想到了彩色显示，原因有两个。

　　第一个原因是在20世纪70年代末，电视机已经是彩电了，从电视台接收到的节目都是彩色的，但是连上Apple I之后，却只能看到黑白信号，这对彩色电视机来说是杀鸡用了牛刀。

　　第二个原因是当时已经出现能够输出彩色信号的个人计算机，虽然这种计算机比较复杂，但是彩色相对于黑白毕竟有巨大的优势，尤其是在玩游戏的时候。所以竞争对手们咄咄逼人的气势也要求苹果公司尽快制造出能够显示彩色的个人计算机。

　　很快，沃兹开启了无所不能的上帝模式，以一己之智想出一个绝妙的方法，然后花了半个小时将这个绝妙的方法变成了能够在Apple II上运行的计算机程序。忽然之间，Apple II就能够轻松地在电视上显示16种颜色了。

　　1977年4月11日，苹果公司为沃兹的发明向美国专利商标局提交了一份专利申请，发明名称是"使用视频显示的微型计算机"。1979年1月23日，苹果公司获得了这项发明的专利权（US4136359）。

　　所以，虽然说苹果公司并没有发明彩色显示，但的确使得彩色显示更简单。

　　彩色显示也成为Apple II诸多改进中的最耀眼的亮点，Apple甚至为此更换了Logo，新的Logo使用彩虹的颜色宣告Apple II的绚丽多姿。

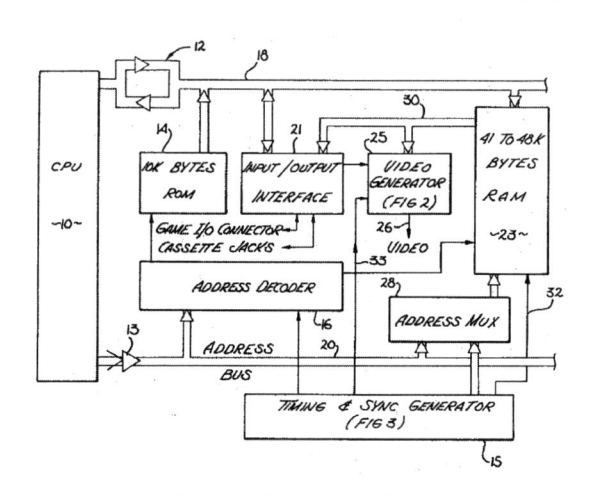

US4136359中沃兹的手绘电路图

苹果公司的新Logo

静心要静音

光有彩色显示还不够让Apple II脱颖而出,乔布斯很快发现当时的计算机电源在工作时噪声很大,而乔布斯信仰东方佛学,佛学讲究静心。但是在电源嗡嗡叫的时候怎么静心呢,所以静心要先静音。乔布斯把目标对准了设计一款安静的电源。

电源是很高深的技术,乔布斯自己不懂,就算是黑客高手沃兹也不太明白。所以乔布斯必须找一个真正懂电源的设计高手,这个人就是电气工程师罗德·霍尔特。

见到霍尔特后……

乔布斯问她:计算机电源工作时为什么噪声很大呢?

霍尔特说:因为电源必须使用很大的风扇。

乔布斯又问:电源为什么必须使用很大的风扇呢?

霍尔特说:因为电源工作时很热。

乔布斯接着问:电源工作时为什么很热呢?

霍尔特说:因为工作时电源内的变压器很热。

乔布斯再问:变压器为什么很热呢?

霍尔特说:因为变压器中存储了好多的能量。

乔布斯打破沙锅问到底:变压器中为什么要存储好多能量呢?

霍尔特说:Balabalabalabala…(此处省略电源专业理论和技术讲解2 000字)

乔布斯不明白霍尔特介绍的电源技术,但是乔布斯明白了电源的设计是很困难的,是需要专业人士完成的,而苹果公司创业初期没有专业人才,所以必须请到霍尔特。

但在当时……

霍尔特是40多岁中年大妈;

乔布斯是20多岁毛头小伙。

霍尔特是坚定的马克思主义战士;

乔布斯是笃信禅宗佛教的俗家弟子。

霍尔特的职业是高级白领;

乔布斯的职业是创业青年。

霍尔特的最大爱好是抽烟,烟不离手;

乔布斯的最大爱好是素食,肉不进口。

乔布斯和霍尔特具有完全不一样的价值观,甚至完全没有交集。如何说服一个不认同老板价值观的人为老板工作呢?乔布斯的做法是给了霍尔特一大笔充满诱惑的薪酬待遇,霍尔特在挣扎了好久之后,终于成为苹果公司的5号员工。

加入苹果公司后,霍尔特画了如下的电路图。

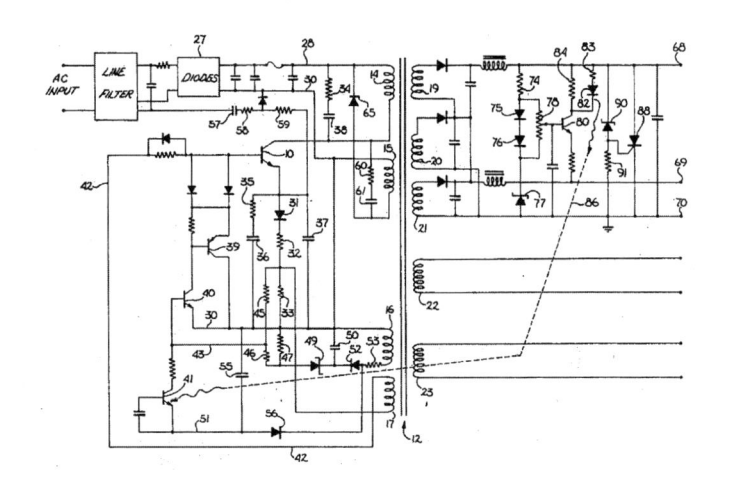

US4130862中的电路图

然后……

霍尔特说：老板，按照这张图生产电源，就不再有很大的噪声了。

乔布斯说：霍阿姨，为什么呢？

霍尔特说：原来的电源1秒钟内通断电60次，我的电源1秒钟内通断电1000次。

乔布斯：◎＃￥%……

霍尔特：阿姨以党性和人格保证，不会有很大的噪声。

乔布斯照着做了，电源的工作噪声果然减小了。

所以，苹果公司虽然没有发明计算机电源，但确实使得计算机电源变得更加安静。

1978年2月1日，苹果公司为霍尔特的发明向美国专利商标局申请了专利，发明名称就是"直流电源"。1978年12月19日，苹果公司获得了专利权（US4130862）。这是苹果公司获得的第一件专利，也是霍尔特一生中的唯一一件专利。

所以，苹果公司的第一个专利不是创始人乔布斯的，也不是创始人沃兹的，而是坚定的马克思主义战士罗德·霍尔特的。

真的是家电

在Apple II的时代里，计算机远不如现在这么简单和普及，似乎只有黑客才能玩转计算机。而黑客一般都不习惯客厅或卧室中整洁的环境，相反更喜欢在车库中工作和学习。车库的环境不在乎计算机的外观是不是好看。所以，当时的Apple I的机箱是最简单木头盒子，最好看的计算机Sol-20也只是个铁盒子。

木头材质现在很流行，看看现在的家具，高端一点的都是实木的。

金属材质现在也很流行，看看最新款的iPad, iPod, iPhone, iMac都是金属的。山寨产品就算用的是塑料，也要搞出一个金属光泽。

但在Apple II的时代里，所有的大牌家用电器都是塑料的，塑料才是最前卫的代名词。

乔布斯认为Apple II不应该是只有黑客才能使用的计算机，而应该是普通消费者就能够使用的个人计算机。更简单一点，Apple II不应该摆放在车库里，而应该摆放在客厅、卧室或书房里，Apple II就是一台家用电器。所以，Apple II的机箱一定要像家用电器一样使用塑料机箱，而不能像其他计算机一样使用铁皮机箱。

SOL-20

在梅西百货闲逛的时候，乔布斯发现Cuisinart牌的食品料理机特别吸引人，根据这款料理机，乔布斯确定了Apple II的机箱是一种造型优雅、结实牢固、颜色柔和、表面有细微纹理以保证出色手感的塑料外壳。然后，花了1 500美元请工业设计师杰里·曼诺克设计出Apple II的塑料机箱。

Apple II第一次借鉴了厨房用品的外观，来设计计算机的机箱，这让Apple II看起来不再是计算机黑客们玩具，而是一件普通人都乐意使用的家用电器。

Apple II

乔布斯设计Apple II的理念贯穿到了苹果公司后来的所有计算机中。直到现在，不管用户买到哪款Mac计算机，都可以作为卧室和客厅中装饰的亮点。

略微遗憾的是，年轻的乔布斯还不懂得如何为Apple II的外观设计申请专利保护，所以在Apple II成功打开市场之后，出现了很多Apple II的克隆机，例如台湾生产的嘉马电脑，连商标的位置都和苹果公司的一样，是不是和Apple II长得非常非常像？

另外，乔布斯还给Apple II的机箱加了个顶盖，所以不用拆卸任何螺丝就能打开机箱，更换里面的电子元件。20多年后，人们在中关村电脑市场上发现了一款新型的计算机机箱，它有一个非常好听的名字叫做月光宝盒，它最大的卖点就是打开机箱的时候不用螺丝刀。

台湾嘉马电脑

最简单的软驱

计算机都必须有存储介质，不然的话，游戏、电影、音乐、文档放在哪里呢？

在Apple II刚问世的时候，还是使用磁带作为存储介质。计算机用的磁带是上古文物，现在已经很少有人见过实物，但是20世纪90年代末的时候还是经常能看见随身听使用的歌曲磁带。

磁带的缺点很明显，一是速度特别慢，二是容易出错，所以很快被磁盘所取代。磁盘包括两种，软盘和硬盘，当时的计算机主要使用的是软盘。

古老的磁带机和磁带

为了使软盘正常工作，需要将软盘插入软盘驱动器（简称软驱）中。

为了使软驱正常工作，需要为软驱配备一个控制器。

控制器的工作很重要，需要使用大量的芯片。

有的芯片用于同步数据输入和输出，有的芯片用于使磁头能正确寻找磁道，有的芯片用于将数字编码信号转换成磁力信号……

软盘示例

总之，控制器很复杂，导致软驱的价格也很昂贵。

而在乔布斯的设想中，Apple II应该是一件家用电器，不能太贵，不贵就意味着要大幅度减少控制器的芯片，同时还要保证控制器的功能。如果把控制器看做一匹马，那苹果公司的目标就是又让马儿跑，又让马儿不吃草。太难了！

有兄弟的感觉很美好，乔布斯把这个难题抛给了沃兹。

沃兹没日没夜地调试Apple II新增的软驱接口芯片和底层控制程序。沃兹的助手兰迪·威金顿没日没夜帮忙编写了高层应用接口程序。

不负乔布斯的期望，沃兹做出了一款新的软驱：Disk II。Disk II的控制器的绝大多数操作都使用软件来执行，所以只需要少量的芯片，芯片数

具有Disk II的Apple II

量的下降也大幅拉低了Disk II的成本，让Disk II成为第一种PC用户负担得起的软驱。

最令人吃惊的是，沃兹做出Disk II的时间仅仅是两周，逆天呀！

1978年1月，在拉斯维加斯举办的美国消费电子展（也就是大名鼎鼎的CES）上，苹果公司推出了具有Disk II的Apple II，让其他厂家只有羡慕嫉妒恨的份。

1978年5月10日，苹果公司为Disk II的控制器申请了专利，发明名称是"磁盘控制器、记录器等"。1980年6月1日，苹果公司获得了专利权（US4210959）。

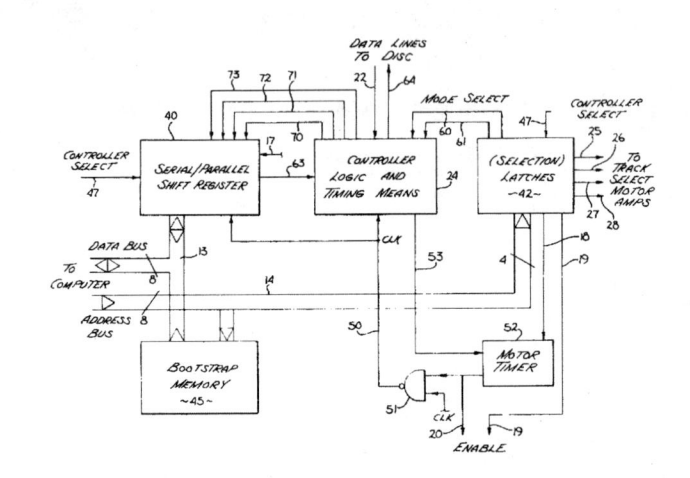

US4210959中的磁盘控制器

这个专利对于产业界产生了深远的影响，除了苹果公司外，还有18家公司的101项发明创造借鉴了这项专利技术。其中不乏IBM、Intel、Sony、Compaq、Sandisk、Lexar Media、Micron Technology、Zilog等产业巨子。

游戏和办公

对于普通人来说，那个时代计算机最大的吸引力有两个：游戏和办公。

游戏方面，乔布斯和沃兹给Apple II内置了BASIC解释器，沃兹还专门开发了名为Breakout（《突出重围》）的游戏。可以说，Apple II的游戏能力已经够了。

但是光能玩游戏，肯定不能打开销路，毕竟超过1 000美元的售价不是一个小数目。试想一下，如果你诚恳地告诉老板买Apple II是为了通过玩游戏来缓解压力，相信99%的老板会甩给你一个耳光。就像现在如果你诚恳地告诉爸爸妈妈要买计算机玩游戏，99%的家长也会甩给你一个耳光一样。

所以Apple II必须有强大的办公能力，才能打动老板们的心。

1979年，软件艺术公司推出了历史上第一个电子表格软件VisiCalc，VisiCalc的第一个版本是专为Apple II量身定做的。有了这个软件，财务会计一周的计算工作可以在15分钟内完成，而且保证不出错。Apple II渴望的强大办公能力就这样实现了。顺便说一句，后来Apple II上的VisiCalc变成了现在大名鼎鼎的Excel。

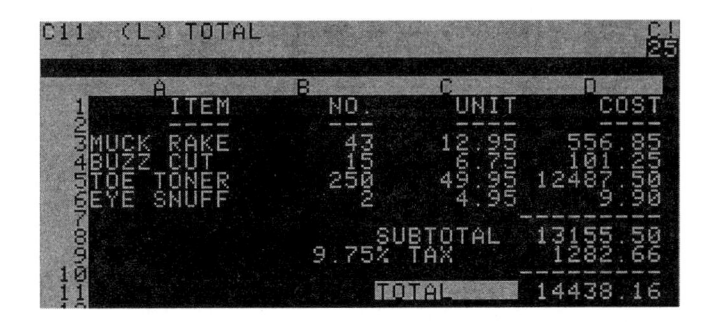

VisiCalc截图

Aqua的锋芒

什么是Aqua

闭上眼睛，想一下如果你要换一个智能手机，除了iPhone之外，还能换哪个？

你一定会想出HTC、诺基亚、三星、索爱、黑莓……

闭上眼睛，想一下如果你要为计算机换一个桌面操作系统，还能换哪个？如果你不知道什么是操作系统，好吧，那如果你要把计算机中的Windows换掉，能换哪个？

如果想不出来，那很正常，因为微软是这个领域的绝对垄断者，绝对的老大。

如果想到了Mac OS X，那也正常，因为乔布斯执着地要超越Windows。

如果想到了Linux，那说明你已经是计算机领域的专业人士了。

事实上，目前商业上成功应用的桌面操作系统基本上是3种，微软的Windows，苹果的Mac OS X和开源的Linux。往前推10年，桌面操作系统就是Windows，微软有97%的市场份额。

开发操作系统太难了。

苹果公司从1988年就希望改变自己老的操作系统，但直到2001年9月的Mac OS X 10.1才算是走向成熟。可以说是历经13年艰辛才成正果，即使从乔布斯回归的1997年9月算起，苹果公司也是花了整整4年才磨出一把好刀。四年一个产品，在乔布斯和苹果公司的历史中似乎仅此一件。

Apple的操作系统主要包括三个部分。

第一部分是内核，用于和计算机硬件打交道，尤其是和计算机的CPU、内存打交道。

第二部分是应用程序接口（简称API），用于和程序员打交道。现在经常使用的QQ就是一个应用程序，如果QQ符合Windows的规范，它就可以在Windows上运行；如果QQ不符合苹果公司操作系统的规范，它就不能在iMac上运行，这组规范就是API。所以为了让QQ能在iMac上正常运行，腾讯公司的程序员们就必须让QQ符合苹果公司操作系统的API。

第三部分是图形用户界面（简称GUI），用于和普通用户打交道，GUI规定了操作系统中窗口、菜单、按钮、滚动条、任务栏、下拉列表、图标等基本图形元素的外观和功能。俗话说人靠衣装，GUI就是操作系统的一件衣服。

所以要开发出完美的操作系统，就必须开发出完美的内核、完美的API和完美的GUI，三者缺一不可。

内核是和计算机硬件打交道的，计算机硬件就是一堆的电子设备，而沃兹说过乔布斯不懂电子学，所以乔布斯搞不了内核，这项工作交给了副总裁甲。

API是和程序员打交道的，程序员就是专门编写程序的人员，而比尔·盖茨说过乔布斯没有编过一行程序，所以乔布斯搞不了API，这项工作交给了副总裁乙。

GUI是和用户打交道的，用户就是普通的消费者，而乔布斯最擅长的就是把自己当作苹果公司的消费者，所以新一代操作系统的GUI设计工作，乔布斯交给了自己。

苹果公司的新一代操作系统叫做Mac OS X。

Mac OS X的GUI叫做Aqua，Aqua是乔布斯的心肝宝贝。

核心的Dock（1）

Aqua中最重要的功能就是常用的应用程序/文档的启动和切换，完成这项功能的就是Dock。事实上，在Mac OS X之前的多个操作系统中，已经提供了一些比较合理的解决方案。

例如，在微软的Windows 95中，完成启动和切换功能的是桌面，桌面主要包括三个

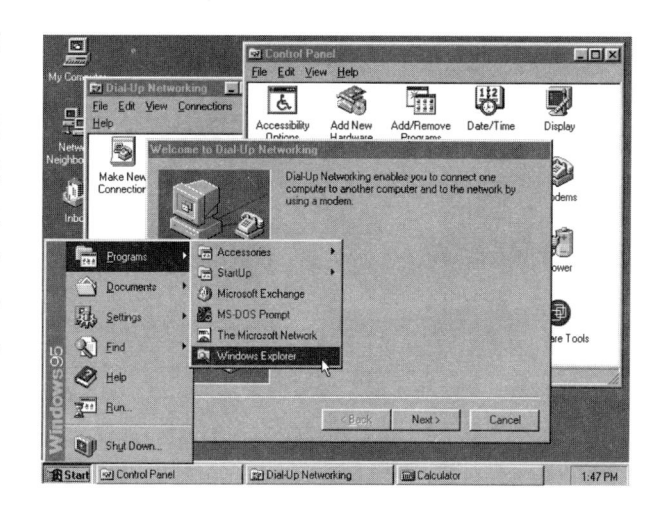

Windows 95的桌面

部分，第一个部分是表示应用程序或文档的快捷方式的图标，如果用户需要启动最为常用的应用程序或文档，可以双击桌面上相应的图标；第二个部分是大名鼎鼎的"开始"按钮；第三个部分是桌面底部的任务栏，任务栏包括正在运行的活动窗口，每个活动窗口一般具有应用程序的图标以及一些描述文字，如果用户需要切换应用程序或文档，可以单击任务栏的相应的按键。

在乔布斯看来，Windows 95的做法并不完美，其一是当用户启动20～30个应用程序时，任务栏变得非常拥挤，而且很有可能出现两层的任务栏，这样操作起来很麻烦；其二是任务栏中的按键不能移动位置，管理起来不方便；其三是Windows 95本身的界面远达不到绚丽，不够酷。

而乔布斯在Next公司时的OpenStep操作系统也具有一个桌面。这个桌面的

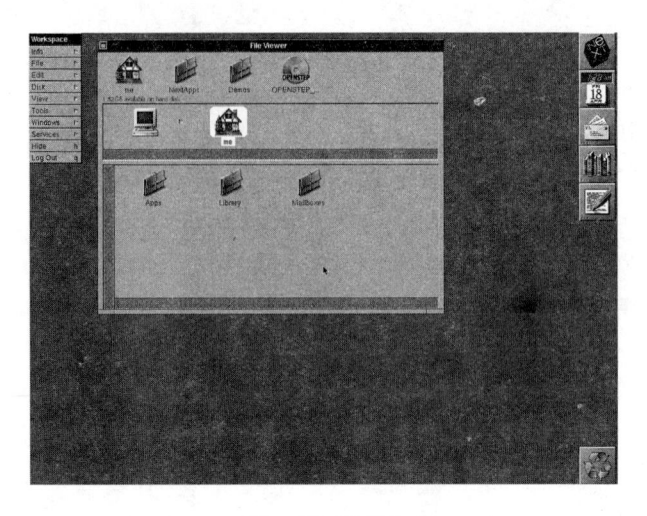

OpenStep的桌面

最大特点是在桌面的右边具有一组图标，这组图标叫做Dock（和Aqua中的名字一样）。在Dock中能够启动应用程序或文档，而且Dock中的图标可以随意地拖放、添加和删除，方便应用程序的管理。

但是Next的桌面乔布斯也不是非常满意，最起码Dock中的图标尺寸是固定的，而且数目最多不能超过13个。

那时候，不仅仅是桌面的问题，整个Aqua都缺乏人手。于是乔布斯启动了招聘程序，希望能为Aqua团队增加活力十足的新鲜血液。招聘是成功的，一个年轻的GUI设计师向乔布斯演示了一段视频，视频中有一组按钮，当鼠标滑到按钮上时，按钮会相应变大，当滑出按钮时，按钮会相应变小，就像一段明快的按钮舞蹈。乔布斯立刻明白了，这就是他想要的Dock，比NextStep绚丽10倍的Dock。

乔布斯立刻录用了这个年轻的设计师，这个年轻的设计师也没有辜负乔布斯的期望，很快完成了Mac OS X中Dock的设计。顺便介绍一下，年轻的设计师名叫奥丁·巴斯，现在仍然是苹果公司的GUI设计师，iMac、iPhone和iPad中的GUI好多都出自他之手。

核心的Dock（2）

1999年12月20日，乔布斯为Dock申请了专利。这个专利是乔布斯回归苹果公司后的第一个进行全球布局的发明专利（US7434177），也是乔布斯在中国获得的第一个发明专利（CN1242318），其对苹果公司的重要性不言而喻。结果美国专利商标局很不给乔布斯面子，一直审了10年，到2008年10月7日才给授权。反而是中国国家知识产权局的效率稍微高一点，在2006年2月15日就授权了。

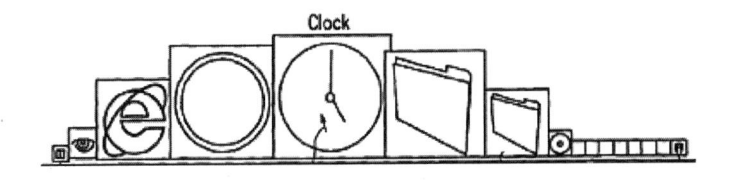

US7434177中的Dock

2000年1月6日，乔布斯演示了Apple历经磨砺才开发出来的Mac OS X的原型系统，把Mac OS X的"One More Thing"留给了Aqua，把Aqua的"One More Thing"留给了Dock，全场轰动。

Dock

又过了几年，Dock中具有了3D的效果，平面的Dock变成了立体的Dock。

具有3D效果的Dock

Mac OS X中Dock的主要特点包括：

第一，能够放置很多很多的图标，而不像Next受13个图标的限制。

第二，所有的图标都在一行内，而不像Windows的任务栏那样需要放置两行。

第三，计算机屏幕大小是一定的，所以当图标较多时，每个图标的尺寸相应变小；当图标较少时，每个图标的尺寸相应变大。

第四，Dock上的绝大多数图标都可以添加、删除、移动，方便管理。

第五，Dock上放置的图标可以有很多的种类，有的表示应用程序，有的表示文档，有的表示网络地址，有的表示运行程序的最小化窗口，等等。当图标表示应用程序（例如QQ）时，点击图标可以运行该程序；当表示文档（例如幻灯片）时，点击图标会调用相应的程序（iWork或PowerPoint）来运行该文档；当表示网络地址时，点击图标将使用IE或Safari来浏览相应的网页；当表示最小化窗口时，点击图标可以将窗口最大化，等等。

　　第六，Dock上的图标显示是动态的。例如，电子邮件的图标上可以显示收件箱中的新邮件的数目，这种设计理念一直在最新的iPad上体现着。

iPad中显示145封新邮件

　　第七，当鼠标悬停在图标上时，图标会相应变大，而且由小变大的过程具有动画效果。

　　为了达到梦幻般的动画效果，乔布斯还对Dock中图标尺寸的变化进行了精密计算，最终获得了下面的一组变换公式。

　　首先，根据公式（1）要计算缩放量S。

$$S = [(H-h) \div 2] \div sine[\pi \times (h \div 2) \div (W \times 2)] \quad (1)$$

其中，

H表示缩放高度，也就是图标变大后的高度；

W表示影响宽度，可以是原始图标宽度的倍数；

h表示原始图标高度。

　　然后，对每个图标测量两个距离d1和d2，其中d1是鼠标位置到图标左边的距离，d2是鼠标位置到图标右边的距离。如果d1或d2位于区域{-W，W}之外，则将d1或d2变为-W和W中最接近的一个。

　　再然后，根据公式（2）和公式（3）计算缩放值d1′和d2′：

$$d1' = S \times sine(\pi \div 2 \times d1 \div W) \quad (2)$$

$$d2' = S \times sine(\pi \div 2 \times d2 \div W) \quad (3)$$

　　再然后，根据公式（4）计算每个图标的缩放比例因子f，

$$f = 1 + (d2' - d1') \div (d2 - d1) \quad (4)$$

　　最后，根据比例因子f重新绘制d1′和d2′之间的每个图标。

　　看到这里，是不是感觉到数学和艺术是紧紧联系在一起的呢？

　　2000年1月4～6日，苹果公司又先后提交了5件外观设计专利和1件发明专利，对核心的Dock进行全方位、立体式的保护。

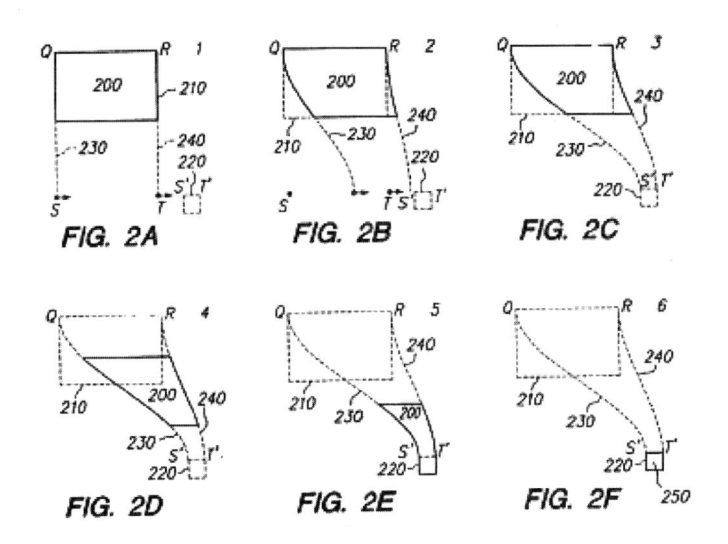

US6396520中的Dock动画效果

在US6396520中，显示了果粉们和非果粉们都非常喜爱的最大化和最小化窗口之间进行转换时，Dock的动画效果。

Dock经典的设计，影响了整整两代GUI设计师，被各种山寨GUI不厌其烦地抄了一遍又一遍。其设计灵感甚至还体现在现在大热的Ubuntu Linux和Windows 7中。不过当看到苹果公司历经10年才获得Dock专利权时，当看到苹果公司毫不犹豫地向Android阵营开战时，效仿者会不会有点不寒而栗呢？

让窗口回家

随着计算机的功能越来越强大，能够支持的应用程序越来越多，所以用户往往会同时打开N多个窗口。当多个窗口摆在iMac的桌面上时，就带来了令人头疼的两个问题。

第一个问题是桌面太乱，与iMac和Mac OS X的简洁格格不入。

第二个问题是用户在N多个窗口中很难有效地快速切换到目标窗口。

微软成功解决了上面的问题，比尔·盖茨给Windows 98设置了一个"显示桌面"的按钮和一条任务栏，不管桌面上开启了多少个窗口，当按一下"显示桌面"按钮，所有的窗口都龟缩到任务栏上。就像后来的iPhone和iPad，都拥有一个类似"显示桌面"的HOME键，当点击HOME键的时候，所有运行的程序都会乖乖地回家，只留下iOS的桌面。

苹果公司也需要解决这个问题，但是不能借鉴微软的做法，放置一个"显示桌面"按钮。因为"显示桌面"按钮是人家微软的创意，贸然拿来使用可能会侵犯人家的知识产权，而且可能被扣上山寨的帽子。苹果山寨微软，是乔布斯不能接受的，也是果粉们不能接受的。

思来想去，乔布斯终于琢磨出来一个办法。在每个窗口的右上角放置一个按钮（42），只要按下这个按钮，就只在桌面上保留当前的窗口，而其他窗口都会乖乖滑落到Dock内。2000年1月4日，乔布斯为这个办法申请了专利，2005年10月18日，专利终于获得授权（US6957395）。

注意了，这个专利中乔布斯可是第一发明人。与Windows 98中的"显示桌面"按钮相比，乔布斯这个发明显著的区别在于，当用户按下窗口最小化按钮后，计算机还会非常懂你地在桌面上保留你当前正使用的窗口。简单吧！这就是典型的乔布斯式创新。

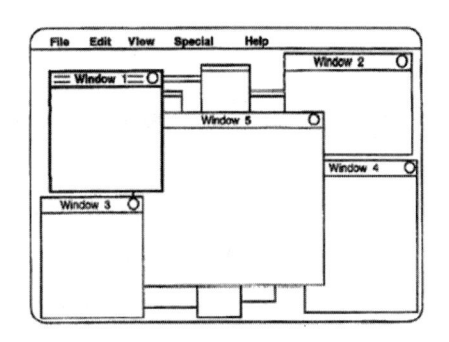

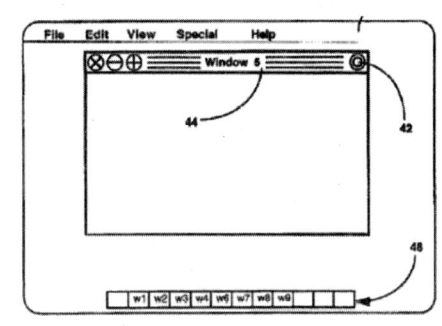

US6957395中的界面

但是这个办法也有它的局限性，如果用户期望的窗口被其他窗口完全遮盖，按钮（42）根本就看不到，那怎么操作呢？

因此，在后来很多版本的Mac OS X中，苹果公司的工程师们都在不停地追随乔布斯的脚步，考虑新的办法来防止窗口的堆积。

Mac OS X 10.3时代，苹果公司推出了Exposé。

Mac OS X 10.5时代，苹果公司推出了Stack和Spaces。

Mac OS X 10.6时代，苹果公司使用Exposé和Dock相结合。

Mac OS X 10.7时代，苹果公司推出了Mission Control。

小功能　大工程

乔布斯对于Aqua确实是呕心沥血，很多不起眼的小功能都被当做大工程来做。这些小功能中，最被人津津乐道的是以下几个。

第一个是"红绿灯"。

一直以来，窗口都具有4种状态：最小化、正常、最大化和关闭。所以Windows的右上角有三个对应的图标，"横线图标"表示最小化窗口，"方框和层叠方框图标"表示最大化和还原窗口，"叉号图标"表示关闭窗口。没有人感觉这样有什么不好，也没有人感觉到不习惯。

Windows窗口的右上角

但是，乔布斯固执地认为"最大化"一个窗口没有实际意义，因为会挡住后面的窗口。因此，Aqua中，将传统意义上的"最大化按钮"变为"最适化按钮"。另外，对于Windows的图标设计，乔布斯一直不感冒，他建议把3个按钮变成交通信号灯的颜色，并且当鼠标移到附近时，显示出相应的图形指示。于是Mac OS X的最小化、最适化和关闭按钮变形了下面的图形。

Mac OS X的左上角

乔布斯对自己的设计很是得意，尤其是红色"关闭窗口"按钮，就像红灯一样提示用户需要慎重地操作。写到这里的时候，忽然发现Windows XP中的"关闭窗口"按钮变成了"红色叉号"，不知道是不是借鉴了乔布斯的创意。

Windows XP的"红叉"

为了保护乔布斯关于红绿灯的创意，在2000年1月4日和2002年6月4日，苹果公司先后为红绿灯申请了两个专利（USD469444和USD490440）。

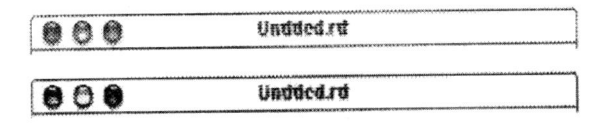

USD469444和USD490440中的红绿灯

另外，两个专利中可以看出来乔布斯当时还考虑过使用7个顶部按钮，而且这7个按钮还可以具有圆形、方形、奖章形等不同的形状。

第二个是滚动条。

滚动条是窗口中非常不起眼的一个元素，用户多数情况下注意不到它的存在，现在的Aqua中甚至都默认不显示滚动条了。但在乔布斯看来，做滚动条是一个大项目。箭头的大小、位置的变化、颜色的设置、滚动条和滚动块的比例等，都进行了多次调整。一根看似简单得不能再简单的滚动条，花了整整6个月来修改。

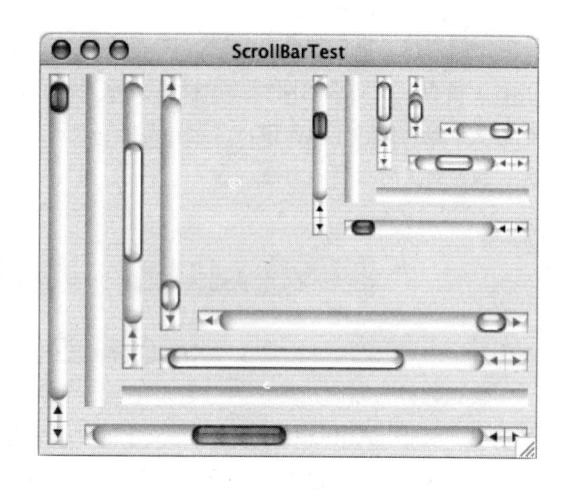

设计好之后，乔布斯居然还为滚动条申请了专利（USD491955），其中对4组24根滚动条的外观设计进行周到的保护。在苹果公司的历史中，这是第一次，估计也是最后一次。

Aqua的滚动条

第三个是刻录图标。

在PC的功能中，刻录是一项很重要的功能，刻录机几乎也成为PC的标准配置。

但刻录有个比较大的缺点，就是不能出错，因为一旦出错，整张CD/DVD光盘都会报废，很不节约，也很不环保。所以，在刻录之前，所有的刻录软件都会要求用户对需要刻录的内容进行确认，以避免误操作。

确认的方式很朴素，弹出一个对话框，上书"确定要刻录吗？"，下书"确定"和"取消"。如果用户选择"确定"，开始刻录，如果用户选择"取消"，则说明还不确定刻录的内容，暂停刻录。

一直到现在，为了防止误操作，很多软件仍是这样做的，很多人也觉着这样做很合理。

但乔布斯异想天开，为什么一定要"弹出对话框"呢？这对用户来说岂不是增加了一个额外的应答步骤？多不方便？

为了在不弹出对话框的情况下防止误操作，乔布斯想到了一个很精妙的方法，决定在刻录按钮上的图标（刻录图标）做文章。在乔布斯的设计中，刻录图标不是静态的，而是可以动态改变的，具体来说有3种不同的状态。

最初是关闭状态，用户还没有准备好刻录，例如在刻录机中还没有放入空白的CD或DVD，所以任何操作都是无效的。当用户准备好刻录时，自然会点击刻录按钮，这时关闭状态变为激活状态。

激活状态将持续15秒钟，期间刻录机一直等待用户的命令。如果用户在15秒内再一次点击刻录按钮，则进入操作状态（相当于点击了对话框中的"确定"按钮），开始刻录CD或DVD。反之，如果用户15秒之内没有操作（相当于点击了对话框中的"取消"按钮），则退回关闭状态。

从2001年1月8日起，苹果公司先后为乔布斯的解决方案向美国专利商标局提交了3件专利申请，发明名称都是"用于操作的3种状态图标"。目前，两件申请先后获得专利权（US6825861和US7788604），还有1件仍在审查中。除此之外，苹果公司还为之提交了国际专利申请（WO02054213），并进入欧洲。

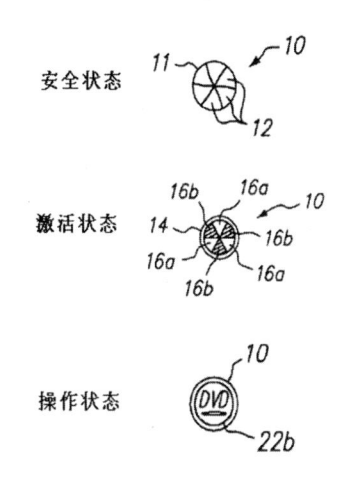

US6825861中刻录图标的3种状态

第四个是回收站。

不管是Windows 95还是Windows 98，回收站的功能只有一个，就是放置删除的文件。

但那时候Mac OS X的回收站却包括了3个功能。当把普通文件或文件夹拖到回收站的时候，和Windows的做法一样，Aqua会删除文档。当把表示软驱的图标拖到回收站的时候，Aqua并不会删除软盘中的内容，而是出人意料地弹出软盘。当把表示光驱的图标拖到回收站的时候，Aqua会认为希望执行刻录操作。

用户通常习惯使用第一个功能，很少有人会把软驱或光驱拖到回收站中，除非真的是闲着没事干。事实上，用户根本就不关心回收站到底还有别的什么功能。可乔布斯却坚持认为一个回收站执行3个功能会给用户带来困惑，必须进行改进。

乔布斯亲自琢磨出了一个解决方案，赋予回收站3种不同的图标。当用户拖动普

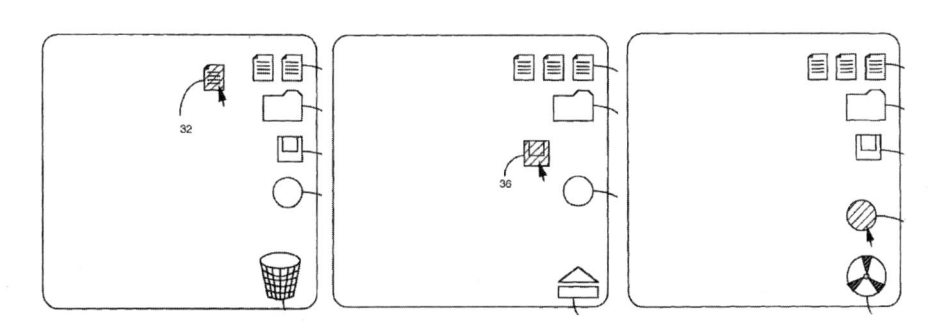

US7607102中回收站图标的3种状态

通的文档时，回收站就是回收站；当用户拖动软盘的时候，回收站自动变成弹出软盘的图标；当用户拖动光盘的时候，回收站自动变成刻录的图标。

2002年3月19日，苹果公司为乔布斯的解决方案申请了专利，2009年10月20日，专利获得授权（US7607102）。

图标军团

图标是具有明确含义的计算机图形，往往代表一个文件、程序、网页或命令。图标在苹果公司的发展历程中曾经扮演过非常重要的角色。

20世纪80年代早期，苹果公司曾经将自己设计的图标授权给微软的Windows 1.0，微软承诺若干年内仅为苹果公司开发Office。

没过几年，微软推出了Windows 2.0，而且在Windows 2.0中继续使用苹果公司的图标。苹果公司认为当时只授权给了Window 1.0，所以Windows 2.0侵权，微软认为2.0和1.0仅仅是Windows的版本号，不侵权。双方为此各不相让，打了好几年的官司。

后来，乔布斯回归苹果公司，和比尔·盖茨达成和解。和解的条件是，苹果公司停止和微软打图标官司；作为交换，5年内微软为苹果公司开发Office和IE，同时给苹果公司注资1.5亿美元。

可以说，图标为苹果公司翻身挖来了第一桶金。所以，乔布斯非常重视图标的专利保护，苹果公司的图标专利大致有以下几类。

第一类是使用设计图。例如，USD626142S中保护的Mac OS X中最著名的Finder图标，在USD644658中保护的浏览器Safari图标。

Finder图标 　　　　Safari图标

第二类是使用产品图。例如，USD619144中保护的iTunes图标。

iTunes图标

第三类是设计图和产品图的结合。例如，USD651215和USD651614中保护的Youtube。

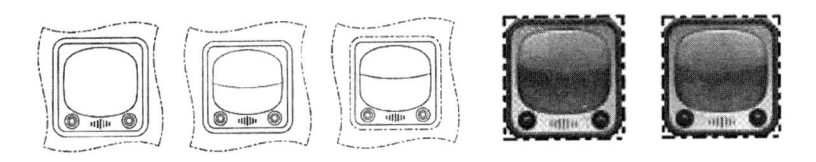

Youtube图标

以上三类图标的共同特点是，产品是什么样子的，专利就是什么样子的，是一种典型的防御性专利。这种保护方式的目的在于，很大程度上保证自己使用的图标不侵犯他人的知识产权。

除此之外，苹果公司还有一些攻击性比较强的专利。这些专利中，图标多使用虚线和实线相结合的方式，实线用于勾勒出最终产品的样子，虚线用来扩大保护范围。例如，在USD644243和USD644242中保护的照相机，以及在USD652426和USD651610中保护的计算器。

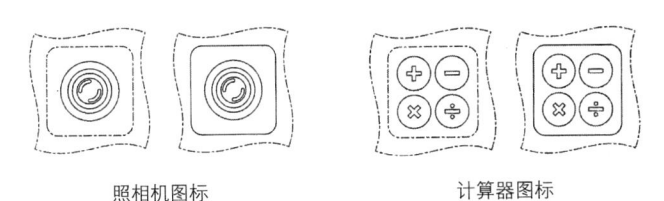

照相机图标　　　　　　　计算器图标

继续前进

2000年1月6日隆重介绍Mac OS X时，乔布斯就给工程师和设计师们指明了操作系统的发展方向。此后，虽然乔布斯把工作重点转向了其他方面，但苹果公司的工程师和设计师们依然沿着正确的道路大步前进。

2001年3月，苹果公司发布了10.0版本，代号"猎豹"。具有讽刺意义的是，"猎豹"的最大问题运行速度并不够快。

2001年9月，苹果公司发布了10.1版本，代号"山猫"，修正了"猎豹"的部分缺陷。

2002年8月，苹果公司发布了10.2版本，代号"美洲虎"。两年的时间，苹果公司为Mac OS X增加了150多项功能，包括使得色彩更加绚丽的Quartz Extreme、聊天工具iChat等。

2003年10月，苹果公司发布了10.3版本，代号"黑豹"，增加了视频聊天工具

iChat AV、翻新了Finder，以及推出大名鼎鼎的Safari。

2005年4月，苹果公司发布了10.4版本，代号"老虎"，作为百兽之王，老虎增加了200项新功能，Dashboard、Spotlight、Automator等首次和用户见面。

2007年10月，苹果公司发布了10.5版本，代号"美洲豹"，增加了类似于Windows中系统备份的Time Machine。

2009年8月，苹果公司发布了10.6版本，代号"雪豹"，提供并优化了大量面向程序员的开发工具。

2011年7月，苹果公司发布了10.7版本，代号"狮子"，从iOS系统中引进了很多有特点的工具。

2012年6月，苹果公司发布了10.8版本，代号"山狮"，从现在开始，Mac OS X在Apple退休，操作系统的一个时代结束。

苹果公司把新的操作系统叫做OS X，让我们期待新的惊艳吧！

Mac OS X的演进

版本	发布时间	英文代号	中文代号
Mac OS X 10.0	2001年3月24日	Cheetah	猎豹
Mac OS X 10.1	2001年9月25日	Puma	山猫
Mac OS X 10.2	2002年8月23日	Jaguar	美洲虎
Mac OS X 10.3	2003年10月24日	Panther	黑豹
Mac OS X 10.4	2005年4月29日	Tiger	老虎
Mac OS X 10.5	2007年10月26日	Leopard	美洲豹
Mac OS X 10.6	2009年8月28日	Snow Leopard	雪豹
Mac OS X 10.7	2011年7月20日	Lion	狮子
OS X 10.8	2012年6月16日	Mountain Lion	山狮

iMac G4的重托

LCD的机遇

　　LCD就是液晶显示器，LCD很早就成为笔记本显示器的标准配置。在1985年，日本的东芝公司制造出了世界上第一台笔记本T1100，它使用了一块9英寸的液晶显示器。随后，几乎所有的笔记本都使用了LCD显示器，Apple当然也不例外，1989年，推出了第一款使用LCD显示器的笔记本——移动Mac。

　　现在看来，移动Mac是相当的笨重，但它确实是第一台从外太空向地球发送电子邮件的笔记本。

T1100

　　到2000年左右，台式计算机的显示器中开始逐步出现LCD显示器。与传统的台式机CRT显示器相比，LCD具有更好的显示质量，更弱的电磁辐射，更大的可视面积，更亮丽的显示画面，更轻巧的身材，更低的功耗等。总而言之，LCD取代CRT是全面的进步，LCD取代CRT是历史的选择，LCD的出现就意味着CRT彻底走进了垃圾箱。

移动Mac

　　对于刚刚走出低谷的苹果公司来说，LCD的出现无疑是一个历史性机遇，所有的PC生产商几乎又站在了同一起跑线上。因此，乔布斯雄心勃勃地计划给iMac配置一款LCD显示器，从而诞生一款全新的iMac，这款iMac将使乔布斯和苹果公司重新夺回属于自己的荣誉，以及嘿嘿……市场份额。

向日葵

　　对于其他台式计算机的生产厂商而言，用LCD代替CRT是一件轻松愉悦的事情，因为他们的计算机主机和显示器是分离的，只需要换一个显示器就可以了，甚至不需要对主机进行任何改变。

　　这种设计理念显然不能满足乔布斯的胃口。乔布斯需要的不是传统的计算机，而是只需要一根线缆的一体机。

于是，乔布斯的亲密战友艾维开始了新的工作。他首先提出把计算机主机和液晶显示器合二为一，将主机内的所有零部件都集成到液晶显示器后面。但是由于当时的技术条件，这样做会导致液晶显示器比较厚，而比较厚的液晶显示器看上去就不像液晶显示器了，所以乔布斯暂时搁置了这个设计。

有一天，乔布斯和艾维在花园里仔细考虑着未来iMac的样子，而乔布斯的夫人在花园里种了很多的向日葵，就像《植物大战僵尸》里一样。我们没有办法看到乔布斯家花园里满园的向日葵，但是我们能够看到《植物大战僵尸》里面满屏的向日葵。

向日葵风中摇曳的身姿给了乔布斯和艾维灵感，就像苹果加速下落给了牛顿灵感一样。

乔布斯和艾维很快统一了思想。

向日葵

新的iMac就是向日葵，而用户就是向日葵围绕的太阳；

太阳有时候很远，有时候又很近，所以新的iMac要能前后运动；

太阳有时候在东边，有时候在西边，所以新的iMac要能够左右运动；

太阳有时候在头顶上，有时候在地平线下，所以新的iMac要能够上下运动；

能够前后上下左右地运动，叫做拥有6个自由度，新的iMac和其他台式机相比，最大的不同就在于拥有6个自由度。

由于新的iMac使用的CPU是G3的继任者G4，所以乔布斯按照惯例把这款新的iMac叫做iMac G4。

三段式设计

乔布斯和艾维都是大师级的人物，有了创意之后很快就有了初步的模型。

iMac G4主要包括三段：

第一段是LCD显示器，就是向日葵的花。

第二段是机箱和显示器之间的一根摇臂，就是向日葵的茎。

第三段是机箱，就是栽种向日葵的花盆。

其中，机箱后面整齐地排列着各种各样的接口，机箱前面还具有一个DVD。而所有的零部件和连接线都隐藏在向日葵的茎内，确保iMac G4外形绝对美观和简洁。

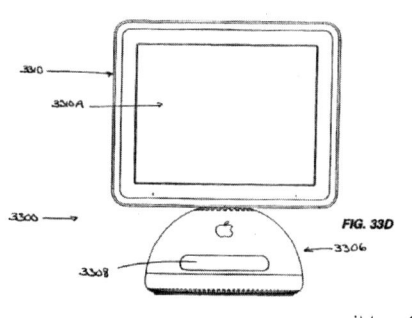

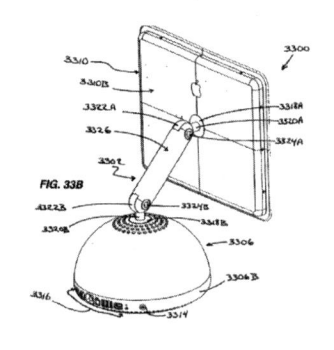

iMac G4

事实上，三段式设计并不是苹果公司的专利。根据欧洲专利局（EPO）的检索结果，东芝早在1999年7月29日就申请了专利，比苹果公司的iMac G4早2年。2001年2月16日，这个专利被日本特许厅（JPO）公之于众，专利号JP2001042779。其中显示，东芝将台式机分成了三段：第一段是LCD显示器，第二段是插入式的连接杆，第三段是扁盒形状的主机，主机的前面板上还有DVD光驱。但是，东芝发明的这种计算机不能像向日葵那样旋转。

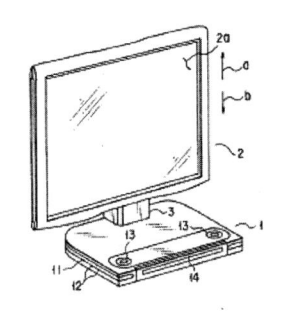

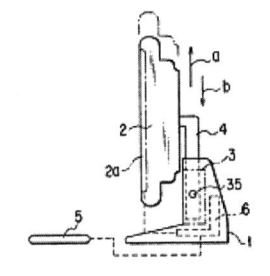

东芝的计算机

更有甚者，直接将笔记本电脑改造成三段式。例如，惠普在2000年4月18日提交了一件专利，其中展示了一种三段式的笔记本计算机。第一段是笔记本的LCD显示器，第二段是可以上下移动的两根连接杆，第三段是笔记本计算机的主机盒键盘。虽然这个笔记本也是三段式的，但是和iMac G4还是有比较明显的差别。

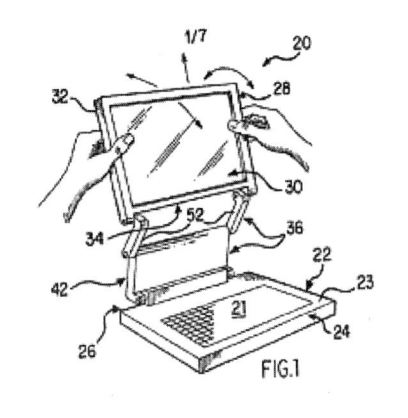

惠普的笔记本

灵活的摇臂

三段式的PC不新鲜，但iMac G4还拥有6个自由度，拥有6个自由度的秘密就在iMac G4的摇臂，摇臂也成为那个时期iMac G4区别于其他计算机的显著特征，所以摇臂的设计是iMac G4设计的重中之重。在乔布斯亲自担当第一发明人的一件专利中，发明名称就是"具有移动组件的显示设备"，所谓的"移动组件"就是摇臂。

为了设计这个摇臂，乔布斯和苹果公司的工程师们参考了N多的资料，涉及各行各业中使用的LCD显示器，并进行了充分的消化吸收。

如下图US6819550中描述的不同显示器摇臂中110所示，某些办公室、学校、政府机构等白领们和金领们使用的LCD显示器，摇臂直接安装在桌子上，可以调节显示器和用户之间的距离，让眼睛最舒服。

如下图US6819550中描述的不同显示器摇臂中111所示，银行、金融机构、贸易公司甚至检测机构使用的LCD显示器，通过摇臂将多台显示器挂在横杆上，用户可以调节摇臂的角度，方便同时观看多个显示器中的画面。

如下图US6819550中描述的不同显示器摇臂中112所示，自动化控制的工业生产线和装配线上，蓝领工人们没有固定的座位，所以只能将LCD显示器固定在墙上，为了适应不同身高的人的要求，显示器需要一个能够调节高度的摇臂。

如下图US6819550中描述的不同显示器摇臂中113所示，在医院和保健机构的手术室中，为适应手术室的具体情况，LCD显示器和摇臂的配置更加的灵活。

所以，使用摇臂连接显示器，在很多领域中都是非常常见的。即使是在台式机中，也有很多使用摇臂连接显示器的早期专利。

早在1987年5月29日（那时候还完全是CRT的天下），美国的LINK公司就向美国专利商标局提交了一份专利，该专利的附图1中清楚地显

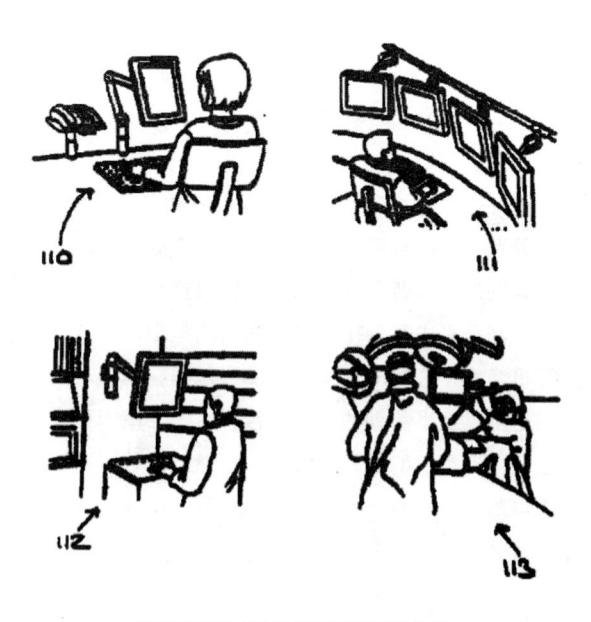

US6819550中描述的不同显示器摇臂

示，CRT显示器通过摇臂连接到底座，可以使得CRT显示器上下移动以符合用户的高度要求。不过这个摇臂只能上下移动，算是具有两个自由度，而iMac G4有6个自由度。

欧洲人也不甘落后，1995年4月13日授权的一件德国专利中，LCD显示器就拥有了6个自由度。通过调解垂直杆，LCD显示器可以上下运动；通过调解水平杆，显示器可以前后伸缩；通过垂直杆和水平杆交接的旋转部件，显示器可以左右旋转。这台显示器确实具有6个自由度，但和iMac G4相比，整体设计太复杂了。

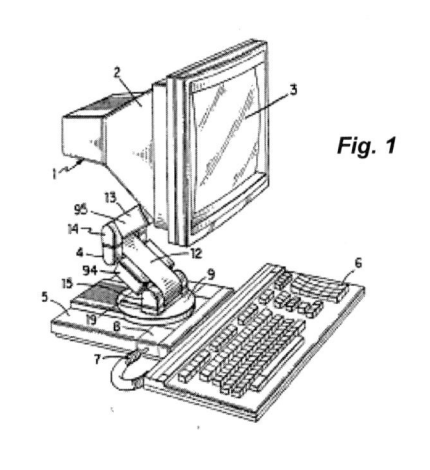

Fig. 1

LINK公司的摇臂

相比之下，日本的内田洋行株式会社在1999年5月31日设计的鹅颈结构要简洁得多，但是这种结构本身和摇臂是两码事了，而且由于鹅颈是一个个的圆球，所以很难容纳任何连接线。

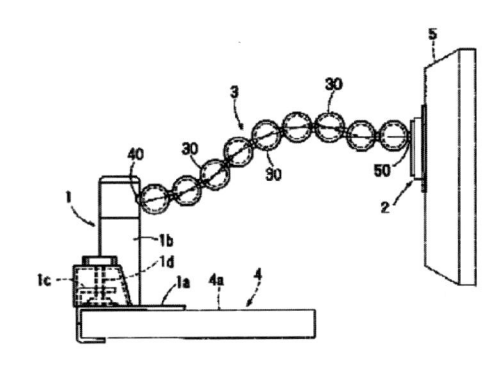

德国人的摇臂

日本内田洋行的摇臂

专业计算机摇臂制造商ERGOTRON公司在1996年3月8日和1997年6月2日先后提交了两项专利，系统地阐述了台式机使用的LCD显示器和底座之间的摇臂设计方案。从这家公司的设计图纸上，能够判断出LCD显示器的摇臂是一根干净利索的杆，杆的两端各有一个活动关节，显示器最起码具备4个自由度，可以上下前后活动。

看一下下面的两幅图，主要的区别就在于摇臂两端的关节。所以，有人一直猜测iMac G4摇臂两端关节的设计就是为了规避ERGOTRON公司的摇臂。

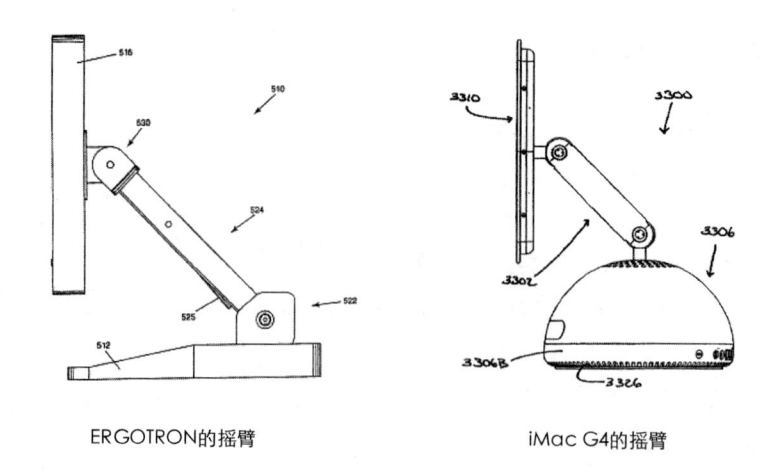

ERGOTRON的摇臂　　　　　　　　　　iMac G4的摇臂

呕心沥血的保护

综合了全世界各个行业中各式各样的PC和摇臂，乔布斯和艾维敲定了iMac G4的设计方案。随后，苹果公司的工程师们花了两年的时间，把iMac G4造出来了。也许乔布斯认为iMac G4堪称完美，一定会引领PC潮流，如果那样的话，仿造iMac G4的山寨计算机将会是苹果公司最大的竞争对手。所以在对iMac G4的知识产权保护上，乔布斯丝毫不敢马虎，做了三件事情。

第一件事情是亲自挂帅。

乔布斯本身是苹果公司的老大，老大的工作是全面负责公司的管理、研发、设计、营销、财务、法务等各个方面，而不必像设计师或工程师那样全力投入产品的设计和研发过程中，更没有必要在某一件专利中投入过多的时间和精力。多数情况下，乔布斯也确实是这样做的，在乔布斯一生的所有专利中，95%以上的专利第一发明人都不是乔布斯本人。但是对于iMac G4的系列专利，乔布斯丝毫不敢大意，亲自挂帅，担当第一发明人。

乔布斯亲自挂帅之后，心理还觉着不踏实，毕竟自己还有很多管理方面的工作。所以找了艾维当急先锋（第二发明人），艾维可是苹果公司的高级副总裁，全世界最好的工业设计大师，乔布斯的精神伙伴。领导班子搭起来之后，乔布斯继续招兵买马，苹果公司的15名优秀的工程师和设计师很快进入麾下。

2001年11月8日，专利终于完成了，发明名称是"计算机控制的显示设备"。2004年11月16日这个专利获得授权（专利号US6819550）。这17个人的战斗力是非常强悍的，这个专利写了整整116页，包括188个权利要求和80页的附图，打印出来蔚为壮观。

乔布斯的一生参与了近400项专利，其中把自己列为第一发明人，把副总裁级的人物列为第二发明人，专门组建发明人团队，而且页数超过100页的专利只有两个。2001年推出的iMac G4是第一个，2007年推出的iPhone是第二个。

第二件事情是设计八大"变形金刚"。

iMac G4设计出来之后，为了防止潜在竞争对手的仿制，也为了防止山寨计算机的泛滥，乔布斯一口气为iMac G4的8种变形申请了多件外观设计专利，希望彻底杜绝雷同。

iMac G4的机箱是半球形的，乔布斯却还在专利中请求保护长方体形和锥形的机箱。

iMac G4的摇臂是直杆形的，乔布斯却还在专利中请求保护折杆形和管形的摇臂。

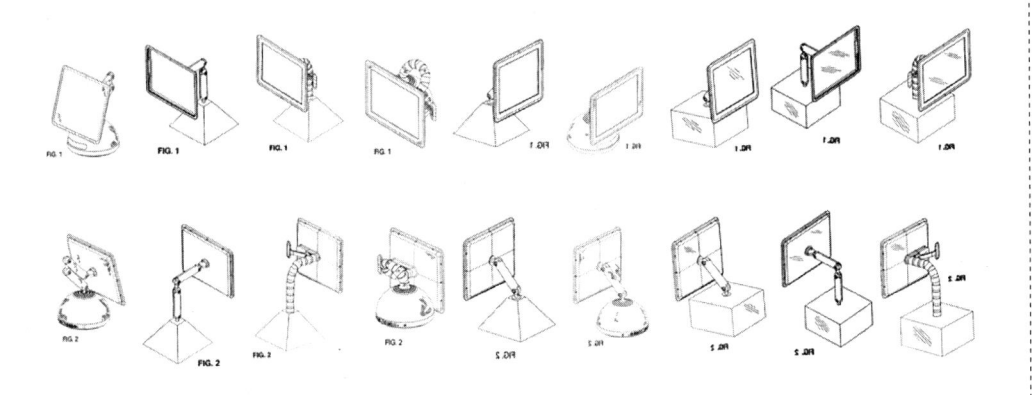

iMac G4及其8种变形

可以说，为了避免山寨计算机冲击潜在的市场，乔布斯是动足了脑筋，全面考虑到了可能出现的各种各样的情况。在乔布斯参与的专利中，能够拥有"变形金刚"保护的也只有两个，2001年推出的iMac G4是第一个，2005年推出的iPod旗舰产品iPod nano是第二个。

第三件事情是进行全球布局。

2002年10月17日，乔布斯决定对iMac G4的这个专利进行全球布局，除了美国的申请外，苹果公司先后向欧洲、日本、中国、澳大利亚和加拿大等国家和地区申请了专利。

2004年11月16日，iMac G4在美国获得专利权（US6819550）。

2008年12月13日，iMac G4在中国获得专利权（CN100439789）。

2009年5月28日，iMac G4在澳大利亚获得专利权（AU2002349978）。

2010年3月23日，iMac G4在韩国获得专利权（KR100949009）。

2011年10月11日，iMac G4在加拿大获得专利权（CA2464134）。

2012年3月2日，iMac G4在欧洲获得专利权。

写到这里的时候，iMac G4在日本的专利还在继续审查中。

这样一看，中国国家知识产权局的工作效率还是比较高的。

从2002年1月iMac G4面世，到2004年8月iMac G4停产，时间不过短短的32个月。但是，从2002年10月开始全球布局，到2008年12月开始陆续在其他国家和地区获得专利权，时间超过72个月，在欧洲甚至接近10年，而在日本还遥遥无期。

为什么会这样呢？是苹果公司故意放置"潜水艇"专利，还是苹果公司不了解其他国家的审查制度，抑或是欧、日等国故意拖延审查时间？有兴趣的筒子们不妨仔细研究一下。

iPad的完美

中庸之道

在笔记本和手机的快速发展过程中，我们发现总有一些非常常用的功能，这些功能仿佛已经融入我们的血液中，例如：

我们经常浏览网页；

我们经常收发一些电子邮件；

我们经常在Facebook或者开心网上看看朋友们的近况；

我们经常用MSN或者QQ和朋友们聊天；

我们经常写一些100～200字的博客；

我们经常在Youtube或者优酷上看片；

我们经常玩"愤怒的小鸟"和"切水果"之类的小游戏；

我们经常会捧起《盗墓笔记》之类的电子书；

我们经常去淘宝网或者京东商城购物；

我们还会在开车的时候打开GPS导航；

……

这些功能笔记本都有，但是笔记本不够便携。如果怀疑这一点，可以想象一下在开车的时候拿着一台3公斤重的商务笔记本导航是什么感觉。

这些功能智能手机也都有，但是智能手机力不从心。如果怀疑这一点，可以让眼睛体验一下用手机看小说的辛苦程度。

所以，在笔记本和智能手机之间，一定还存在一个电子设备，这种电子设备天生就是为了满足上面的功能，这种设备就是平板电脑。

比尔·盖茨懂这一点，所以他早在2002年就豪情万丈地宣布，5年之内Tablet PC（微软主导的平板电脑）将成为美国销量最大的PC，10年内将取代笔记本而成为便携式计算机的主流。

现在10年过去了，平板电脑开始主流，但是平板电脑的代名词不是微软主导的Tablet PC，而是苹果公司主导的iPad。

让Tablet PC和iPad互相PK一下，或许能发现乔布斯浸淫PC行业30年的经验和老辣。

Tablet PC   iPad

PK的第一回合：技术。

与笔记本相比，平板电脑的最大优势在于便携。为了便携，平板电脑的体积和重量都要远低于笔记本，而笔记本最占空间的就是大大的显示器和大大的键盘，显示器是永恒的，所以平板电脑必须抛弃键盘。键盘是计算机的输入之王，抛弃键盘就意味着要诞生开拓性的输入技术。

微软的Tablet PC采用的是手写笔的输入，不仅需要额外配备手写笔，而且输入速度慢，识别率不高。为了满足用户输入的需求，有些平板电脑甚至还带着键盘，明显就是一台带有手写笔的笔记本嘛。

苹果公司的iPad则是另外一番景象，乔布斯将iPhone上成熟的多点触控技术完美地移植到iPad上。配合优秀的设计，最终iPad体重约600克，同期的轻薄笔记本的代表Macbook Air体重也有1 360克。

所以，第一回合iPad完胜Tablet PC。

PK的第二回合：价格。

追求便携必然要减少零件，减少零件必然导致平板电脑的功能不如同时代的笔记本强大，功能的差距也就意味着平板电脑的价格要低于笔记本，甚至远低于笔记本。

微软的Tablet PC比同配置的超薄笔记本还要贵150美元，所以让本来想买平板电脑的用户又回到了笔记本阵营。

与之相反，苹果公司的iPad售价499美元，同期的Macbook Air要1 199美元，便宜了一半还多，迅速建立起iPad粉丝群。

所以，第二回合iPad再次完胜Tablet PC。

PK的第三回合：时机。

平板电脑的主要应用都在网络上，所以它需要相对完善的无线网络环境。

微软的Tablet PC是在2002年推出的，那个时候估计首都国际机场都不能无线上网，总不至于在旅行的途中时刻带着一根网线吧。

苹果公司的iPad是在2010年推出的，这个时候估计幼儿园的小朋友都知道WiFi和3G。

所以，第三回合iPad还是完胜Tablet PC。

完胜的结果很诱人，iPad拥有了70%以上的市场。

聪明的部分保护

2010年1月6日，苹果公司向美国专利商标局提交了两件关于iPad外观的专利申请，两件专利的发明名称都是"PORTABLE DISPLAY DEVICE"（移动显示设备）。其中一件的专利号是USD627777，在2010年11月23日授权；另一件的专利号是USD637596，在2011年5月10日授权。

可爱的美国专利审查员呀，人家苹果公司同时申请的外观设计专利，授权时间却相差6个月，为苹果公司这种纳税大户服务的意识怎么就这么差呢？

USD627777中的iPad主视图 　　USD637596中的iPad主视图

粗看起来，这两个专利中的移动显示设备和实际发布的第一代iPad基本相同：都具有平板状的外形；正面都是巨大的触摸屏；在触摸屏的下方都具有明显的Home键；底边上都具有Dock接口和3个发声孔。但是仔细观察起来，专利中的设计图和第一代iPad还是略有区别的。

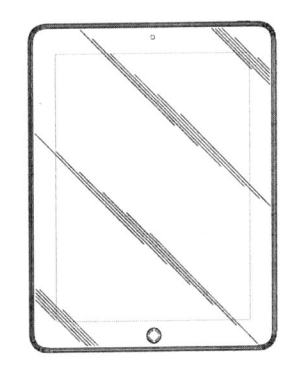

第一，在USD627777中，用虚线勾勒出触摸屏的位置和尺寸，同时触摸屏的脑袋上还有一个小圆点，这个圆点就是第二代iPad中才出现的前摄像头。这说明，乔布斯在推出iPad 1时，就已经考虑拿着iPad自拍了。在正视图中，摄像头看得更清晰。

USD627777中的iPad正视图

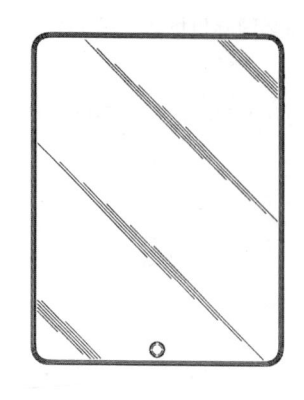

USD637596中的iPad正视图

第二，在USD637596中，并没有勾勒出触摸屏的位置，这似乎揭示着乔布斯极富禅意的想法，iPad的正面不需要任何修饰，干净得就像一面没有镜框的镜子，而Home键就是镶嵌在镜子上的一颗珍珠。

第三，实际发布的iPad 1有两个版本，普通版和3G版。其中普通版的左侧边没有任何接口，而3G版的左侧边留有SIM卡的插口，所以iPad 1的左侧边要么是没有接口，要么是只有1个接口。但是在USD637596中，左侧边上却出现了两个接口，其中一个容易解释，用于安装Sim卡。那另一个是干什么的？答案是另一个Dock。所以在设计iPad 1时，苹果公司的设计团队是考虑使用两个Dock的，甚至USD627777中左侧边的接口也是Dock接口。但是追求简约的乔布斯显然不想用两个同样的接口来完成同一项功能，所以最终的

iPad 1工程样机

iPad 1还是取消了左侧边的Dock。不过，在流传出来的一些iPad 1的工程样机中，还能看到侧边的Dock。

可以看到，两个专利和实际的iPad并不完全一致，这是不是意味着山寨一个iPad也不会侵犯苹果公司的知识产权呢？经验丰富的苹果公司显然不会犯这种低级错误。

事实上，这两个专利的文字部分还补充说明了一句："The broken lines in the figures show portions of the portable display device which form no part of the claimed design."翻译成汉语，大致的意思就是"图中虚线显示的部分并不构成请求保护的外观设计的一部分"，那再来仔细看一下两个专利中的侧视图，恍然大悟了吧，所有接口清一色的全是虚线。换言之，只要其他公司的产品设计成iPad的形状，并在底部中间具有一个圆形的Home键，那对不起了，侵犯苹果公司的知识产权了。

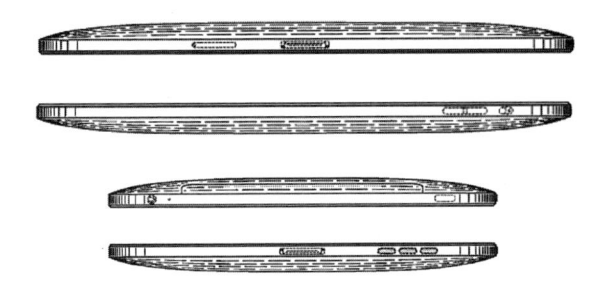

USD637596中的iPad设计图

一颗地雷

2010年4月，iPad 1开始销售。苹果专卖店门口排起了长队，景色之壮观不亚于2009年北京的售楼处，而且货源相当的紧张，甚至连苹果公司的联合创始人沃兹都亲自排队购买iPad。

iPad彻底火了！比3年前的iPhone都要火！

iPad的成功强烈地刺激了其他IT巨头，尤其是为iPad提供心脏的三星。

2011年1月，三星推出了自己的平板电脑，10.1英寸的Galaxy Tab。2011年3月，Galaxy Tab进入美国市场。

美国历来都是知识产权大战的主战场，很多优秀的公司都曾在这里折戟沉沙，更重要的，这里还是苹果公司的主场。但三星也经历过多场大战的洗礼，经验是相当的丰富，进入美国之前也做足了功课。三星认为，虽然都是一块长方形的平板，但Galaxy Tab没有Home键，这就和iPad的相关外观设计专利（USD627777和USD637596）产生了明显的区别。因此，三星自信Galaxy Tab绝对不会侵犯苹果公司的专利权。

三星的自信是很有道理的，苹果公司也确实承认USD627777和USD637596对Galaxy Tab没有任何约束力。

但是，当乔布斯看到Galaxy Tab时，他忽然想起了多年前埋下的一颗地雷——一件沉睡已久的外观设计专利。

那是2004年5月17日，乔布斯受到一名微软工程师的刺激，组织团队设计了一款平板电脑，并顺手为之申请了外观设计专利，这件专利的发明名称是

三星的Galaxy Tab

"ELECTRONIC DEVICE"（电子设备），专利号是USD504889。

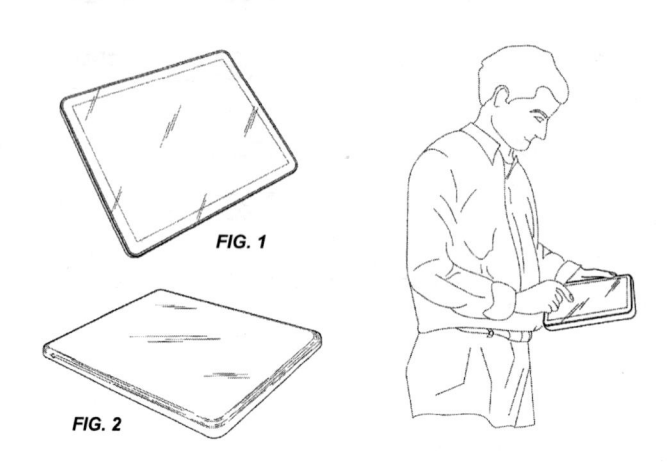

USD504889中的老Pad

这款电子设备和iPad可不一样，没有Home键，倒是更像Galaxy Tab。于是苹果公司拂去它身上的尘土，放在显微镜下认真观察了一下，发现和Galaxy Tab还真像。

第一，它的正面是平板，Galaxy Tab也是。

第二，平板的大部分地方都是玻璃显示屏，Galaxy Tab也是。

第三，玻璃显示屏的周边有边框，Galaxy Tab也是。

第四，玻璃显示屏和边框的高度一致，Galaxy Tab也是。

第五，平板的四个角是圆弧形状的，Galaxy Tab也是。

第六，它背面主体是平板，但是在四个边的地方弯曲成弧，Galaxy Tab居然也是。

所以，苹果公司得出了令自己非常欣喜的结论，Galaxy Tab虽然没有山寨iPad，但是却赤裸裸地山寨了乔布斯2004年设计的这款老Pad。2011年4月，在Galaxy Tab进入美国1个月后，苹果公司一纸诉状将三星送上了被告席，要求禁止在美国境内销售Galaxy Tab。

三星分析了一下形势，觉着这场专利官司必须打，而且必须打赢。因为一旦输了，就相当于让出了平板电脑的美国市场，而且还有可能引起北美、欧洲、亚洲、澳洲的连锁反应。鬼知道苹果公司在全球范围内埋了多少颗地雷。于是三星拿出了2亿美元，成立了专项基金，专门用于和苹果公司打专利官司（当然也包含和苹果公司的其他官司）。

苹果公司告三星的Galaxy Tab侵犯了专利权，也就是山寨了乔布斯的老Pad。

三星要想打赢官司，就必须证明没有山寨老Pad。证明的路有两条：

第一条路是绕过这颗地雷，即找出Galaxy Tab和老Pad的区别，并且证明这种区别是明显的。有明显的区别，你总不能说我还是山寨吧。

第二条路是扫除这颗地雷，即找出一款更老的Pad，而且这款更老的Pad还要和乔布斯的老Pad一样，这样就能证明乔布斯的老Pad也不是原创，也是个山寨。您自己就是山寨，还好意思告我山寨。

三星很快发现，第一条路不好走，毕竟老Pad和Galaxy Tab实在是太像了，法官也认为Galaxy Tab和老Pad没有明显的区别。但是第二条路居然奇迹般地走通了，在平板电脑的历史垃圾堆里，三星翻箱倒柜地找到了一部1994年的宣传片。这部宣传片更像美国传媒集团Knight-Ridder公司的广告，它详细记录了Knight-Ridder公司计划生产（而实际上并没有生产）的一款名字叫做"Tablet"的平板电脑。

Knight-Ridder Tablet
(1994)

iPad Patent
(2004)

Knight-Ridder Tablet 和iPad专利的比较

这款Tablet和乔布斯的老Pad不仅形似，而且神似。更重要的是，它是1994年的创意。所以，乔布斯的老Pad实际是Tablet的山寨，苹果公司的USD504889号专利权也就无效了。既然专利权是无效的，三星的Galaxy Tab自然也就不会侵权了。

苹果公司的地雷被扫掉了，三星赢了。

从这场诉讼中可以看到，从企业专利保护的角度看，企业申请专利不仅仅为保护现行自己生产和销售的产品，对自己生产和销售的产品可能构成竞争的替代产品也都应该尽可能地给予保护，专利布局其实就是布雷。苹果公司的上述不带Home键的平板电脑设计专利，虽然没有最终获得成功，但从其中我们仍然可以强烈感受到苹果公司超强的专利保护意识。

再者，在这满世界专利地雷密布的年头，能否打赢专利战很多时候就看企业是否有足够强的"扫雷"能力。而扫雷的主要手段就是检索现有技术，因此在专利战中企业能否成功扫雷的关键在于企业所掌控的现有技术资源和对现有技术的检索能力！

一边是布雷，一边是扫雷，你擅长哪项？

最后的夕阳红

1976年4月1日，乔布斯创建了苹果公司。

2011年8月24日，乔布斯离开了苹果公司。

纵观乔布斯35年的职业生涯，处处体现着他对个人计算机（PC）浓厚的情节。

从1976年到2001年，乔布斯全身心地投入PC行业中。他品尝过Apple I和Apple II的成功，品尝过Apple III和Apple Lisa的失败，品尝过Mac的大起大落，品尝过iMac的东山再起。

25年了，他已经是PC行业中资历最深的老兵。

但是，他心中仍然具有梦想，仍然渴望一款能够改变PC产业的伟大作品，完全属于乔布斯的伟大作品。

所以在iPod为他赢得足够的尊重时，乔布斯还要发布台式机的巅峰之作：相框iMac G5。

所以在iPhone为他赢得足够的荣誉时，乔布斯还要发布一薄到底的笔记本：MacBook Air。

但所有的这些离伟大还差一点点。

直到出现iPad。

一款只有显示器的PC，一款多点触控划分现在和未来的PC，一款即将改变产业格局的PC，一款足以用伟大来修饰的PC。

iPad凝结了乔布斯一生的心血，如果这是一个大棋局，我宁愿相信iPod、iPhone、iTunes等只是iPad的技术和资金储备。

iPad凝结了乔布斯毕生的努力，如果能定义大幸福，我宁愿相信乔布斯最大的幸福是洋溢在拿起iPad时嘴角的一丝得意。

2010年1月27日，乔布斯发布iPad。

2011年3月2日，乔布斯发布iPad 2。

2011年10月5日，乔布斯永远离开了我们。

iPad成为乔布斯最伟大的绝唱，也成为陪伴乔布斯漫步天堂时的一抹夕阳红。

愿下一代的iPad叫做iPad Jobs！

第二章

小播放器 大事业

乔布斯与个人计算机打了一辈子交道

乔布斯与音乐播放器相交仅十年

乔布斯为个人计算机申请了120项专利

乔布斯为音乐播放器申请了160项专利

乔布斯借助个人计算机最终成为苹果公司的CEO，实现了创业的梦想

乔布斯通过音乐播放器实现了向兼职发明家的转变，体会到创新的快乐

让我们来细数乔布斯如何从CEO转变为兼职发明家

iPod之前

很多人喜欢听音乐，因为音乐是全人类共同的语言。

不管是谁，不管听什么样的音乐，都不外乎两种方式。第一种是听真人的音乐，比如千年前泛舟漓江，聆听刘三姐嘹亮的歌声，就属于这种情况。第二种是听录音的音乐，毕竟不是每个人都能听到刘三姐的现场歌声，所以最好能想一个办法，把美妙的音乐保存起来，啥时候想听啥时候听。

为了实现第二种方式，需要两个互相配合的设备。

第一个设备用于存放音乐，我们称之为存储介质。存储介质要能存放很多的音乐，尤其是能存放很多高品质的音乐，最好还能经久耐磨。

第二个设备用于播放音乐，我们称之为播放器。播放器要能方便地播放音乐，尤其是播放高品质的音乐，最好还很好看。

于是，很多喜欢音乐的科学家开始了卓越的工作，磁盘、磁带等存储介质先后问世，配套的留声机、录音机等播放器各领风骚数十载。但随着技术的进一步发展，这些统统都不可避免地要走进历史博物馆，数字音乐时代逐步开启。

自从有了数字音乐，地铁里不再低调无语，旅途不再孤独无味，大街不再死寂沉沉。

鼻祖

1979年，英国人凯恩·克莱默（Kane Kramer）设计了一款便携式数字音乐播放器，还给它起了个拗口的名字：IXI系统。IXI系统也包括两个设备。

第一个设备是播放单元，用来播放音乐，以及控制音乐的播放过程，比如快进、快退、上一首、下一首之类的。

第二个设备是一张信用卡大小的存储卡，这张存储卡采用了在1979年还很先进的磁泡存储器作为存储介质来存储数字音乐。

令人咋舌的是，IXI系统还可以下载音乐。下载时，用户通过特定的终端经电话线连接到音乐销售商购买数字音乐，并将购买到的音乐下载到存储卡上，而不必亲自跑一趟实体店。这可是音乐网店的雏形呀！

更为可贵的是，发明人克莱默的知识产权意识非常强，完成设计后，他马上提交了专利申请。为便于在其他国家申请专利，他还根据《专利合作条约》提交了当时非常时髦的国际专利申请（WO8301705）。克莱默后来分别在英国、美国等国家获得了关于IXI系统的专利权。

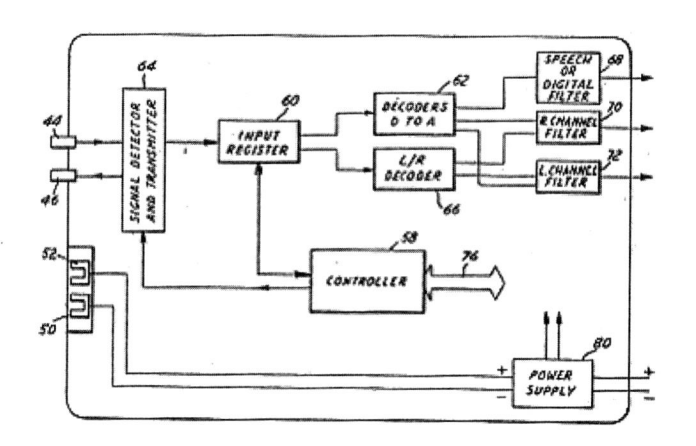

WO8301705中的播放单元

（图中58为控制器，60为输入寄存器，62为DA解码器，64为信号检测器和发送器，66为左右声道解码器，68为语音或数字滤波器，70为右声道滤波器，72为左声道滤波器，80为电源）

但在1979年，3.5分钟的一首歌大约为7M。

当时主流电话线的传输速度约7K/秒，就是0.007M/秒。所以下载一首歌需要15分钟！

当时先进的磁泡存储器的大小也只有8M，所以播放器一次只能存储一首歌！

可能有人能够忍受15分钟下载一首歌，但不可能有人能够忍受自己的播放器中只有一首歌。

所以，克莱默的播放器虽然理念很先进，但是生不逢时，配套的技术达不到要求，不被市场认可，很长时间内卖不出去。克莱默自己又财力不济，无力支付庞大的专利维持费。所以，在20世纪80年代，克莱默被迫放弃了他的所有专利。

2001年，乔布斯用克莱默的设计理念创造出iPod，而领先乔布斯22年的克莱默甚至没有钱购买一台iPod。

2004年，一家名为Burst.com的公司状告苹果公司的iPod山寨了他们的设计，侵犯了他们专利权。而苹果公司的应对策略是，把克莱默请到美国出庭作证，以证明Burst.com公司的设计也不是原创，而是山寨了克莱默的设计。既然Burst.com公司的设计是山寨，那苹果公司自然不会侵权。这招叫做釜底抽薪。

作为感谢，苹果公司送给克莱默一部最新款的iPod。

克莱默非常知足，因为他认为他的发明终于可以为全球音乐事业作贡献了！

Walkman的天下

时间很快到了1982年。

这一年的8月17日，荷兰皇家飞利浦公司制造出首张CD，与传统的存储介质相比，CD的容量更大，音质更出众，还更耐磨。所以，CD把磁盘和磁带们送进了历史博物馆。

这一年的10月1日，日本索尼公司推出了第一台CD播放器：CDP-101。CDP-101的体积更小，搜歌更快，还能播放音质更好的CD。所以，CDP-101把留声机和录音机们送入了历史博物馆。

毫无疑问，CD和CD播放器为音乐带来了一场技术革命，音乐产业的新时代来了，音乐迷的幸福时代也来了。

继索尼之后，飞利浦、松下、东芝、爱华等公司纷纷推出自己的便携式CD播放器，抢占音乐产业的大市场。

不过市场是无情的，大浪淘沙之后，忽然发现只有索尼的Walkman仍然站在潮头。

事实上，从20世纪80年代到90年代的十几年里，所有能"Walk"的

Sony CDP-101

"Man"都梦想能拥有一台Walkman，都为拥有一台Walkman而自豪。可以说，那时对索尼的Walkman有多狂热，现在对苹果公司的iPod就有多狂热。

虽然Walkman们有众多的粉丝，虽然索尼们在产品的外观设计、音质、便携性、抗震性、电池续航时间、操作便利性等各个方面都在不断进步，但是一种新技术正在实验室中悄悄地生根发芽，而且在不长的时间之后，它将把CD和Walkman赶下音乐的舞台。

它就是MP3。

学院派的启蒙

在20世纪90年代，音乐产业的主要矛盾是存储介质容量普遍较小和音乐体积明显过大之间的矛盾。那时候，一张标准CD的容量是650M，能存放约75分钟的音乐。75分钟只能容纳完整的《贝多芬第九交响曲》，或者容纳13首普通歌曲。13首歌的确太少了，一张CD是根本无法满足人们的需求，所以很多人都不得已购买很多张CD。由于CD数量过多，还催生出了CD包和CD架两个附属产业。

解决这个矛盾的途径有两条，第一条途径很简单，就是提高存储容量。像现在，随便一个小硬盘都有320G（1G就是1 000M），是一张CD容量的500倍。按照CD对音乐的要求，一个小硬盘就能存放近6 500首歌。如果当时Walkman有这种硬盘的话，估计现在流行的也不会是iPod了。

第二条途径也很简单，就是给歌曲减肥。原来一首歌曲需要50M的空间，一张CD能容纳13首歌，如果能把歌曲压缩到5M，那一张CD不就能容纳130首了？只要有130首歌，旅游的时候就不必带CD包了。

提高存储容量是生产企业的事情；而给歌曲减肥要靠学院派的力量。

1991~1994年，学院派一直在研究一种新的数据压缩格式：MP3。

MP3就是MPEG（运动图像专家组，一个国际性组织）组织制定的第一个视频和音频压缩标准中的第3层音频压缩模式，即所谓的Audio Layer3压缩模式。

MP3本质是一种有损压缩，它的工作原理是，通过采样去掉歌曲中人耳不敏感的某些信息细节，以达到压缩音乐体积的目的。MP3的压缩率很高，一首50M的CD歌曲能够瞬间瘦身为5M的MP3歌曲，而且基本不影响音质，至少普通的音乐爱好者基本听不出来对音质的影响。

1995年7月，德国的Fraunhofer学院首次决定将MP3作为使用MPEG标准Audio Layer3规格的音乐格式文件的后缀名，MP3音乐文件格式正式诞生。

1995年9月，Fraunhofer学院发布了第一款能够在Windows环境中播放MP3格式的播放软件Winplay。

1997年4月，Nullsoft公司发布了大名鼎鼎的Winamp，同样也支持MP3格式。

自此之后，MP3播放软件如雨后春笋般地冒了出来，MP3也成为最广泛使用的数字音乐格式，一直流行到现在。

光有音乐软件是不行的，是远远不能撼动Walkman的霸主地位的，总不能要求消费者在乘坐地铁的时候抱着个计算机听歌吧。

所以，在MP3播放软件兴起之后，MP3播放器开始了演出。

CD架

有人吃螃蟹

1996年，中国人蔡耀华设计了一款智能音频服务器。

该智能音频服务器采用大容量的硬盘作为存储介质，不仅可以实现数字音乐的播放，还能够方便地实现录音、歌曲的编辑和播放控制，甚至卡拉OK功能。此外，该音频服务器还能提供台历、记事本等多种辅助功能。由于受当时电池等技术的限制，该产品仍然需要采用外接电源，且体积相对较大，距离可放入口袋中的MP3还有一段距离。

从MP3播放器的发展历程来看，它基本处于播放MP3的计算机与现代MP3播放器之间的过渡品。

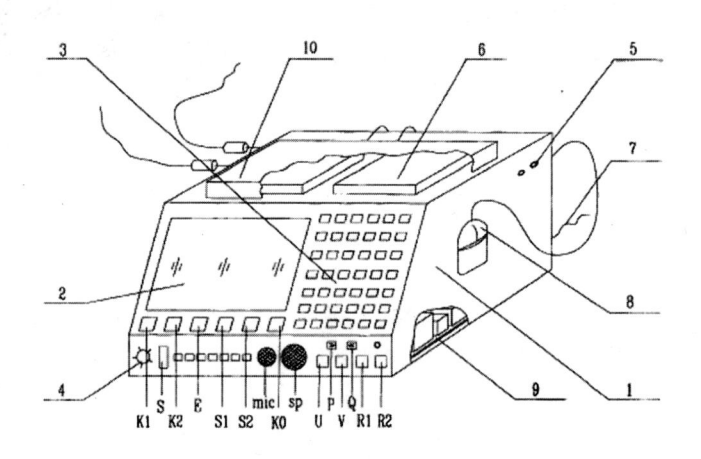

CN96107031中的智能音频服务器

（图中1为机壳，2为显示器，3为操作面板，4为显示灯及控制按钮，5为端口，6为硬盘，7为电源，8为鼠标器，9为系统板）

蔡耀华的知识产权保护意识也很强。1996年7月8日，蔡耀华为其设计的音频服务器申请了中国发明专利，并于2002年获得授权（CNZL96107031）。

遗憾的是，上述设计完成之后，发明人蔡耀华没有随着处理器、存储介质、电池等技术的发展进一步改进其设计，使其朝着小型化现代MP3播放器方向发展。

据报道，目前关于该专利是否有效以及后来苹果公司的iPod等系列产品是否侵犯该专利权的相关诉讼还在进行之中。

1997年3月的一天，三星公司的部门经理Moon在飞机上无聊地看着同事发来的报告。偶然间，他眼角的余光发现身旁的一个年轻人正陶醉地听着MD。

火花一瞬间产生了，Moon突发奇想：计算机上的MP3播放软件已经很流行了，为什么不能设计一款播放器直接播放MP3音乐呢？于是Moon开始了真正意义上的现代MP3播放器的设计之路。

Moon先是向三星公司勾勒出自己的美好设想，希望三星公司能够支持自己设计并生产MP3播放器。天不遂人愿，Moon勾勒完设想后，正好赶上亚洲金融风暴，三星公司把他炒鱿鱼了。

Moon随后进入了韩国Saehan（世韩）公司出任总裁，实现了自己的梦想，于1998年1月推出了世界上第一台的MP3播放器——MPMan F10。

MPMan开启MP3播放器的时代，确实是一款值得纪念的革命性产品。

MPMan非常轻巧，只有65克，没有任何机械部件，两块7号电池就能够坚持8小时，这比当时流行的CD和MD播放器有吸引力多了。

当然，MPMan也存在一些缺陷。例如，它的音质不太好，多多少少影响到了听歌的心情。而且，MPMan必须从正规的网站下载歌曲，但当时这类网站很少，而且收费相当高。因此MPMan并没有广为流行。

MPMan F10

即便MPman存在上述诸多缺陷，我们认为它没有流行起来的另一更关键原因在于它没有得到完备的专利保护。这位敢于吃螃蟹的Moon先生虽然很有创意，但非常缺乏知识产权保护意识，他没有为其开创性设计申请任何专利保护，导致竞争对手和仿造者的MP3播放器很快遍地开花，疯狂蚕食MPMan的市场份额。

这与中国的VCD机命运有着惊人的相似！1993年，中国人姜万勐研制出了第一台VCD机，并很快成立了万燕公司进行生产和销售。也是由于知识产权意识薄弱，姜万勐也没有为他的VCD机申请任何专利，而是搞了国家鉴定。鉴定结果自然很好，甚至认为万燕牌VCD机是当时在消费电子产品领域中国唯一领先世界的研究成果。可是国家鉴定代替不了专利保护，后来没过多久，国内VCD机生产厂家遍地开花，而且谁都不会侵犯万燕的专利权，一只老虎斗不过一群狼，万燕牌VCD机很快销声匿迹。

1998年9月，美国帝盟公司推出了Diamond Rio PMP300（简称Rio）。

和MPMan相比，Rio的操作更加便利，音质更加纯正。尤其是无须从正规网站下载歌曲，且能够直接把CD中的歌曲复制到Rio中，因此它发布后马上被音乐爱好者追捧。直到现在，还有很多人认为帝盟公司的Rio才是第一款MP3播放器。

但也正是这一便利，招致RIAA（Recording Industry Association of America，美国唱片工业协会）诉讼，但法院最终裁决帝盟胜诉。法院认定，这种播放器仅仅只是一种转储设备，其功能等价于普通的盒式播放器，它可以用来播放个人CD的拷贝。

这一最终裁决扫除了MP3发展道路上的法律障碍，越来越多的厂商开始关注MP3播放器，MP3播放器的春天真正来临。

大容量的诱惑

MP3播放器开始时都使用闪存（Flash）作为存储介质，虽然小巧轻便，但问题是容量有限，存储的歌曲数量非常少，完全不能满足音乐爱好者的需要。当时最火的帝盟Rio采用32M闪存作为存储介质，仅是CD容量的1/20，只能容纳6首MP3格式的歌曲。

Diamond Rio PMP300

针对这一缺陷，计算机巨头康柏公司在1998年5月起开始设计硬盘MP3播放器，但在设计完成之后康柏公司自己并没有制造这款MP3播放器，而是许可给韩国的HanGo电子公司制造。最后，HanGo电子公司将该硬盘MP3播放器命名为PJB-100，并于1999年11月发布。这款播放器使用的2.5英寸硬盘具有4GB容量，可容纳100张45分钟的音乐CD，约800首歌曲，但当时售价也高达800美元。

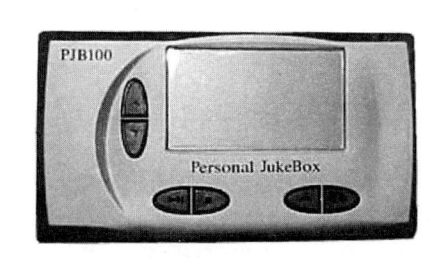

康柏PJB-100

紧接着新加坡的创新科技公司于2000年1月发布了自己的第一台2.5英寸硬盘播放器MP3 – NOMAD Jukebox。它采用了富士通公司生产的2.5英寸6GB的硬盘作为存储介质，容量远远超过了当时的闪存MP3的容量（可存储1 200首歌曲），但同时体积也是超大，绝对算是MP3播放器中的"大哥大"。

在iPod诞生之前，总共有差不多10款比较有影响力的音乐播放器。然而，在乔布斯看来，这些都是非常差劲，不是存储容量小或者电池续航能力差，就是外观丑陋、操作复杂或者音质差等，这些都是导致酷爱音乐而又吹毛求疵的乔老板痛下决心研发自己的音乐播放器的导火索。

创新科技公司NOMAD Jukebox

先有iTunes

做硬件播放器之前，乔布斯决定先做软件播放器和音乐管理软件——iTunes。

2000年左右，市场上已经有了多种MP3音乐播放、刻录和管理软件，但乔布斯发现这些软件操作都非常复杂而且不够智能，完全配不上自己心爱的iMac。而乔布斯本身又非常喜爱音乐，更不能容忍苹果公司的iMac上不能播放MP3。

于是，乔布斯决定苹果公司要开发自己的音乐管理软件。

苹果公司先前并没有开发MP3播放软件的经验，为了在短时间内完成任务，唯一的办法就是和有开发经验的公司进行合作。最好能找到一款成熟的MP3播放软件，然后在此基础上进行改进。

乔布斯很快找到一家叫做Panic的公司，当时乔布斯和苹果公司的影响力远没有现在这么大，所以Panic丝毫没有受宠若惊的感觉，反而一口回绝了苹果公司，投入比苹果公司更有名气的AOL（美国在线）怀抱。

没有搞定Panic，乔布斯并不灰心，很快发现了一款专为iMac用户编写的音乐管理软件SoundJam MP。SoundJam MP功能很强大，乔布斯很满意。更重要的是，它的主人之前还是苹果公司的员工，也算是一家人。在2000年7月乔布斯买下了SoundJam MP的版权，同时一并雇用其3位程序开发人员。

在乔布斯的亲自指挥下，苹果公司对SoundJam MP进行了改进，简化了原有的软件操作，增加了CD刻录功能。

6个月后的2001年1月，苹果公司发布了全新的SoundJam MP，乔布斯把它叫做iTunes1.0。

此后，iTunes在播放音效、播放清单、数据同步、音乐管理、刻录等方面不断改进，并增加了流媒体广播、视频播放、音乐商店等功能。

通过iTunes，用户可以在iMac上播放iMac和iPod中存储的歌曲或视频。

通过iTunes，用户可以方便地将歌曲刻录到CD中。

通过iTunes，用户可以连接到iTunes Store，足不出户地购买数字音乐或视频。

通过iTunes，用户可以根据自己的喜好设定或编辑播放列表的功能，设定自己喜欢的音乐播放顺序。

通过iTunes，用户可以在iPod与iMac（甚至其他PC）之间实现歌曲的自动同步传输。

可以说，iTunes、iPod和iTunes Store实现了完美的结合，共同促进音乐产业的革命。

简洁的外观

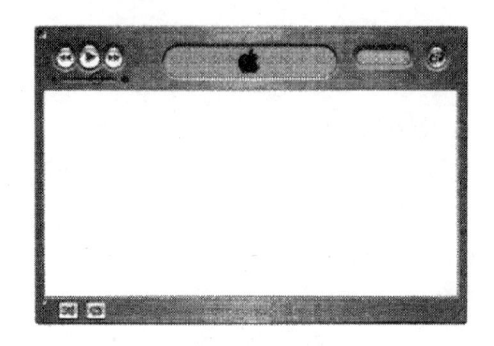

USD473236中的界面

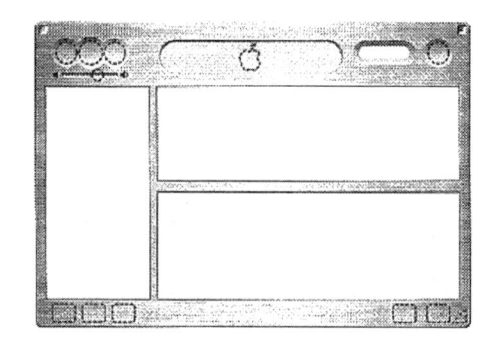

USD510581中的界面

2003年，为便于视频浏览和播放，乔布斯进一步设计出了分栏界面的iTunes（USD510581）。但带有这种界面设计的iTunes直到2006年才正式推出。

与对GUI的重视一样，乔布斯也非常重视iTunes的操作界面设计。而且，在iTunes 1.0发布的前一天，乔布斯就其设计的iTunes操作界面外观申请了2件外观设计专利（USD462076和USD473236）。

这两件外观设计专利为今后iTunes奠定了基本外观框架，其简洁、大方的操作界面充分体现了乔布斯特别注重简约的风格。尤其是，仅在左上角保留了3个最常用的操作按钮：大块头的播放/暂停，和小一点的前一首歌/后一首歌，以及声音大小滑动条。

后来，也有很多音乐播放软件借鉴了这种设计方式。例如，谷歌音乐的左上角和酷狗音乐的左上角就是这种调调。

谷歌音乐播放器的左上角

酷狗音乐播放器的左上角

聪明的播放列表

播放列表是iTunes等音乐播放软件中最核心的一项功能。只有借助于播放列表，用户才能方便地选择、播放喜欢的歌曲。

从第三代iTunes起，其引进了"智能播放列表"，取代过去的静态播放列表。通过智能播放列表,用户可以根据其喜好设置一个或多个播放列表标准,在用户连机时机器会自动根据用户设定的播放标准更新播放器中存储的歌曲。

为进一步提高iTunes在主机与iPod之间传输数据的便利性,乔布斯作为共同发明人之一于2005年1月7日提交了题为"用于媒体项目组的媒体管理"的临时专利申请。基于该临时申请,苹果公司已于2011年7月获得一件美国专利(US7958441),并且另一件美国专利申请(US20060156239)还在美国专利商标局审查之中。

US7958441中的媒体管理应用窗口

美国专利US7958441保护的是一种给在计算机和播放器上使用的播放列表提供乐曲的方法。使用该方法后,iTunes可以根据播放列表,确定歌曲所需的存储容量以及播放器中可用的存储容量,当播放列表中的歌曲容量小于媒体播放器的存储容量时,自动将播放列表中的歌曲拷贝到播放器中。

在乔布斯和苹果公司看来,这种方法是很好的创意,而且"自动拷贝"简化了用户的操作,所以应该获得专利权。

在美国专利商标局看来,这种方法在技术上丝毫没有高度,简直就是小孩子过家家,所以不应该获得专利权。

双方的严重分歧导致审查过程的坎坷。在3次驳回之后,苹果公司笑到了最后,终于获得了美国专利。

与US7958441相比,其另一美国专利申请US20060156239的命运更加坎坷。

US20060156239也是对计算机和iPod上使用的播放列表进行管理。

之前,如果用户想增加或删除iPod中的某些歌曲,需要先把iPod和计算机连接起来,然后再对iPod中的播放列表进行操作。

但是根据该专利申请，由于事先将iPod中的播放列表存储在计算机中，因此即使iPod没有和计算机连接，用户仍然可以先在计算机上对播放列表进行操作，例如增加或删除某一歌曲。一旦计算机检测到iPod与其相连接，则自动根据用户调整后的播放列表重新更新iPod的播放列表。

原来是先把iPod连上计算机，再调整播放列表；现在是先调整播放列表，再把iPod连上计算机。

这算哪门子创新？即使之前没人这样做，但是发明高度有1厘米吗？

美国专利商标局的审查员带着疑问，发出4次审查意见通知书、进行3次驳回和2次会晤。一直到现在，苹果公司仍然没有看到可以被授予专利权的迹象。

音乐的困境

2002年，乔布斯虽然为自己制造出了广受乐迷欢迎的iPod和音乐播放及管理软件iTunes，但是这一年整个音乐产业却受到了严重的考验。

这种考验主要源自数字音乐技术和网络技术的发展。一方面，自1995年MP3音乐文件格式出现以来，MP3格式文件因其存储空间小、音质好迅速成为主流音乐文件格式，支持MP3音乐文件格式的播放软件和播放器也大量推出，而且一些网站开始大量提供可免费下载的歌曲，由此导致当时音乐销售主流方式的CD的销售量不断下降。

另一方面，当时音乐流行的网站有mp3.com和Napster，其中前者在其服务器中存储大量的歌曲供用户下载，后者采用对等共享方式，大量歌曲驻留在许多用户的机器中相互共享下载，但这两种分享方式均存在侵犯音乐版权的问题，音乐界对此极力反对并引起法律诉讼。对于数字音乐的流行，一些音乐制造公司采用的方式是按月收取订阅费，而且为了保护版权，只给用户传输流文件，不在用户自己的计算机上存储歌曲文件，因此用户每次需要听音乐时必须连接网络。这对于希望无时无刻都可以享受音乐的人来说是十分不便的。

面临这种困境，酷爱音乐的乔布斯很快又看到了别人所没有看到的——建立网上音乐销售商店。通过这个音乐网店，不仅可以促进数字音乐行业的健康发展，而且还可以为自己的iPod提供便捷的合法音乐下载，实现iPod与iTunes的完美结合——硬件与软件的完美结合。

于是乔布斯一方面指示其软件团队进一步改进iTunes，为用户提供具有操作更加简便、用户可以非常容易地进行音乐搜索、试听和安全的版权保护功能的iTunes；另一方面先后与当时知名的唱片公司和主流歌手商谈合作，希望获得这些公司和歌手的数字音乐销售权。2003年年初，乔布斯成功说服了当时的五大唱片公司（EMI、Sony、BMG、Vivendi's Universal Music Group和AOL时代华纳）和一些主流歌手,并于同年4月28日推出音乐网店。

在音乐售价方面,乔布斯坚持每首单曲99美分,彻底改变唱片公司过去一直坚持的按专辑的捆绑式销售策略。由于苹果音乐网店进一步促进了iPod与iTunes的完美结合,深受广大果粉的追捧,原来预计6个月销售100万售歌曲的奋斗目标变成了6天内售出100万首歌曲的奇迹。

苹果音乐网店成功的关键之处在于其创新了一种新的商业模式:iPod + iTunes(硬件产品 + 网络商品)模式,下面重点介绍乔布斯所领导的团队为在iTunes上实现音乐网店所进行的技术改进。

像超市一样

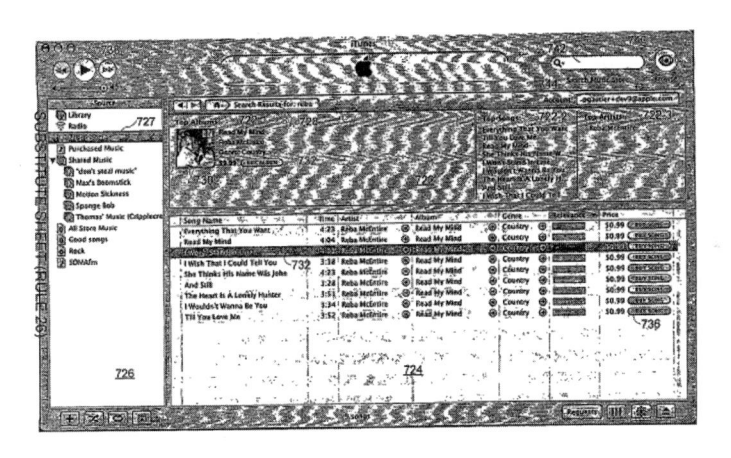

WO2004097635中的媒体浏览界面

iTunes提供的便捷操作为苹果音乐网店增色不少。苹果音乐网店发布前夕苹果公司申请的WO2004097635中介绍了苹果音乐网店在线操作界面。在该界面中,除了上下的一些功能按键之外,整个界面大体分为3个区:左边的显示媒体来源的窗口726、右边上部为以浏览器方式显示的搜索结果显示区722和右边下部显示的搜索结果显示区724。在显示区722中,可进一步包含最佳专辑、最佳歌曲、最佳艺术家等子区域,这种以类似浏览器方式显示搜索结果会给用户与远程服务器交互的感觉,而显示区724则以应用程序风格显示搜索结果的列表项。

另一个公开的媒体浏览界面图显示,在浏览器方式显示的显示区1102中,包含3个子显示区:在第一区域1102-1中显示流派,用户选择一种流派1122;在第二显示区1102-2中显示艺术家,用户选择艺术家1144;在第三显示区1102-3中显示该艺术家的不同专辑,用户选择专辑1146。以列表方式显示的显示区1104则以列表方式显示用户选择的专辑的全部歌曲。

WO2004097635中的媒体浏览界面

通过上述界面，用户可以非常方便地搜索、浏览、试听和购买歌曲。

与其他每次发布新玩意一样，乔布斯在音乐网店发布前最后一个工作日（2003年4月25日），向美国专利商标局提交了3份临时专利申请（US2003000465410、US2003000423638、US2003000423700），之后基于这些临时专利申请提交了4件PCT国际专利申请和多份美国专利申请，这些专利申请基本都是涉及音乐媒体的加密、发布、搜索、浏览、购买和下载等。基于该国际专利申请，苹果公司进入了中国、日本、韩国、欧洲等国家和地区，但由于不同专利机构对涉及商业方法的专利申请政策并不相同，因此这些专利申请在各地的命运也大不相同。

歌曲的版权保护

从技术上看，iPod + iTunes模式能够获得成功，除了iTunes方便的音乐管理、iPod提供良好的听觉享受之外，苹果公司为其数字音乐提供完善的数字版权保护（DRM）功能，在当时给为盗版忧心忡忡的音乐界吃了颗定心丸，它成为乔布斯成功说服各大唱片公司和歌手的利器。

苹果音乐网店对其提供数字音乐版权主要通过内嵌于iTunes中的FairPlay实现。FairPlay不仅可以阻止购自iTunes的歌曲在其他非iPod上播放，而且还限制所购买的歌曲只能够复制5次，即所购买的歌曲仅可分享到5台不同的iPod上。

DRM工作的基本原理是对编码压缩后的数字节目内容通过密钥（Key）进行加密保护，加密的数字内容的头部存放着KeyID和节目授权中心的URL。在用户购买了该数字媒体（例如歌曲）时，根据节目头部的KeyID和URL信息，数字节目授权中心即

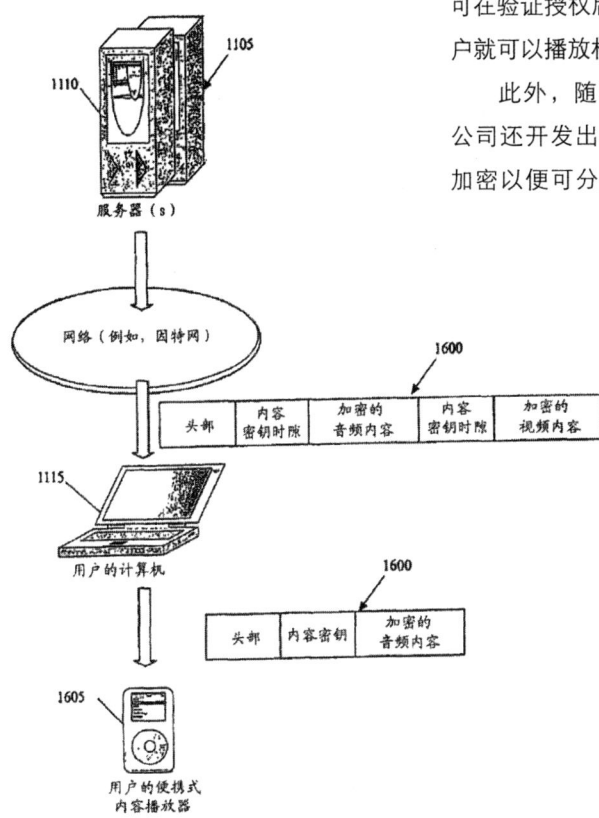

可在验证授权后发送相关的密钥解密，用户就可以播放相关数字媒体。

此外，随着音乐视频的发展，苹果公司还开发出针对媒体不同部分可分别加密以便可分别购买的版权保护技术。例如，一条加密内容可以是关于特定演示的音频内容，而另一条加密内容则是视频内容，如"CN200680046319中的媒体部分购买方案"所示。

然而，这种严格的版权保护虽然在当时极大地促进了数字音乐的发展，但也越来越多地受到广大用户和版权界的反对。一方面，从iTunes购买的音乐只能在iPod上播放，这对用户来说是极为不方便的；另一方面，

CN200680046319中的媒体部分购买方案

FairPlay系统需要收集用户使用作品的情况以判断消费者的作品使用行为是否构成了其所谓的不当使用，包括购买的歌曲、使用的次数、转移复制到其他媒体的次数等，这可能容易涉及用户的隐私信息。

2007年年初，通过iTunes购买的音乐接近20亿首。在iPod在音乐播放市场完全确立霸主地位之时，乔布斯顺应广大果粉的要求，呼吁各大唱片公司停止使用DRM技术。到2008年年初，全球主要的几大唱片公司基本都宣布废除DRM。

支持视频

2005年，iTunes支持视频了。

用户不仅可以通过iTunes播放和管理计算机上的视频，还可以从iTunes Store中购买和下载视频。购买之前，iTunes还很人性地允许用户对视频进行预览。

US2008066102的视频预览和播放窗口

然而，在iTunes的早期版本中，每当用户希望预览或播放一段视频时，都会弹出一个新的视频播放窗口。所以当用户预览20段视频后，桌面上就打开了20个窗口，这么多的窗口让桌面显得特别凌乱，不够简洁。

为了解决这个问题，乔布斯在2006年9月11日提交了题为"用于媒体项目预览的方法和图形用户界面"的发明专利临时申请，并于2007年7月17日提交正式美国专利申请（US2008066102）。

根据乔布斯的这一专利，用户可以方便地浏览网络视频。尤其是当用户选中某一视频时，在该界面下立即呈现该视频相关信息（例如名称、演员、时间长度等）和相关图像，在用户选择预览时，在相同界面下即可以相同分辨力预览该视频图像，而不需要打开新的窗口。通过这种改进设计，用户可以更加快捷地找到希望购买的视频，而且桌面会一如既往地简洁。

大家族

随着时间进入2001年，乔布斯由于一贯具有追求完美、简约的性格，对当时的音乐播放器不管是界面操作、播放器外观还是歌曲来源等乱象越来越难以忍受，于是召集了几位年轻人立志开发出美观、操作方便，尤其是具有文化内涵的音乐播放器。经过近一年的奋斗，终于在"9·11"恐怖袭击5周之后推出属于他自己的音乐播放器——iPod。这款播放器的外观设计简洁大方、存储容量大、音质好、操作便利、电池续航时间长，尤其是其极富创意的滚轮设计吸引了无数用户，为用户提供了良好的体验，因此它一经发布即刻受到广大果粉的热烈追捧。

从2001年10月23日苹果公司推出第一代iPod至今，苹果公司iPod家族已经有iPod（包括iPod photo、iPod classic、iPod video）、iPod mini/iPod nano（或称Mini和Nano）、iPod shuffle（或称Shuffle）以及iPod touch（或称Touch）四大系列，几十款产品。

iPod：我是经典

2001年10月23日，苹果公司发布了公司历史上的第一款音乐播放器。这款播放器的最大特点就是小巧，像一个豆荚（英文是Pod），所以乔布斯沿用iMac的叫法，给它起了个可爱的名字：iPod。

当时音乐播放器的存储介质有两种。第一种是闪存，特点是体积小、重量小、容量也小，比如帝盟公司的Rio，重量只有70克，也只能存放不到10首歌。第二种是2.5英寸的笔记本硬盘，特点是体积大、重量大、容量也大，比如创新公司的Jukebox，重量超过1公斤，但能存放1 200首歌。

但是，第一代iPod的存储介质是东芝公司刚刚研发出来的1.8英寸硬盘。

东芝硬盘体积仅是2.5英寸硬盘的一半，配合苹果公司出色的设计，iPod最终的体积类似于一副扑克牌，最终的重量只有约180克。

东芝硬盘的容量是5G，丝毫不比2.5英寸的硬盘差，能够存储约1 000首歌。

也正因为这两个特点，乔布斯在发布iPod的时候，打出了"把一千首歌装在你的口袋里"的广告。

另外，第一代iPod的正面设计也很有特点，其上方是用于输出的方形显示器，下方是一个圆形的输入滚轮，滚轮的四周和中间还有按键。这种设计也成为iPod的标准造型，一直延续到今天。

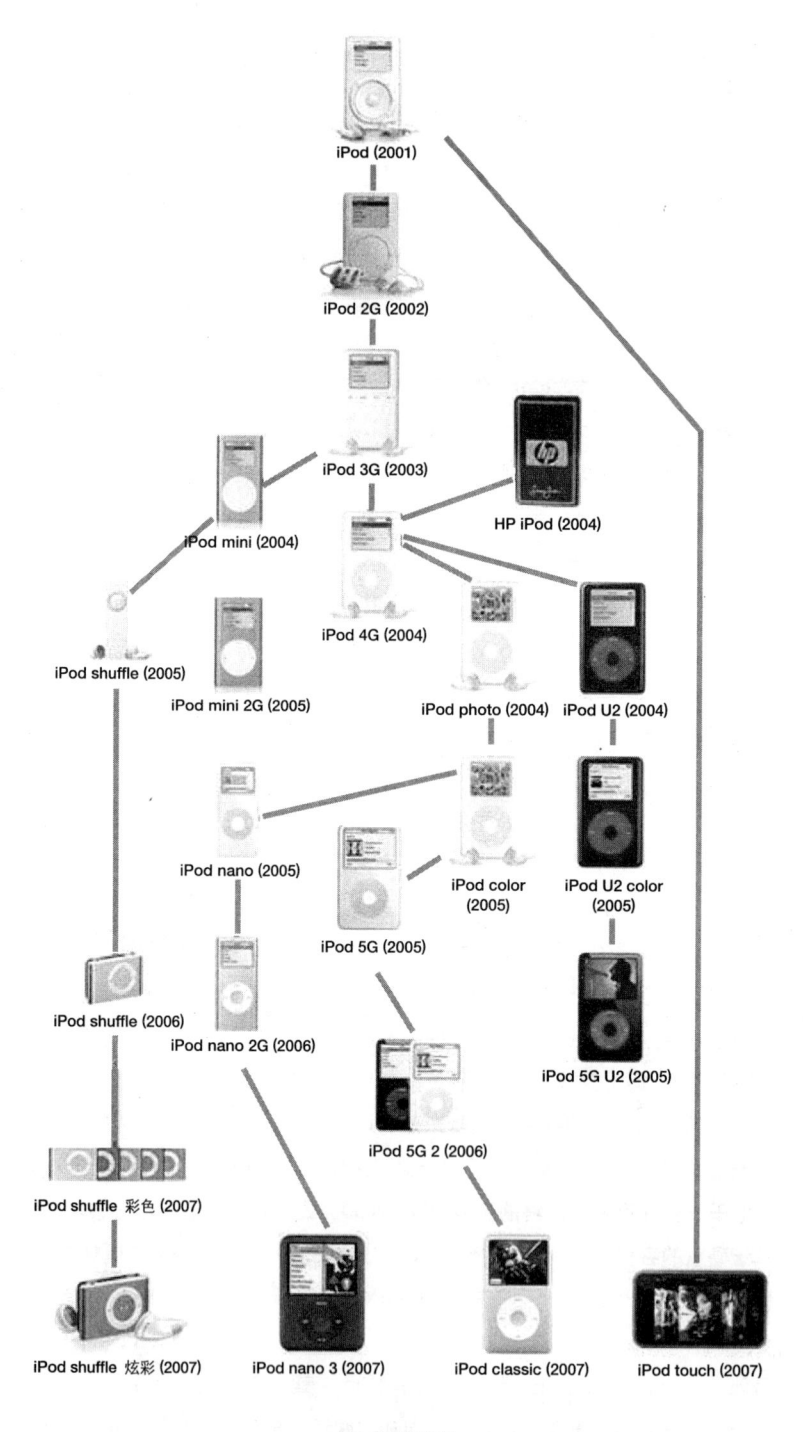

iPod历代产品
图片来源：http://baike.baidu.com/view/1165.htm 。

2002年7月17日，苹果公司发布了第二代iPod，将机械滚轮变成了触控滚轮。
2003年4月28日，苹果公司发布了比较另类的第三代iPod，将滚轮周边的4个按键挪到了滚轮上部。乔布斯对这个设计很不感兴趣，因为这使得iPod看起来不够简洁。

2004年7月19日，苹果公司发布了第四代iPod。2004年10月26日，苹果公司发布了第四代iPod Photo，从此使用iPod不仅能够听音乐，还可以浏览图片。

2005年10月12日，苹果公司发布了第五代iPod，这时候的硬盘容量已经达到

第一代iPod

第二代iPod

第三代iPod

第四代iPod(Photo)

第五代iPod(Video)

第六代iPod(Classic)

60G，可以存放12 000首歌曲。显然，没有人对歌曲有如此大的需求量，为了充分利用硬盘空间，这代iPod可以看视频了。

2007年9月5日，苹果公司发布了第六代iPod，估计也是最后一代iPod。为了纪念，乔布斯和苹果公司把它叫做iPod Classic。

从2001年至2007年，苹果公司为第一代到第六代iPod申请了35件外观设计专利。其中，34件专利的发明人都包括乔布斯，唯一的例外就是第三代iPod，而且第三代iPod也只有这一件专利进行保护。

USD469109中的iPod

在所有关于iPod的专利中，USD469109是乔布斯最早申请并最先获得授权的专利。从这件专利的审查过程来看，美国专利商标局的审查员认为这种设计相当新颖，相当有创造性，所以很快就授权了。

但是，乔布斯的这一设计真是独一无二吗？不妨看看下面两款设计。

首先看一下1958年的Braun T3掌上晶体管收音机，作者是德国工业设计师迪特尔·拉姆斯，那时候乔布斯还在穿开裆裤。收音机的上部是用于输出的方形音频输出孔，是不是类似于iPod的方形显示屏呢？收音机的下部是一个用于输入的滚轮，是不是也类似于iPod的滚轮呢？

Braun T3收音机

然后再看看1979年诞生的世界上第一款固态数字音乐播放器的设计草图，作者是本书前面介绍的英国发明家凯恩·克莱默。那时候，乔布斯还在忙于叫卖其设计的AppleIII。克莱默的音乐播放器也是类似于一副扑克牌，正面上方是用于输出的方形显示器，下方是用于输入的大体成环形的按键。是不是和iPod很形似，而且很神似呢？

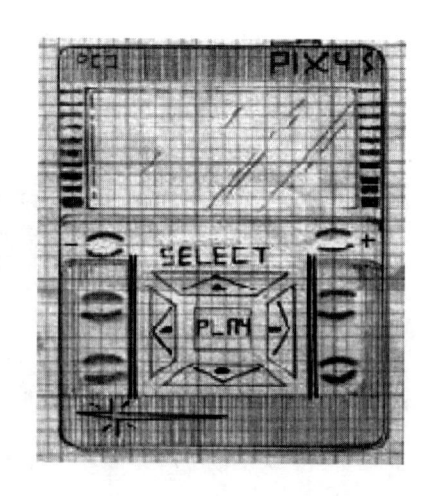

凯恩·克莱默的音乐播放器草图
图片来源：http://www.kanekramer.com/html/development.htm。

Mini-Nano：小一点

2003年，日立公司收购了IBM的硬盘部门，并推出了只有0.8英寸的硬盘，这种硬盘的体积比iPod使用的硬盘还要小75%，所以被称为微硬盘。苹果公司的高管们很快嗅到了微硬盘的商机。如果使用这种硬盘，iPod岂不是更加便携？很快，苹果公司设计出了使用微硬盘的iPod，名字叫做iPod mini，就是iPod的迷你版。

2004年1月6日，苹果公司发布了第一代Mini。Mini继承了iPod的设计风格，正面上部是显示屏，下部是滚轮。除此之外，Mini其实还有很多的创新。

第一个创新是使用了微硬盘，这让Mini的重量只有46克，仅是第一代iPod的1/4。如此苗条的身材使得Mini更受人们的喜爱。

第二个创新是Mini中重新设计了滚轮，苹果公司称之为"Click wheel"，并专门为之注册了商标。新的滚轮看起来更加平滑，也更加简洁。

第一代Mini

第三个创新是Mini中支持USB和火线两种方式传输数据，这是苹果公司首次支持使用范围更广泛的USB进行数据传输，大大扩展了Mini的适用范围。

也正是因为Mini的这些创新，使得Mini卖得比iPod还好。

2005年2月22日，苹果公司发布了第二代Mini，除了容量略有变化外，和第一代Mini基本相同。

事实上，在2005年，闪存存储技术已经相对成熟，有很多企业能够生产大容量（1G、2G甚至4G）的闪存。与硬盘相比，闪存的读写速度更快，耗电量更小，而且闪存的体积完全可以忽略不计。

乔布斯果断决策，Mini中放弃微硬盘，转而使用闪存作为存储介质。使用闪存的Mini体积更小，因此名字也变成了比Mini更小的Nano。

2005年9月7日，苹果公司发布了第一代的Nano，闪存成为主角。其他方面和Mini基本类似。

2006年9月12日，苹果公司发布了第二代的Nano，显示器大了一点点。另外，还响应环保号召，换成了铝制外壳。

2007年9月5日，苹果公司发布了第三代的Nano，形状矮胖，显示器再大了一点点。另外，和第六代iPod一样，能够播放视频了。

2008年9月9日，苹果公司发布了第四代的Nano，形状恢复高挑，显示器再大了一点点。另外，颜色变成了9种。

第一代Nano 　　　　第二代Nano 　　　　第三代Nano

第四代Nano 　　　　第五代Nano 　　　　第六代Nano

2009年9月9日，苹果公司发布了第五代的Nano，显示器再大了一点点。另外，首次增加了摄像头、收音机等多种工具。这一代的Nano已经不仅仅是一款音乐播放器了。

2010年9月1日，苹果公司发布了第六代的Nano，只剩下显示器了，而且是多点触控的哦。另外，取消了上一代增加的摄像头。这一代的Nano看起来有点像Shuffle了。

在2004年1月6日发布第一款iPod mini的前一天，乔布斯提交了iPod mini外观设计的临时申请，此后直到2010年，基于该临时申请共申请了8件外观设计专利。

从2005年推出第一代Nano到2007年推出第三代Nano，乔布斯一共参与了31件外观设计专利，足见乔布斯对Nano的重视。

尤其是在Nano第一代推出之前，乔布斯在2005年8月24日一口气提交了10项外观设计专利申请，对各种不同的变形均进行了保护。

Shuffle：再小一点

2005年1月，苹果公司推出了iPod shuffle。

与iPod和Nano相比，Shuffle直截了当地取消了显示器，改变非常明显。

因为取消了显示器，所以Shuffle的体积大幅度缩小。

因为取消了显示器，所以Shuffle的按钮也大幅度减少，甚至取消了iPod的骄傲——滚轮。事实上，Shuffle正面只保留了一个环形按键。

Shuffle有个很好听的中文昵称——舒服，估计是怎么用都很舒服吧。

iPod shuffle

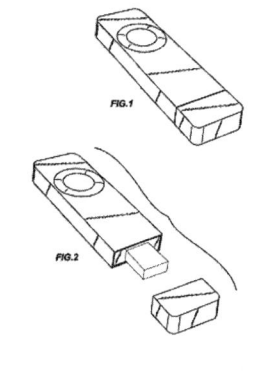

USD529044中的外观设计图

后来，苹果公司推出了第二代iPod shuffle。

与第一代Shuffle相比，第二代的Shuffle变成了方形，而且还有一个小夹子，可以将其夹到皮带、裤子甚至领带或袖口上。

iPod shuffle

USD560228中的Shuffle

2008年，苹果公司推出了第三代的iPod shuffle。

第三代Shuffle再次变为长方形，并且将正面的环形按键取消了。所以在第三代Shuffle上几乎看不到任何按键，简洁到了极致。

为了对Shuffle进行保护，从2004年到2008年，乔布斯一共申请了19件关于iPod shuffle的外观设计专利。

乔布斯设计iPod shuffle的主要理念是产品具有高度便携性，美观且操作简便。

实际上乔布斯这一设计理念在其之前已经有发明人提出过。例如，Chuang Li于1999年7月16日申请的专利US6639584（使用触摸板控制便携式电子装置的方法和设备）中就提出一款无操作按键、操作简单直观的音乐播放器。

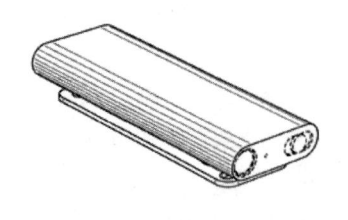

USD590826中的Shuffle

更有意思的是，上述专利基于触摸屏还提供了操控播放器的多种控制手势，例如，附图2A表示播放，附图2B表示停止播放，附图2C表示播放下一首，附图2D表示播放上一首，附图2E表示增大音量，附图2F表示减小音量，附图2G表示重复当前歌曲，附图2H表示设定重复的范围，附图2I表示暂停，附图2J表示快进，附图2K表示快倒。

以简单的手势操控一切，这也是乔布斯极力追求的。他后来推出的带滚轮输入的iPod、带触摸屏的iPhone和iPad是否借鉴了这种设计理念？我们不得而知。

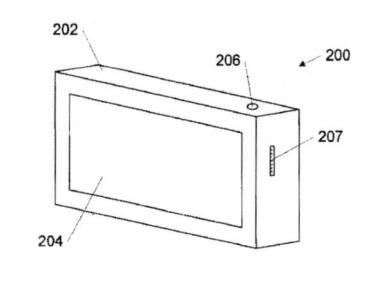

US6639584中的MP3
（图中202为外壳，204为触摸屏，206为耳机插孔，207为数据传输口）

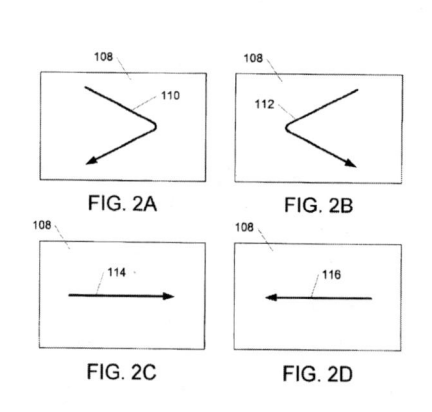

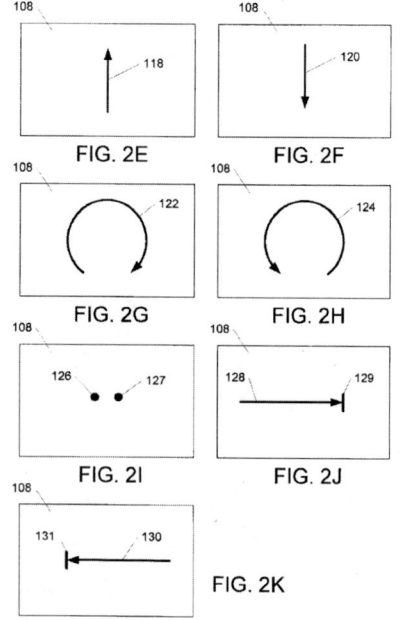

US6639584中的手势

Touch：攀附手机

2007年9月，苹果公司推出了一款全新的iPod，乔布斯把它叫做iPod touch。

与之前的iPod们相比，iPod touch完全不同。

iPod touch没有滚轮，取而代之的是具有480×320像素的3.5英寸多点触控显示屏。

iPod touch中还增加了了WiFi模块，是苹果公司的第一款可上网的iPod。

iPod touch中还预装了iOS操作系统，拍照、游戏、邮件、微博等无所不能，几乎具备了风靡全球的iPhone的所有功能。

事实上，iPod touch根本就是iPhone的简化版本。

它和iPhone的最主要区别就是没有通话功能。当然，通话功能也反映到价格上，8G版的iPod touch大约1 500元人民币，而最便宜的iPhone 3GS在4 500元人民币以上。

为了对iPod touch进行保护，乔布斯先后申请了10件外观设计专利。

USD602014中的Touch

USD636390中的Touch

滚轮成就经典

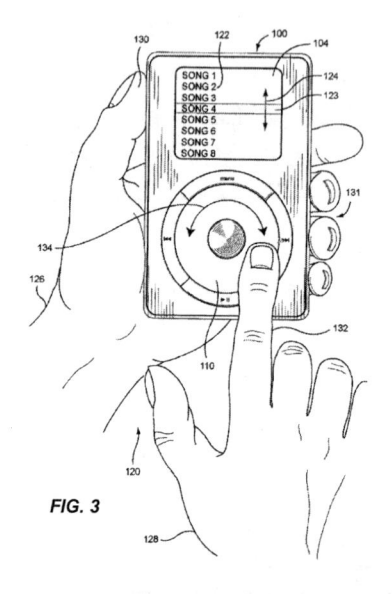

在iPod的设计中，最为闪耀的莫过于滚轮输入。2001年首次发布的iPod中即采用滚轮输入。用户通过手指滚动转盘，带动光标直线移动，并结合确定按键选择希望播放的歌曲。更酷的是，由于最小容量的iPod使用5G的硬盘，能够存储上千首歌曲，为便于用户查找想听的歌曲，可以通过手指加速滚动滚盘，则歌曲也加速浏览。这一设计大大方便了用户寻找想要的歌曲。

这种带有滚轮的iPod一经推出，由于其提供的良好的用户体验，立即受到广大果粉的热爱。也正是这一独具匠心的设计，加上时尚的外观、超大的容量、较长的电池续航时间等因素演绎了iPod的精彩传奇。从其推出至今，iPod销量不断攀升，在音乐播放器市场迅速占有绝对优势，在年轻人中拥有iPod成为一种时尚标志。经过苹果公司在后来的进一步完善，滚轮设计成为一种经典，上面一个显示屏加上下面一个滚轮的设计成为iPod的标志。

US7345671中的滚轮操作

无处不在

滚轮作为一种输入方式，其实人们并不陌生，可以说是无处不在。

很早之前的老式转盘电话和调频收音机中，输入设备就是一个滚轮。但这种滚轮的功能相对单一，前者仅仅是通过拨号盘转动的不同行程分别对应于0~9的10个数字，而后者则是通过转轮调节电阻或电容由此调节收音机的天线可谐振耦合的频率。

20世纪80年代，惠普公司推出了9000系列工作站，该系列工作站的键盘左上角设置有一个滚轮，通

转盘电话

过滚轮的滚动可以左右移动光标（上下移动光标还需要使用Shift键），这样的滚轮实际上类似于鼠标的功能。

现在无法考证这一滚轮是否具有像iPod那样的加速功能，但可以想象在计算机还不是非常普及的30年前，它一定也是非常酷的。

键盘滚轮也算是在计算机领域首次使用滚轮作为输入方式。

HP 9000系列工作站

后来，随着个人计算机的操作系统越来越多地使用GUI，鼠标设计也不断推陈出新。1995年，Mouse Systems公司推出了世界上第一款带有页面滚轮的鼠标ProAgio。通过转动鼠标的滚轮，可以带动页面的滚动。从此之后，鼠标的功能得到空前的加强，滚轮也成为鼠标的标准配置。

ProAgio鼠标

仍然是1995年，美国人Craig Alexander Will也发明了一种带拇指旋轮的小型个人数字助理（PDA）。这种PDA中，可以通过旋转滚轮来选择菜单选项。美国专利商标局于1998年10月授予其专利权（US5825353）。

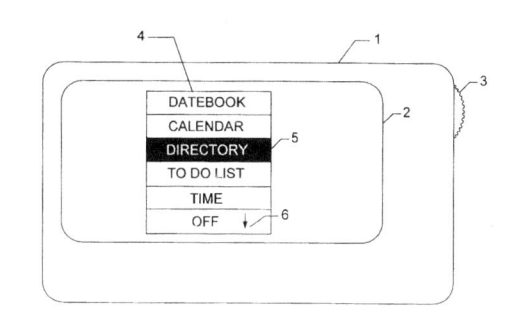

US5825353中的附图
（图中2表示显示器，3表示拇指旋轮，4是显示的菜单）

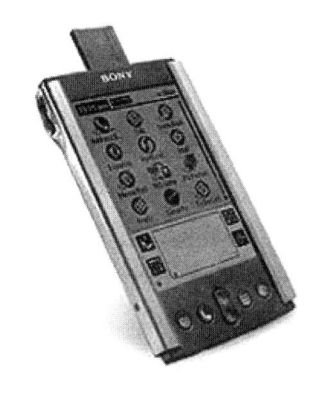

到了2000年，Sony公司推出的个人掌上电脑CLIE S300，在侧面设置了Jog滚轮。通过滚轮的滚动，可以方便地选择操作对象，其设计思路基本是采用上述专利的设计思路。该产品的这一设计，极大地提升了产品的可操作性。

这些滚轮输入没有成为经典，但成为了经典之父。

Sony的CLIE S300

营销大师的智慧

2001年4月的一天，乔布斯与法德尔、鲁宾斯坦、席勒、艾维、罗宾等人一起开会，讨论iPod的设计问题，会议在友好而热烈的氛围中进行着。

期间，法德尔详细阐述了iPod的电气特点。

期间，鲁宾斯坦详细阐述了iPod的硬件组成。

期间，艾维详细阐述了iPod应该具有的时尚外观。

期间，罗宾详细阐述了iPod应该和iTunes无缝地连接。

一切都显得那么完美，似乎iPod的设计已经完成了。

但是应该如何让用户方便地选择iPod中的歌曲呢？要知道，iPod里面可以存放1000首歌，总不能让用户连续按1000次向下的按钮吧。

这时候，见多识广的营销大师席勒站了出来。

他说：iPod可以具有一个用户能单手操作的滚轮，用户通过大拇指转动滚轮来浏览歌曲，滚轮的滚动速度对应于歌曲的浏览速度。滚动加速，则歌曲浏览也加速；滚轮减速，则歌曲浏览也减速。这样就可以非常方便地浏览装在口袋中的1000首歌曲了。

席勒介绍完之后，在座的各位正在思考如何表达对这一设计的看法时（因为大家都清楚，如果乔布斯认为你说得不对时，他可能会立刻爆发出其经典的坏脾气），乔布斯立刻表态：这个设计太酷了，就是它！虽然这一设计遭到了苹果公司高级互动设计师Wasko等人的嘲笑，但乔布斯过人之处就在于在别人还没有想到如何用时他就看到了未来。

后来iPod在全世界的畅销，证明了乔布斯当时的直觉是完全正确的。

不管iPod如何更改设计，iPod标准型一直保留着滚轮设计。即使是随着触控技术的应用，苹果公司在传统的机械滚轮的基础上进一步开发出触控滚轮，它一直沿用到今天。

物理学原理

乔布斯的美国专利US7345671中说明了滚轮的设计原理。在手指旋转转盘1202时，位置传感器检

US7345671中的滚设计原理图
（图中1202为旋转输入设备，1204为显示器，1206表示旋转运动，1208表示平移运动，1211为媒体列表，1211为控制组建，1214为处理）

测转盘的旋转运动（例如测量转盘的旋转角度），处理器1214将旋转运动信号转换为控制屏幕显示器1204上歌曲列表的平移或线性运动信号。当检测到旋转运动加速时，处理器以相同的比例使显示屏上的歌曲列表加速被浏览过。

此外，为增强用户体验，在每浏览过一首歌曲时，处理器还控制iPod的蜂鸣器发出蜂鸣声。蜂鸣器的声音频率与歌曲浏览的速度对应，也就与旋转速度对应。因此，当使用者旋转越快，浏览歌曲的速度越快，蜂鸣器发出的声音频率越大。

针对于这一创新设计，在苹果公司第一款iPod于2001年10月23日发布的前一天，苹果公司向美国专利商标局递交了临时专利申请60/346,237。后来，在此临时申请的基础上，苹果公司向美国专利商标局申请了多件专利申请和2件国际专利申请，并分别进入欧洲、日本、韩国、中国、澳大利亚等近十个国家和地区，目前部分申请已在中国、日本、韩国、欧洲等国家和地区取得了专利权。

走进计算机

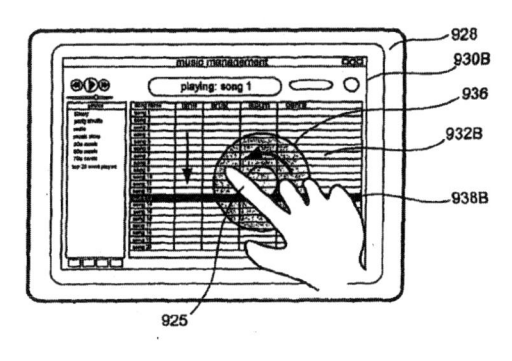

随着多点触控技术的发展，传统的机械输入逐步为软件输入所替代。iPod在首次推出时使用机械滚轮输入，为用户提供了良好的用户体验。但存在的问题是机械输入必然具有机械运动部件，这对于产品的可靠性往往是难以保障的。为此，苹果公司在2002年推出第二代iPod时即采用触控板。将硬件滚轮变为触控板，并不是真正意义上的虚拟滚轮。

CN200580029108中的虚拟滚轮

2005年，苹果公司进一步研发出虚拟滚轮。当播放软件（例如iTunes）检测到用户输入区的特定动作之后，在显示屏上自动激活虚拟滚轮，用户可以像旋转机械滚轮一样旋转虚拟滚轮以选择希望播放的歌曲。

专利是怎样"炼"成的

对于滚轮输入的发明，罗宾、乔布斯和席勒3位作为共同发明人最终共获得了3项美国专利。这些专利的获得，完全是苹果公司的专利律师团队与美国专利商标局的专利审查员们进行艰苦卓绝"斗争"的结果。

例如，最先获批的US7345671专利，在历时4年多的审查中，美国专利商标局专利审查员先后发出了4次中间审查意见通知书（non-final rejection）、2次驳回（final rejection），并进行了3次会晤，其间进行5次补充检索，共引用了400多篇专利和非专利文献。

而苹果公司的专利律师们共完成了9次意见陈述和修改，3次到美国专利商标局与审查员进行会晤，最终于2008年3月获得了专利权。

如果从2002年9月提交正式申请算起，共经历了5年半的时间才完成审查，与其他专利局专利审查员查速度相比，美国专利商标局的审查速度还有很大的提升空间。

在非常耐心地3次评述权利要求的新颖性和创造性之后，美国专利商标局审查员终于忍不住在2006年8月以部分权利要求不具备新颖性或创造性为由进行首次驳回（在美国专利商标局，专利审查员一般发1~2次审查意见通知书之后，如果还认为不符合要求就会发出驳回决定）。在这次驳回中，专利审查员基于US6497412（一种玩益智游戏的方法和设备）认定权利要求1不具备新颖性。

然而，正如申请人所指出，虽然对比文件US6497412中存在转盘输入，但其是一种用于产生类似于随机数的一种输入，而并非乔布斯所发明的通过滚轮选择歌曲，因此这次驳回在申请人答复之后专利审查员迅速撤回了驳回继续进行审查。

2006年10月，专利审查员再次发出审查意见通知书（相当于第四次审查意见通知书）。在发出这次通知书之前，专利审查员重新进行了更详细的补充检索，并以两篇对比文件相结合否定了权利要求1的创造性。

申请人在答复第四次审查意见通知书后，专利审查员再次作出驳回决定。在第二次驳回决定中，专利审查员认为对比文件US6639584（使用触摸板控制便携式电子装置的方法和设备）公开了一种便携式播放器，该播放器可以通过在触控板上手写顺时针半圆圈或逆时针半圆圈来选择播放前一首歌曲或后一首歌曲。但它并没有公开在显示器显示一部分歌曲列表，用户根据其旋转输入可视地选择要播放的歌曲的特征，甚至为了使操作更加便捷，该对比文件中还提出了完全取消显示器的方案。

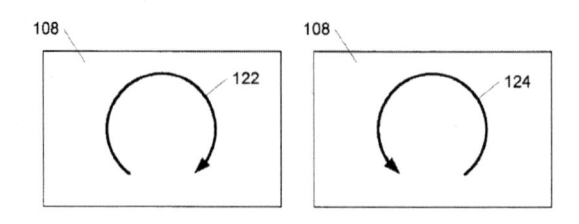

US6639584中描述旋转输入手势图
（图中108为触控板，122和124为旋转输入手势）

专利审查员进一步指出，对比文件US20030050092公开了一种结合了便携式数字播放器和可用于给手机充电的电池的组合装置，其中的数字播放器部分，用户可根据其旋转输入可视地选择要播放的歌曲的特征。

因此，审查员认为从事播放器设计的技术人员基于第一篇对比文件并借鉴第二篇对比文件这一设计，可以很容易地设计出如权利要求1所请求保护的播放器，因此该权利要求不具备美国专利法所规定的创造性。

针对这一驳回，苹果公司的专利律师们再次进行反驳，认为即便是播放器设计师，在看了第一篇对比文件后，也不可能想到结合第二篇对比文件而设计出他们请求保护的技术方案来，因为对比文件1的设计初衷在于简化操作，用户在旋转输入时不需要同时看着歌曲列表（视觉反馈）选择歌曲，有时也不具备看的条件（例如播放器在口袋中、使用者正在运动等），因此他怎么可能想到要在其中增加视觉反馈呢？

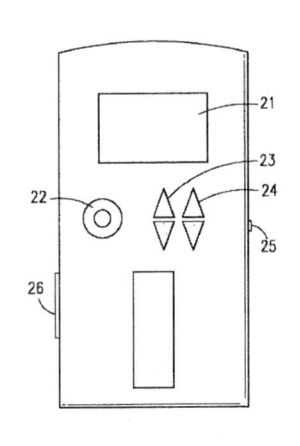

US2003005009中的播放器
（图中21为显示器，23为旋转输入轮，24为音量调节轮）

苹果公司的专利律师指出，对比文件US6639584中这种不使用显示屏的教导，与本申请要追求的目的正好相反，这叫反向教导。一般地，如果存在这种反向教导则两篇对比文件不存在可结合性，《美国专利审查程序手册》（相当于我国国家知识产权局发布的《专利审查指南》）中还专门给出了这方面的案例。因此申请人将其结合并由此得到很好的技术效果通常是具备创造性的。

经这一答辩之后，专利审查员迅速撤销了其驳回决定，并在消除其他缺陷之后于2008年3月授予专利权。

苹果公司的专利律师完胜！

选歌最方便

随着音乐播放器的容量增大，存储的歌曲也越来越多，用户要快速地找到立即想听的歌曲越来越不方便，虽然乔布斯后来倡导随机播放，可那毕竟是在宣传iPod Shuffle，苹果公司一开始可并没有想"生活随机演绎"。

于是乔布斯就如何方便快速地寻找到播放器中的歌曲进行一系列发明。在第二代iPod发布后不久，乔布斯与罗宾等设计人员一起于2002年7月30日提交了发明名称为"图形用户界面及其在多媒体播放器中的使用方法"的美国临时专利申请（60/399806）。基于该临时申请，乔布斯等人又获得了3项美国专利。

层级化操作

这3件专利的基本内容都是在iPod显示器上层级化选择乐曲，便于用户快速找到想播放的乐曲。首先在主界面显示播放列表选项、演唱者选项和乐曲清单选项，用户可以通过输入装置（例如旋转用户滚轮输入）高亮显示并选择某一选项（例如演唱者选项），这时界面自动进入基于该选择的下一级界面，并显示其全部内容，例如如果用户选择演唱者则显示其全部专辑，用户可进一步选择某一专辑，直至选择到想听的歌曲。

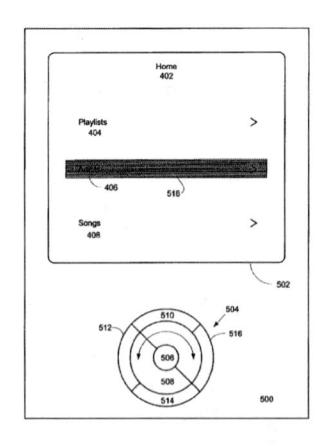

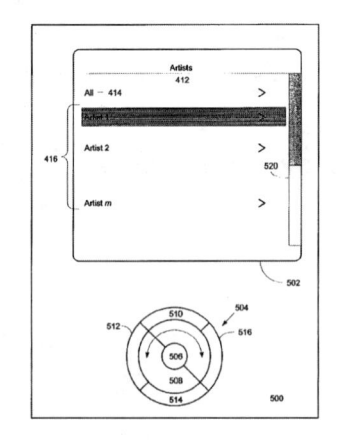

US7166791中的歌曲选择示意图

有意还是疏忽

仔细观测苹果公司历代产品发布与专利申请的关系不难看出，出于高度保密的需要，苹果公司针对即将发布的产品采取的新的改进一定会申请专利，而且基本都是在产品发布的前几天内申请专利。

然而，有一个例外，它就是第二代iPod中乔布斯与他的团队辛辛苦苦搞出的乐曲管理方面的专利申请。

第二代iPod是2002年7月17日发布，但上述临时专利申请提交时间是2002年7月30日。虽然根据美国先发明制，申请人本人这样做并不影响其专利申请的新颖性，但如果在实行先申请制国家，乔布斯在台上为宣传iPod而进行的简单操作展示足以使其某些发明申请丧失新颖性。可能也正是这一原因，乔布斯的这一发明虽然获得了多件美国专利，但他并没有到其他国家申请专利。

有意为之还是疏忽大意？只有苹果公司自己知道。

我与你不同

2001年1月5日，在乔布斯发布第一代iPod之前，新加坡的创新科技公司就向美国专利商标局提交了发明名称为"通过媒体数据的乐曲自动层级化分类"的专利申请。2005年8月，创新科技公司于获得了美国专利（US6928433）。

在该专利中，创新科技公司详细描述了自己播放器的操作界面。

具体一点，在顶级菜单中包含专辑名称、演唱者名字和所有乐曲的选项。当用户选择其中之一时，显示器自动显示下一子显示屏。在子显示屏中进一步显示可选择的多个选项供用户进一步选择。

很显然，创新科技公司的层级化操作和iPod的层级化操作基本类似。

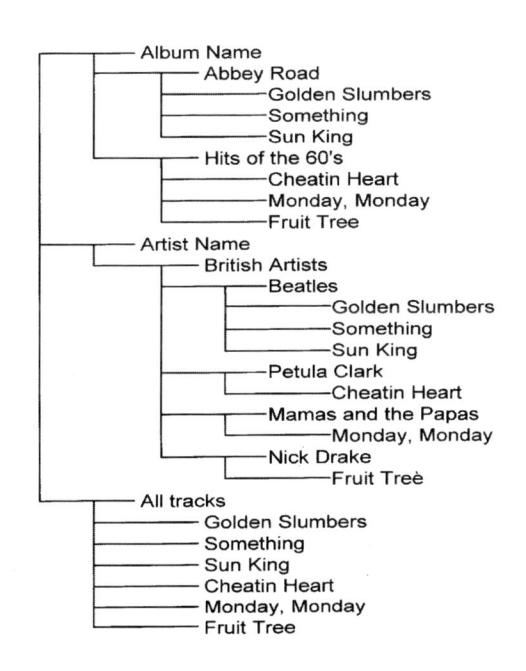

US6928433中的文件组织结构

在乔布斯专利申请的审查过程中，专利审查员也注意到了创新科技公司的专利，并以此为依据，指出乔布斯的专利申请不具备新颖性，不能被授权。

但苹果公司的气场确实强大，同样强大的还有苹果公司的专利律师。苹果公司认为和创新科技公司的专利所记载的方案不相同，具有新颖性和创造性。在苹果公司的专利律师与专利审查员进行会晤并充分陈述意见之后，专利审查员改变了观点，专利审查员被说服了，很快就给乔布斯的3件专利申请授予专利权。

你告我　我告你

苹果公司能说服美国专利商标局，但是没法说服创新科技公司。

2006年5月15日，创新科技公司向美国地方法院提起诉讼，控告苹果公司的多个音乐播放器产品中侵权了其上述涉及音乐播放器操作界面导航的专利（US6928433），涉及产品包括苹果公司的iPod、iPod Nano和iPod Mini。同时，创新科技公司还向美国国际贸易委员会(ITC)提起337调查，并要求禁止苹果公司进口和销售侵犯专利的产品。

苹果公司在遭创新科技公司起诉的当天即作出回击，将创新科技公司美国分部创新实验室告上美国威斯康星州地方法院，称创新实验室侵犯其便携式数字播放器领域的4项专利。

苹果公司可能是感觉这还不过瘾，约2个星期后再度将创新科技公司告上美国德州地方法院，指控其MP3产品侵犯了该公司有关数据编辑以及电脑上创建组织文件图标方面的3项专利。而且苹果公司不仅要求现金赔偿，而且还要求法庭制止创新继续侵犯该公司专利。此外，苹果公司还向美国国际贸易理事会投诉，要求阻止创新科技公司的MP3播放器进口到美国市场。

苹果公司就是苹果公司，你告我侵犯你的一项专利，我告你侵犯我7项专利，Who怕Who！

数量也是一种战略，乔老板很熟悉！

我们和解吧

然而，当苹果公司的律师们深入研究创新科技公司的专利和他们所反诉侵权的产品之后，从技术上看底气就不那么十足了。

但从市场占有率上看苹果公司绝对是老大，老大的意思就是根本不差钱！

为了快刀斩乱麻，在首次开始专利诉讼3个月后苹果公司即与创新科技公司达成和解。根据他们之间达成的和解协议，苹果公司向创新科技公司支付1亿美元，创新科技公司允许苹果公司在其所有产品中使用上述专利技术。

与此同时，在音乐播放器领域一直处于技术领先地位的创新科技公司非常荣幸地获准宣布将加入苹果公司的"Made for iPod"计划，可以为iPod系列产品生产附件！

根据这一协议，苹果公司与创新科技公司之间的所有其他法律诉讼也全部撤销，这样两公司都摆脱了法律纠纷所带来的不确定性，可以集中全力发展各自业务。

真是不打不成交，通过这一诉讼，当时在美国音乐播放器市场占有率不足10%的创新科技公司总算终于与市场占有率高达77%的苹果公司攀上了转折亲。

生活随机演绎

Shuffle就是随机

所有人都知道，MP3播放器的终极目的是用最合理的便携性实现最合理的功能性。

最合理的便携性就意味着最少的按钮、最小的体积、最轻的重量。

最合理的功能性就意味着最美的音质、最大的容量、最长的播放时间。

乔布斯尤其看重便携性，甚至到了吹毛求疵的地步。

MP3播放器中，块头最大的是硬盘和电池。

电池的大小取决于耗电量的大小，耗电量的大小取决于硬盘的大小。硬盘越大，需要的电量就越多，硬盘越小，需要的电量就越低。

所以，硬盘是MP3播放器便携与否的关键因素。乔布斯和鲁宾斯坦一直在全世界的各个角落中寻找小的硬盘。

2001年，乔布斯找到了东芝的1.8英寸硬盘，代替传统的2.5英寸硬盘，体积缩小50%。这一年推出的iPod最终的体积4.02×2.43×0.78(英寸)，重量约185克，类似于一副扑克牌。

2004年，乔布斯找到了日立1英寸微硬盘，代替iPod中的1.8英寸硬盘，体积进一步缩小50%多。这一年推出的iPod Mini最终的体积3.6×2.0×0.5（英寸），重量102克。

2005年，乔布斯干脆找到了能够代替硬盘的大容量的闪存（FLASH），相对于硬盘，闪存的体积小得可以为零。

闪存的体积可以忽略不计，是否也意味着新的iPod的体积也可以忽略不计？

乔布斯再也按捺不住设计一款体积可以忽略不计的iPod的激情，和法德尔、艾维等大师一起投入新的工作中。

缩小体积也就意味着缩小面积，缩小面积意味着缩小iPod的显示器，缩小显示器意味着选择歌曲等操作不方便，谁会买一个选歌不方便的iPod呢？

问题似乎很棘手，但乔布斯和他的海盗团队天生就是玩脑筋急转弯的，总有出人意料的解决方案。

乔布斯说：既然选歌不方便，那就干脆别选了。iPod播放哪首歌，用户就听哪首歌，这就是随机播放。"随机"在英语中叫做"Shuffle"，所以新的iPod叫做iPod shuffle。

iPod shuffle直接删除了显示器。

显示器没有了，那需要显示器才能工作的所有按钮也不需要了，甚至iPod中最经典的滚轮都不需要了。

事实上，新的iPod正面只保留了一组环形按钮和位于中央一个播放按钮。再后来，连这些按钮都一并取消了。

iPod shuffle的体积只有84×25×8.4（毫米），重量只有22克，比一包口香糖还小。到了第三代甚至只有10.7克。由于没有显示屏，工作状态、电池电量均通过指示灯来指示。

为凸显Shuffle的独特个性，2005年1月苹果公司首次发布iPod shuffle时，还专门配以"Life is random"（生活随机演绎）和"Give chance a chance"（给偶然一个机会）的广告词。

随机　随意　随停

为追求高度的便携性，乔布斯的iPod shuffle取消了显示屏和很多的按钮，而且主打随机播放的理念。

但总有一些非常"固执"的用户，他们一定要求按照词曲作者的名字、歌曲名、歌手名字或者自己定义的播放列表进行播放。

对于用户这种"非常不合理"的需求，25岁的乔布斯可能理都不理，您爱用就用，不用拉倒。但是，45岁的乔布斯已经学会了倾听他人的建议。于是，乔布斯非常耐心地在iPod shuffle中增加一个连续模式，满足"固执"用户的需求。

这样，iPod shuffle同时拥有随机模式、连续模式以及关断模式。为此，乔布斯特意设计了一种三位置开关来减少按钮数量。

当开关打到"随机"时，iPod shuffle播放歌曲的顺序完全是随机的。

当开关打到"连续"时，iPod shuffle可以按照预定播放列表进行播放，比如按照歌曲名称、歌手姓名或者自己定义的任意播放顺序连续播放。

为了设置"连续"播放模式，用户可以将iPod shuffle与计算机连接，通过iTunes对连续播放模式以及播放列表进行设定，并且可以预先设定多个播放列表，例如适合于在运动时的播放列表、适合于旅行的播放列表等。

当开关打到"关断"时，iPod shuffle当然关机啦。

最后，作为赠品，iPod shuffle还可以当做U盘使用。

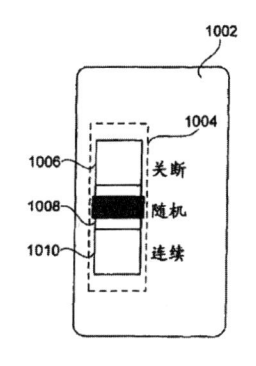

US7593782中的三位置开关

为了对iPod shuffle的三位置开关进行保护，在2005年1月11日首次发布iPod shuffle之前，苹果公司于2005年1月7日提交一份"高度便携的多媒体装置（Highly Portable Media Device）"的临时专利申请（60/642276），乔布斯本人是第一发明人。

基于该临时专利申请，乔布斯获得了2项美国专利。其中之一是一种以iPod shuffle为代表的便携式媒体播放器。这种媒体播放器有两个特点：第一个特点是具有数据模式（作为U盘使用）和音乐模式；第二个特点是带有三位置开关。

申请归申请，能否获得授权还要通过严格的审查。而从审查的角度来看，乔布斯的这款媒体播放器要想获得专利并不容易。

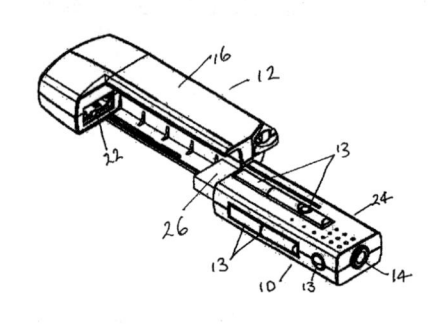

首先，以闪存作为存储介质的小型音乐播放器早已有之，而且一般都可以作为普通U盘使用。也就是说，既具有数据模式，也具有播放模式。下面的美国专利申请US20030176935中所公开的U盘就是这种类型。

US20030176935中的可播放音乐的U盘

这款U盘虽然不是最早能当U盘使用的播放器，但最起码它证明了iPod shuffle的第一个特点并非乔布斯的创新。

此外，在iPod shuffle之前，也有其他人向美国专利商标局申请过类似于三位置开关的专利。例如美国专利申请US20020199043记载了一种带MP3的耳机，这种耳机上可以设置开关、播放、随机播放、关机等按钮。在这种耳机中，已经具备了关机、播放、随机播放等功能，尤其是具备了iPod shuffle中引以为豪的随机播放功能。

这款耳机也许不是最早提出随机播放概念的媒体设备，但是起码它证明了iPod shuffle的第二个特点也不是乔布斯的创新。

所以，乔布斯的真正创新只是将这两个特点结合起来。

如果你是从事MP3工作的设计师，你会认为这种结合很难想到吗？如果你是从事MP3工作的工程师，你会认为这种结合很难实现吗？如果你

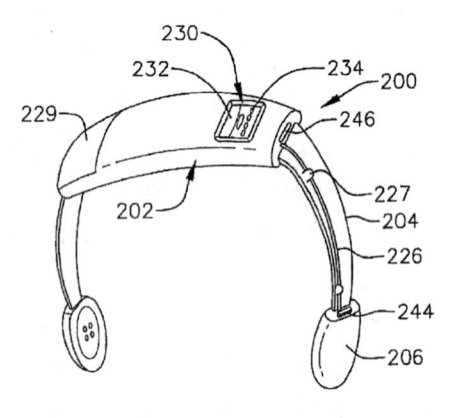

US20020199043中的带MP3的耳机

是MP3领域的专利审查员，你会认为这种结合具有足够的发明高度吗？

不管设计师和工程师怎么想，反正美国专利商标局的审查员开始认为这种结合太小儿科了，如果这种改进都能获得专利权，那就有辱硅谷专利精英们的智商了。

所以，美国专利商标局很快就驳回了乔布斯的申请，驳回理由就是乔布斯的改进相对于能播放音乐的U盘和具有随机播放功能的耳机的结合而言是显而易见的。

但是，乔布斯（或说苹果公司）可不想被驳回。为获得授权，苹果公司的专利律师与专利审查员进行会晤。会晤可以更好地向专利审查员动之以情，晓之以理。

首先，苹果公司同意对专利申请进行"大量"修改，主要包括进一步明确连续播放模式和随机播放模式的定义，并且强调连续播放模式下播放歌曲的顺序与随机播放歌曲的顺序不同。而US20020199043的耳机中并没有说随机播放和连续播放下歌曲的顺序不同。

听到苹果公司的这条意见，专利审查员直接石化。随机播放和连续播放的歌曲顺序要是一样，干嘛还要设置两个按钮呢？这也能算修改，这也能算理由？

随后，苹果公司认为，虽然US20020199043的耳机中公开了设置连续播放模式、随机播放模式、关机等开关，但并没有教导设置一个三位置开关，相反是设置3个独立的按钮，而三位置开关和3个独立的按钮之间是有差别的，把3个独立按钮换成三位置开关可不是显而易见的，是需要设计师深思熟虑的，是需要工程师创造性劳动的。

典型的无理争三分！

但神奇的是，美国专利商标局的专利审查员居然觉着苹果公司的这条陈述很有道理，并最终接受了这一陈述意见，在进行一些小的修改后授予了苹果公司专利权。所以，乔布斯居然能靠将3个独立的按钮改变成一个三位置开关，就获得一项专利。

不知道是乔布斯的现实扭曲力场对美国的政府官员起作用了？还是美国专利商标局也有地方保护主义？

环形按键

为使产品外观美观大方，iPod shuffle 延续iPod圆形滚轮的外形，乔布斯团队专门设计了一种环形按键。这种环形按键包括中央按键（212）和外部环形按键（210）。中央按键用于播放、停止或确定功能；外部环形按键包括相互间隔90度的4个功能键，用于音量增加和减少、前进

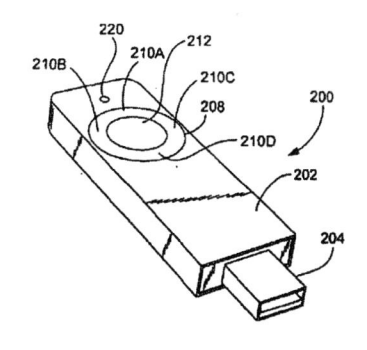

US7889497中的带环形按键的播放器
（图中210A~D为4个环形按键，212为中央按键）

US7889497中的环形按键内部结构
（图中238为4个环形按键对应的机械开关，240为检测器，246为中央按键对应的机械开关，248为检测器，234为刚性板，232为环形弹性装饰表面，244为中央按钮帽）

和后退等功能。

外部环形按键外表面安装有一个整体环形的弹性装饰表面（232），且该弹性装饰表面盖住中央按钮帽的边缘，这样使得iPod shuffle十分简洁。

苹果公司为环形按键专门提交了一件专利申请，并且开始要求保护的技术方案中并没有提及环形弹性装饰表面，美国专利商标局专利审查员在审查过程中找到了一篇安装在计算机底座上的环形按钮，其结构基本相同，因此认为该发明没有新颖性。

但苹果公司的专利律师认为他们请求的是一种带有这种按钮的可手持的电子装置，因此没有对其权利要求进行任何修改。这次答复太失水准了，都是环形按钮，安在哪不行呀。所以，虽然这个专利有授权前景，但专利审查员仍然很利索地作出驳回决定。

有了这次被驳回之后，苹果公司的专利律师很快就非常配合，在请求保护的方案中增加了弹性装饰表面以及与中央按钮帽的结合，还与专利审查员进行会晤以便更清楚地解释其创新性，最终顺利获得了专利权。

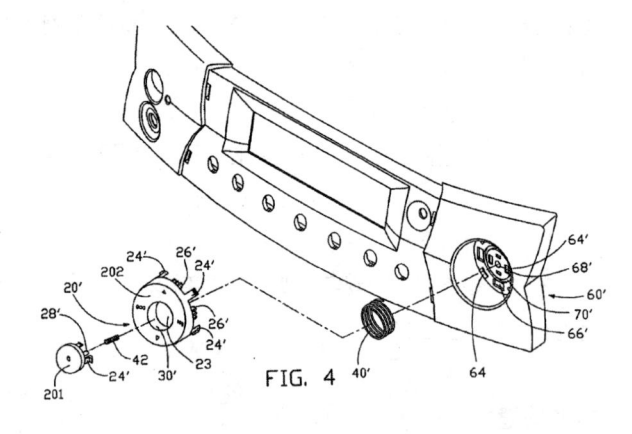

美国专利商标局专利审查员检索到的现有技术

专利审查就是这样的讨价还价的过程，哪怕你的发明很有创新性！

一只手的魔力

由于iPod shuffle非常小，为增强其可操作性，乔布斯在播放器功能键布局上也十分讲究。

例如，为便于单手握住播放器时通过一个大拇指就能够灵活地操作它，特意将环形按键设置在产品中上部，而不是正中间。同时，输出端口则设置在顶部，这样用户在单手操作播放器时不影响使用。

想得多周到！

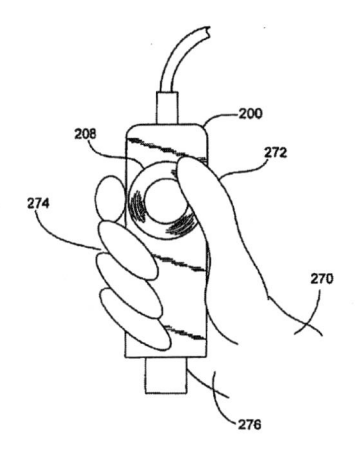

US7593782中的按键设置

动力源泉

超长的电池续航能力是一款成功的音乐播放器必不可少的性能特征之一。乔布斯团队对此的改进也是乐此不疲。

下面再简要介绍苹果公司近几年来在延长电池续航时间方面所作出的主要改进。

变形电池

第一代iPod的广告词就是"把1 000首歌放到口袋里",如果一首歌的平均播放时间是3分钟,1 000首歌就是3 000分钟,等于50小时。

谁也不会野蛮地要求iPod的电池能连续工作50小时,但是相对较长的电池续航能力还是值得期望的。

如何提高电池续航能力呢?和所有EQ正常的人一样,乔布斯首先想到的就是增大电池容量。

电池的形状就像一张床,增大电池容量意味着增大电池体积,增大电池体积意味着iPod很可能无法放到口袋里。

所以,提高电池续航能力不是问题,问题是在提高电池续航能力的同时,如何保证iPod的体积不发生变化?

EQ正常的人已经陷入了困惑,但EQ超常的苹果公司精英们想到了办法:电池的形状不应该像一张床,而应该像一组组合柜,喜欢怎么摆就怎么摆,这样就可以充分利用iPod内部边边角角的空间。不知道这种思想是不是源于《交换空间》。

在此思想的指导下,苹果公司的工程师们对电池的形状进行了连续的改进。

在发明名称为"用于由电池供电的便携式设备的电池组件"的中国专利申请(CN201110157102)中,为使设备更加紧凑,以减少便携式电子设备的体积和重

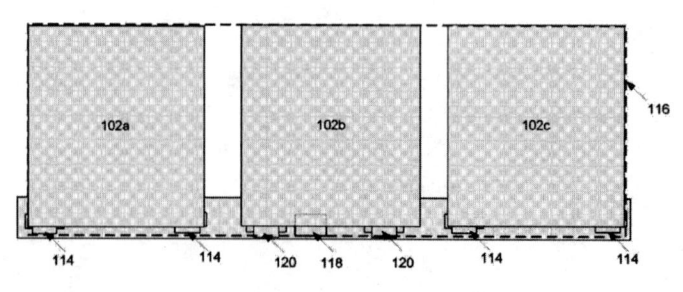

CN201110157102中的电池组

量，苹果公司将多个电池单元组成电池组，并且每个电池的形状可适应外部电路对形状的要求。

这时候的电池形状不是一张床，而是3个独立的柜子。

在发明名称为"具有容量不同的电池的电池组"的中国专利申请（CN201110204902）中，为进一步提高便携式电子设备内空间利用率，将具有不同容量、厚度和宽度的电池单元连接成电池组。下面"中国专利申请CN201110204902中介绍的电池组"图中102~112均为不同容量的电池单元。

这时候的电池不仅仅是柜子了，而是大小不同的柜子，更能充分利用空间了。

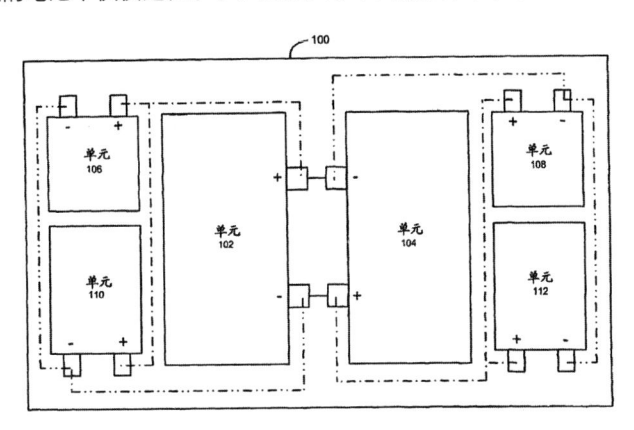

CN201110204902中的电池组

更前卫的是，在发明名称为"非矩形电池的设计和构造"的中国专利申请（CN201110198314）中，为更有效地利用便携式电子设备内部的空间，根据电子设备内部空间的情况，将电极片堆叠配置，设计出非矩形电池，例如环形电池、L形电池、三角形电池、饼形电池、锥形电池、金字塔形电池等。

改变了电池的形状，就提高了iPod内部空间的使用效率，这就意味着在iPod体积不变的情况下，可以放置更大容量的电池，进而提高续航时间了。

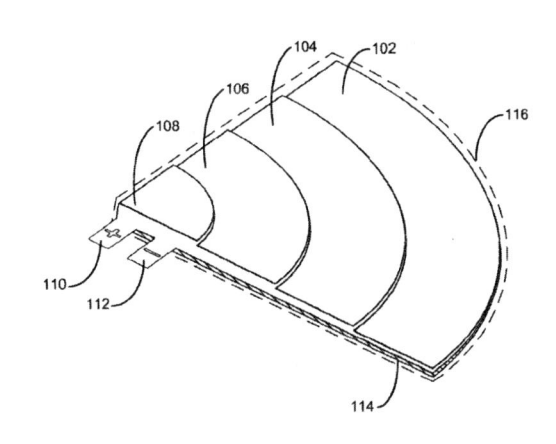

CN201110198314中的非矩形电池
（图中102~108为电极片形成的层，110和112分别为电池正负极，114为刚性板，116为电池封袋）

节电模范

开源与节流永远是最佳拍档，提高电池容量是开源，而减少iPod的功耗就是节流。苹果公司在节流方面也是高手。

在发明名称为"具有功率管理显示器的便携式媒体设备"的中国发明专利申请（CN200780025550）中，通过降低显示强度降低功耗，而且还基本不影响输出质量和用户体验。就像在中午12点时看书，开灯不开灯的用户体验都是差不多的，所以不开灯可就省电了。

CN200780025550中的显示强度控制过程

具体一点说，这个播放器可基于正在或将要显示的内容类型、环境光和供电特征，智能地控制显示强度水平。例如对文本、照片、视频等不同的内容设定不同的显示强度。

此外，该播放器还可根据用户偏好控制显示显示强度。

在发明名称为"动态电源管理方法"的中国专利申请（CN200480001186）中，处理器根据历史负荷预测未来工作负荷，并基于这种预测决定选择处理器的性能等级。当处理器一直处于低负荷状态下工作时，选择低性能能级工作，此时处理器消耗的功率也较低。

在发明名称为"图像缩放方案"的中国专利申请（CN200580036581）中，主机与播放器之间传输图像时，将进行多种预先格式化处理的不同缩放图连同原始图像一同传输到播放器上，这样在播放器需要显示不同比例的图像时不必再进行繁重的图像处理，当然就更节电了。

在发明名称为"移动网络设备电池保存系统和方法"的美国专利（US8059570）中，具有网络通信功能的设备，目前越来越倾向于随时自动连接网络，连接网络是很耗电的。针对这种情况，该专利提出，在确认用户没有使用网络时，暂时终止设备与网络的通信链接来保存设备的电力。

在发明名称为"在电池供电的电子装置中功能保留的功耗管理方案"美国专利申请（US20080133956）中，用户可以设定，在电池续航时间低于某一阈值的情况下，通过关闭电子装置的某些用户暂时不需要的功能，从而确保关键功能持续更长的时间。

此外，2001年苹果公司在首次推出采用微硬盘的iPod时，采用后来广为使用的缓存技术。通过使用缓存，iPod在播放歌曲时，就可以将用户希望播放的歌曲从硬盘先读入缓存，并暂时关闭硬盘。由于缓存是半导体存储器，其耗电量远低于硬盘，因此通过这种技术大大提高了iPod的电池续航时间。

```
USAGE PREFERENCES

WHEN
    ○ MEDIA PLAYBACK TIME
    ○ AVAILABLE CALL TIME

IS LESS THAN
    ○ 60 MINUTES
    ○ 30 MINUTES
    ○ 15 MINUTES

WHEN
    ○ NOTIFY ME
    ○ DISABLE FUNCTION
        ○ MEDIA PLAYBACK
        ○ WIRELESS DATA NETWORK
```

US20080133956中的节电方案

第三章

重新发明手机

PC体现了乔布斯凡人的坚持

iPod体现了乔布斯奇人的思变

iPhone则体现了乔布斯伟人的智慧

乔布斯用iPhone让手机行业重新洗牌

乔布斯用iPhone支撑起苹果营收的半壁江山

乔布斯用iPhone无情地宣泄着对山寨的愤怒

从凡人到伟人,乔布斯的通行证就是iPhone

太阳般的光芒

巨人的脚步

智能手机（Smart Phone），就像个人计算机一样的手机。

智能手机要有独立的操作系统，就像iPhone有独立的iOS。

智能手机要允许用户自行安装第三方提供的软件，就像iPhone中可以下载QQ游戏。

智能手机要能通过无线网络接入互联网，就像iPhone中的WiFi。

智能手机要能拍照，就像iPhone中的相机。

智能手机要能听音乐，就像iPhone中的iPod。

所以，智能手机的典范就是iPhone。

但在苹果公司之前，很多著名的IT公司就开始尝试智能手机的研发。

迈出第一步的是蓝色巨人IBM。

1993年，那时候的PC机似乎还是486时代，那时候的手机似乎还是模拟信号的大哥大时代。那时候的IBM便和BellSouth公司合作，创造了世界上公认的第一部智能手机——IBM Simon。

Simon可以作为一部手提电话。

Simon可以作为当时流行的个人数字助理（PDA）。

Simon可以作为一部传真机。

Simon可以作为一款高级计算器。

Simon可以作为多款游戏机。

Simon还可以干很多的事情，似乎是无所不能的。

最拉风的是，Simon取消了手机上的物理键盘，输入完全靠触摸屏！

而且Simon的触摸屏不仅仅能支持手机中常用的九键盘，还逆天般地支持计算机中常用的全键盘。

如果说Simon还有一点遗憾的话，那就是无法接入互联网。不过没有关系，那时候，知道"互联网"这个词的人掰手指都能数过来。

IBM Simon

可以说，Simon为智能手机奠定了很高的起点。

到了1999年，手机巨头摩托罗拉推出了自己的智能手机——A6188。

A6188继承前辈的光荣传统，坚持采用触摸屏作为输入设备。

A6188集成了WAP无线应用协议，可以方便地接入互联网，拉开了手机上网的大幕。

最亲切的是，A6188还是第一部支持中文手写输入的手机。

摩托罗拉A6188

进入21世纪后，随着CPU速度的快速提高，存储器容量的快速扩大，智能手机的功能也越来越强大，市场不断升温。

几乎所有人都认识到，智能手机就是手机的未来！

2002年10月，手机一哥诺基亚隆重推出7650，创造了又一个"机皇"。

7650首次内置了摄像头，是第一款能拍照的手机，为数码卡片机的坟墓刨了第一个坑。

7650搭载了诺基亚的骄傲——Symbian OS V6.0操作系统。

7650可以直接接入互联网，访问新浪、搜狐等网站。

7650可以直接收发电子邮件，而不仅仅是手机短信。

7650可以直接播放视频。

7650还支持Java程序。

但是，7650并没有采用触摸屏，而是退回到键盘时代。当然，为了保证屏幕足够大，7650开创性地使用了滑盖。

从1993年IBM的Simon算起，触摸屏在手机上已经使用了10年。但是，作为手机一哥的诺基亚却放弃了触摸屏，回归传统的键盘。

这种逆技术潮流的做法，似乎在向人们说明一件事情：触摸屏技术并不成熟，起码诺基亚认为触摸屏技术不够成熟。

诺基亚7650

我的奶酪

2004年，苹果公司的iPod逐步体现出它的巨大成功。之后，iPod、iPod Nano和iPod shuffle三线奏凯，一举拿到了MP3播放器70%以上的市场份额。

在MP3行业内，iPod就是定海神针，没有任何竞争对手能够撼动iPod的地位。

但是，乔布斯的眼光又怎么会仅仅局限在MP3行业中？他敏锐地发现，一山还比一山高，智能手机才是iPod最危险的竞争对手。

iPod的最大优势就是轻巧，但是轻巧到极限也必须有物理实体，即使物理实体只有10克的重量，即使物理实体能够夹在衣角上。

但是智能手机不一样，只要智能手机中增加一款小小的播放软件，就能够直接播放MP3，就不需要物理实体。

看到过有人拿着两个手机，但是从没看到过有人拿着两个MP3播放器，即使MP3播放器是iPod。

所以，智能手机中增加播放器，虽然不会大幅增加智能手机的市场份额，但一定会大幅缩减MP3播放器的市场份额，这可是iPod的奶酪。

与其被动地等待智能手机来动iPod的奶酪，不如以iPod为基础，增加通话功能，主动出击攻占智能手机的阵地。乔布斯毅然带领着苹果公司挺进了手机市场。

隔行如隔山，乔布斯虽然是当时MP3界叱咤风云的领军人物，然而却从未涉足过手机市场。寻找一个熟悉手机市场的厂商合作，虽然不是乔布斯的风格，但也是进军手机市场初期的折中发展策略。

当时苹果公司的个人计算机是iMac，iMac的心脏标签上就写着"摩托罗拉制造"，而摩托罗拉还是美国的手机一哥。

几乎没有任何迟疑，乔布斯就选中了摩托罗拉公司，希望能借助当时摩托罗拉Razr（刀锋）系列手机的巨大荣誉大展拳脚。而摩托罗拉也垂涎于苹果公司的iPod在MP3市场中的份额。所以，两大巨头一拍即合。

两位业界的巨头联合是否一定能设计出让人满意的经典作品呢？答案是不一定！苹果公司和摩托罗拉就是一个很好的例子。

合作中，苹果公司负责音乐软件的研发，摩托罗拉负责硬件制造。摩托罗拉选择了一款已上市的音乐手机E398作为开发平台，这不免让乔布斯有点不爽。乔布斯想要的是一套完整的产品规划，而E398的硬件和外观都表现平平，双方的合作基本上演变成了苹果公司为摩托罗拉研发音乐软件。

摩托罗拉在合作中有所保留，苹果公司自然也不例外。由于估计音乐手机的迅速推广会伤害iPod的市场占有量，苹果公司故意缩减搭载在手机上iTunes的功能。

2005年11月，终于推出了苹果公司与摩托罗拉一同研发的手机——Rokr E1。

前身E398

Rokr E1

Rokr E1是第一款支持iTunes的音乐手机，但是却不能自行下载音乐，且仅能存储100首歌。从外形上看，Rokr E1上也没有任何吸引眼球的亮点，和其前身摩托罗拉E398可以说是一对双胞胎。

混血Rokr E1平平表现，甚至有媒体打出"你把这部手机称为未来的趋势？"的封面标题来讽刺，不久苹果公司和摩托罗拉就停止了手机上的合作。

强强联合不一定更强，关键在于两强能否优势互补，形成合力。

iPod肩上的探索

师傅领进门，修行在个人。尽管摩托罗拉和苹果公司的合作并不顺利，没有得到让乔布斯满意的作品，然而摩托罗拉的确带领苹果公司走进了手机界。

苹果公司很快成立了一个名字叫做Purple的工作组，开始了智能手机的探险旅程。但起初的进展并不顺利。

一方面当时无线网路技术不成熟，速度不理想，上网体验比较差，无法满足乔布斯对"完美手机"的要求。

另一方面是手机的操作系统。那时候苹果公司有两个相对成熟的系统，一个是iMac的操作系统，一个是iPod的操作系统。前者功能很强大，对硬件的要求很高，手机芯片难以流畅运行；后者又过于简单，难以应付复杂的网络处理和其他功能。

Purple工作组拿给乔布斯的样机沿用了iPod中的经典设计——滚轮，并沿用了iPod的外壳，采用滚轮来选择号码并拨打电话，但却无法上网。

乔布斯在2007年iPhone发布会上给出的概念手机就是Purple的手机模型，但苹果公司并没有真正生产这款手机。

2007年iPhone发布会上展示的概念手机

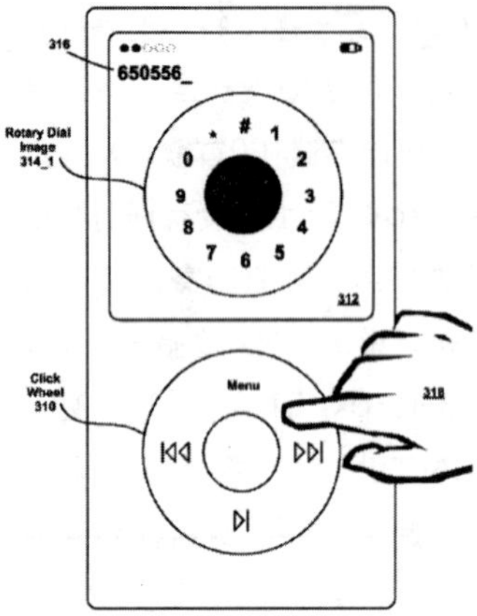

从这个概念手机的外观设计看，在手机研发初期，苹果公司一直延续着iPod的设计思路——转盘输入+iTunes音乐软件。

2006年1月，苹果公司向美国专利商标局提交了一份临时专利申请60/756831，乔布斯是第一发明人。之后以此临时申请为基础又申请了涉及移动设备中转盘输入的发明专利申请US20070155434，其中通过类似于iPod转盘的

US20070155434中的手机

方式选择需要拨出的数字。

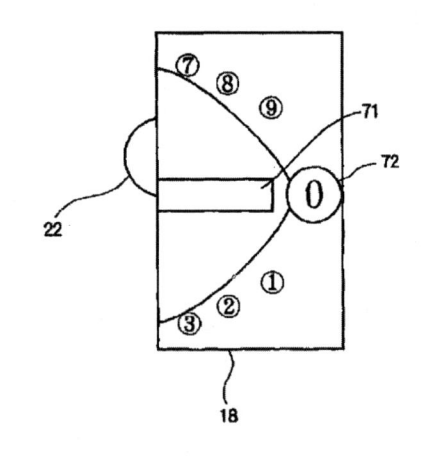

审查过程中，美国专利商标局引用了索尼公司的一个拨轮专利（US20030162569），虽然两者设计思路雷同，都是基于转轮的位置变化选择需要输入的数字，然而其形式确实并不完全相同。

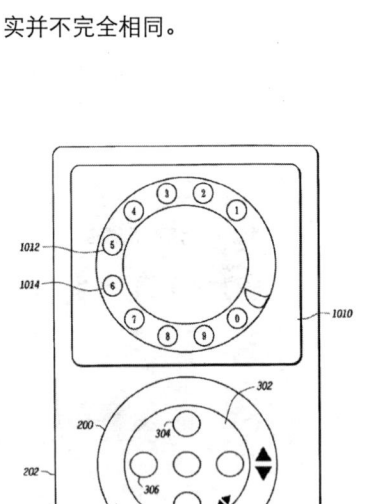

US2003162569中的手机

苹果公司仅通过简单的修改和意见陈述就说服了专利审查员。然而，专利审查员并没有就此放过这个申请，继续引用摩托罗拉公司的一篇美国专利文献US20030048262，并发出了驳回决定。这篇摩托罗拉文献公开的内容与苹果公司的转盘手机惊人地相似，从给出的附图看几乎分不出哪个是苹果公司的设计，哪个是摩托罗拉公司的设计。

苹果公司在申请专利上算得上是打不死的"小强"，尽管文献如此相似，仍然没有放弃，继续对其权利要求进行修改，适当缩小了权利保护范围，取得了最终的胜利。目前该申请已经获得美国专利权！

US20030048262中的手机

苹果公司虽然拥有带转盘输入的手机的专利权，但没有生产这种产品，估计将来也不会生产。就像乔布斯曾经申请的不带Home键平板电脑外观设计专利USD504889一样，它已成为名副其实的"沉睡的专利"。但谁能保证苹果公司所拥有的这一"沉睡的专利"在将来不会成为阻击其他企业的又一颗地雷呢？

输入的革命

滚轮技术是iPod的核心技术，也是iPod能够大卖的关键。然而手机设备中的输入复杂度远高于MP3，尤其是对具有上网功能的手机而言。通过Purple工作组的开发，乔布斯也慢慢意识到想依靠滚轮技术设计出令人满意的手机几乎是不可能的，如果想制造革命性的手机，必须要有全新的输入技术。

早期手机的输入法大多采用T9键盘。T9输入法与短信技术是几乎同时诞生的，是大多数人的"掌上启蒙"。T9由于其键位少的特点，可以放心地将主要按键扩大，便于用户点击，减少失误率。

随着短信业务的普及，越来越多的用户觉得T9的输入还不够快捷，不能满足短信一族的要求。因而在手机键盘上出现了类似电脑输入中的全键盘，也称Qwerty键盘。Q-W-E-R-T-Y是键盘字母第一排的前6个字母，与现在普遍使用的计算机键盘布局相同。Qwerty键盘对手机的体积、电路布局提出了很高的要求，能够在有限的空间内安排下几十个按钮，还需要各个按钮相互独立，不产生误操作，确实是件让人头疼的事情。

带T9输入键盘的手机

除了键盘技术外，触控输入技术对人们而言并不陌生，很多银行的取款机使用的是触控技术，很多医院、图书馆大厅的咨询计算机也使用了触控技术。但是，传统的触控技术都是采用单点触控的，触摸屏只能识别和支持一次手指的点击。

带Qwerty输入键盘的手机

为了解决手机的输入技术，乔布斯毅然将在平板电脑上研发的多点触控技术应用于智能手机的开发。

苹果公司当时已花费了一年以上的时间研发用在平板电脑上的触控屏幕技术，乔布斯相信多点触控技术可以给手机带来新的输入界面。

多点触控技术是在同一显示界面上的多输入点的交互操作模式，允许在一个显示界面上进行多点甚至是多用户的交互式操作。用户可以采用单击、双击、滑动、按压等不同的手势，随心所欲地进行操控，是一种具有高自由度的控制界面。

相比较而言，Qwerty键盘英文输入有优势，T9键盘在中文输入上受到很多人的偏爱。而多点触控技术可以实现两种键盘的按需切换，甚至可以实现各种你能想象到的输入方式。

乔布斯在发布iPhone手机时讲述了苹果公司几个核心产品的诞生：鼠标技术带来了Mac计算机，滚轮技术带来了iPod，而多点触控技术则带来了革命性的手机iPhone。

多点触控，带给消费者非常直观与强烈的简易度和舒适度。而乔布斯则把这一技术用到了极致，赋予了手机新的含义！

实际上，多点触控技术早在iPhone出现前二十几年就已经存在。与很多高新技术一样，多点触控技术也诞生于科研院校的实验室，最初只是一个概念性的新鲜花样。

它最早是由多伦多大学于1982年发明的，同年贝尔实验室也发表类似的技术文献，早先的多点触控技术是利用覆盖在阴极射线关上的透明电容矩阵构成触摸面板。

在此之后，很多公司和研发机构等都活跃在这个领域内，相继研发出各种各样的多点触控技术。

例如，1991年，施乐公司展出了一台名为PARC的投影仪，需要使用者通上微弱的电流进行操作。

纽约大学开发了一种在投影机在屏幕后面的装置，也能够达到多点触控的目的。

然而这些奇妙的技术却始终没有商业化，一直沉睡在高校的实验室或者高新技术企业的研究室内。

钻石通常很小

值得一提的是，一个名不见经传的小公司——FingerWorks。FingerWorks的公司核心人物是约翰·伊莱亚斯和韦恩·维斯特曼这对师徒。韦恩·维斯特曼是约翰·伊莱亚斯门下的弟子，在博士论文中论述过复杂的多点触控技术，这个技术可以用于多点触控键盘。

在两个人的带领下，FingerWorks于1999年就生产了iGesture板和多点触

iGesture板

控键盘，尽管这些产品始终未能成为主流产品，但其无疑是输入技术的革命性创新。

早在1998年1月26日，FingerWorks向美国专利商标局提交了一份名为"一种用于多个手指接触的电容性成像方法和专利"的美国临时申请，申请号为60/072509；并于1999年1月25日提交了一份名为"集成化的人工输入方法和装置"的专利申请，该申请于2001年11月27日被授予专利权，专利号为US6323846。

在这个专利中，触控表面包括可压缩的衬垫、介电电极和电路层，通过这个触控表面可以同步追踪多个手指或手掌接近、接触及滑动等动作。通过对手指原始动作的识别，进而可以将输入、指示、滚动、3D处理等操作集成于一个通用的计算机输入设备中。

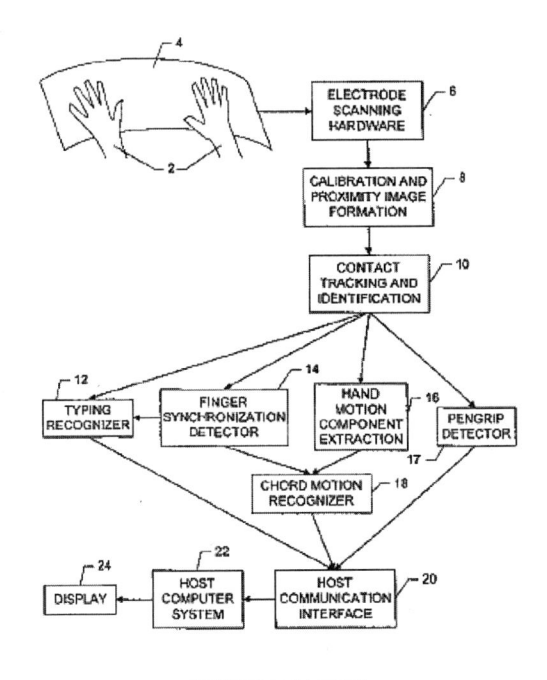

US6323846的示意图

之后，FingerWorks公司又以这两项申请作为优先权，申请了PCT国际申请WO9938149，进入了欧洲、日本、韩国、澳大利亚等国家和地区，衍生出71个同族专利申请。

也许乔布斯当年正是看中了FingerWorks这项核心技术，毅然于2005年收购了FingerWorks公司，并把韦恩·维斯特曼和约翰·伊莱亚斯一同拉入苹果公司的阵营。

可以说，收购FingerWorks公司是苹果公司成功研发出划时代手机产品iPhone手机的成功基石之一。只有拥有这项核心技术，乔布斯才能在研发智能手机时抛弃固定的键盘，才可以得到iPhone如今赏心悦目的巨大屏幕，摆脱键盘的束缚，仅用"手指"解决屏幕上的一切问题。

现今，苹果公司仍然在继续研究如何通过触控技术改进现有的输入方式。他们意识到触控技术虽然方便，但相对于传统的键盘来讲缺少了来自键盘的手指触感。

为了解决这一技术，苹果公司还在尝试创造一种传统与触控键盘的"混血"产品，先后于2008年12月12日和2009年7月8日提出了美国专利申请12/334320和

12/499351，这种具有触感的键盘通过安放于键盘四周的小型感应摄像头来实现，即时跟踪使用者在键盘上的手指动作，还能在打字模式和鼠标模式之间切换。而这项技术的第一发明人仍然是原FingerWorks的约翰·伊莱亚斯！

对于苹果公司来说，FingerWorks真是一颗钻石，很小，但价值连城。

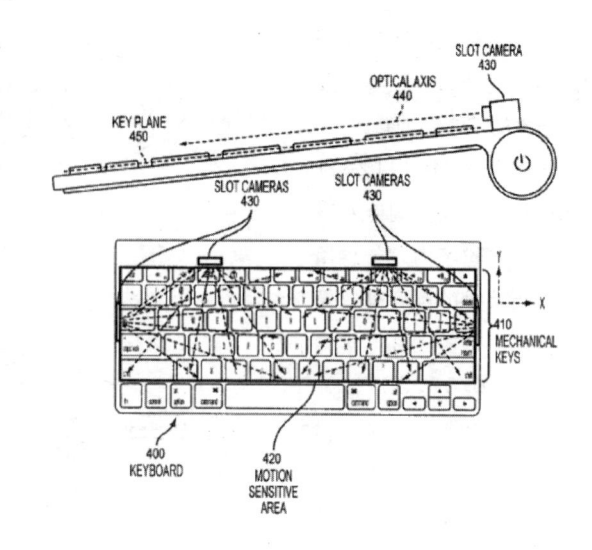

与触控技术结合的键盘

惊鸿一舞

2007年1月9日，乔布斯在MacWorld上向世人推出了苹果公司的新产品——iPhone，自此掀开了智能手机时代的新篇章。

在发布会上乔布斯告诉与会者，苹果公司打算发布3款跨时代的产品：一部有触摸控制的宽屏iPod，一部具有革命意义的手机，以及一个具有突破性的互联网通信设备。

随后，他重复着"an iPod, a Phone, an Internet Communicator"，打断大家的欢呼声继续说"这不是三款不同的装置，这是一款装置，我们可以叫它：iPhone"。

iPhone

就此，乔布斯带领着苹果公司重新定义了手机的功能。

同年6月29日，iPhone在美国上市，一改用键盘的输入习惯，引入多点触控显示屏。

用户只需要通过手指即可控制iPhone，上到九十九，下到刚会走，只要手指头还能动，就能在iPhone的触摸屏上随意操作。

从iPhone 3到iPhone 4再到iPhone 4S，一次次的新品上市，外观设计、显示技术、电池续航能力等都在消费者的评头论足中得到升级和优化。

iPhone无疑是非常伟大的跨时代产品，将手机通话功能、可触摸MP3、互联网功能完美地融于一体，甚至有人打出"无所不能的iPhone"这样的口号。

需要补充的一点是，在iPhone的研制过程中，乔布斯实际上设立了两个小组，一个小组研制本书前面提到的采用iPod上的经典转盘拨号的手机，另一个小组研制采用多点触控技术输入的手机，乔布斯最终选择了后者，放弃了前者。

苹果公司的iPhone风云动天下，多点触控技术很快成为智能手机的标配，就连竞争对手谷歌和微软发布的智能手机也无一例外地采用了多点触控技术，但这一切似乎都在乔布斯的掌控之中。

2007年前，直板手机、翻盖手机、滑盖手机不一而足，而短短5年后，这些手机成为一个模子刻出来的直板手机，并且全部取消了键盘，换成主打互动体验的触控操作模式，就像是iPhone兄弟姐妹。

以谷歌、三星为主的Android阵营，更是深知多点触控技术对于智能手机而言有多重要。2010年，谷歌发布的第一款自主品牌手机Nexus One时就加入了多点触控技术。这难免让乔布斯震怒。并且为了避开苹果公司的专利布局，谷歌还不惜重金收购了3D多点触控公司BumpTop，将其多点触控相关专利技术一并收入囊中。

诺基亚 Lumia 800

根据最新资料显示，2012年微软与诺基亚牵手，共同推出了Nokia Lumia 800智能手机，希望借此可以东山再起。

在这场多点触控的技术战中，苹果公司是否能一直处于王者地位，让我们拭目以待。

开机和关机

在多点触控技术的基础上，乔布斯带领他的团队研发出很多方便用户的应用程序。其中滑动解锁是最具苹果公司特色的应用之一。

中国的锁

"设计不仅体现在产品的外观和感觉，还要看产品是如何使用的。"

乔布斯高度关注产品的细节以及给用户带来的体验，就连手机解锁这样细小的动作也不放过。

在乔布斯看来，手机智能化之后，功能大大增强，除了传统的电话和短信功能外，上网、收邮件、备忘录、游戏、听歌等等无所不能，真正成为人们工作的帮手，休闲的伴侣。能够具有如此大的本事，在小小屏幕后面必然隐藏着用户大量的隐私信息。小小屏幕就像家一样是用户的私人领地，它就是用户的心灵家园。

中国传统木门闩锁
图片来源：http://91gs.com.nu/uploadfile/2012/0522/20120522094526138.jpg。

家，是需要上锁的，上了锁还得能够方便地解锁。

为避免误操作或非授权用户使用手机，传统手机采用物理按键解锁（比如采用*和#同时按压解锁或长按或连按特定键解锁）或密码解锁，iPhone采用触摸屏自然不能采用毫无新意的按键解锁方式，而传统的密码解锁方式虽然可行，但增加用户记忆密码的恼人事，更为关键的是它也不够新颖，尤其是不能给人酷的感觉。

用户的家，需要上锁和解锁，乔布斯带领的团队苦苦寻找着如何更简单、更安全、更酷地打开用户的家门——屏幕。终于有一天，他的设计团队看到中国一直使用了数千年的传统木门闩锁时，乔布

iPhone的滑动解锁

斯式的联想和借鉴再次神奇地发挥了作用：滑动门闩、打开家门。

滑动门闩、打开家门。对，就这么简单，这就是乔布斯一直追求的操作简单、直观且能够给用户提供良好体验的解锁方式。就这样中国已经使用了数千年的传统门锁走进了最为新潮的iPhone。

一个是传统的机械木门，一个是现代化的电子设备，现代设计再次从传统文化中汲取了营养。

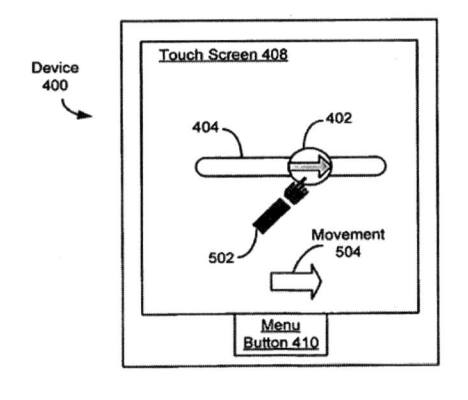

US7657849中的滑动解锁

织一张天网

滑动解锁是乔布斯最中意的技术之一，为此苹果公司先后申请了多项专利。

苹果公司首先于2005年12月23日提出11/322549号申请，其涉及在触敏设备上执行手势而解锁的方法和设备，目前已被授予专利权（US7657849）。并且在这一技术分支上苹果公司还先后提交了3份专利申请，这些案件有的已经授权，有的还在审查过程中。

除了发明专利外，2010年8月，苹果公司关于滑动解锁的界面专利D621848也被授予专利权。

从这层层设防的专利网，就可以看出苹果公司对滑动解锁这个技术的重视程度。

乔布斯还以第一发明人，申请了一件涉及在移动电子设备上通过滑动操作进行关机操作的申请，申请号为11/770722。这一申请在公开文本中共28项方法权利要求，共分为两大类。第一类为权利要求1～9和权利要求20～25，其用于普通的移动电子设备、通过可视序列的关机方法；第二类为权利要求10～19和权利要求26～28，其用于具有触摸屏移动电子设备、通过用户手势的关机方法。两大类权利要求之间最大的区别在于所适用的设备并不相同。

在审批过程中，美国专利商标局发出第一次审查意见通知书，引用康柏计算机公司（Compaq）的专利文献US5918059，以不具备新颖性和创造性为由拒绝了所有权利要求。

收到该审查意见通知书后，苹果公司的专利律师在答复时提出US5918059并没有公开持续按压电源开关，并对权利要求进行了澄清性的修改，强调了"按压"（depress）这一动作。在修改的同时，还主动修改出了与原先的方法相对应的产品

从电源键的按压
0.4~0.6秒（接通）
0.4~0.6秒（关断）
效果声音"PEEP"

从电源键的按压
0.6~0.8秒（接通）
0.2~0.4秒（关断）
效果声音"PEEP, PEEP"

索尼公司按压与动画显示相关键解锁方式

权利要求，例如主题名称为可移动电子装置、计算机存储介质。

然而，美国专利商标局的审查员并没有直接接受苹果公司的专利律师的观点，继续寻找相关对比文件，搜索到了索尼公司于1996年申请的一篇专利文献US5889509，并发出驳回决定。

索尼公司的这篇专利文献明确记载了通过按压与动画显示相关的键这一动作触发设备的启动。

在该驳回通知书中，美国专利商标局认为用于普通移动电子设备、通过可视序列关机的相关权利要求均不具备新颖性/创造性，而认可了用于触摸屏移动电子设备的第二大类权利要求。之后，苹果公司配合审查员指出的问题，删除了第一类用于普通移动电子设备的所有权利要求。

从以上的审批过程可以看出，苹果公司的专利律师们可以说是深谙专利申请之道。

首先，在撰写原始申请文本时分层次地写出了多组权利要求。对于在普通移动设备上通过可视序列关机的方法，大概苹果公司也心知肚明这并不是他们自己的创新，他们的创新点更多的是在触摸屏手机上的用户手势。但是，为了获得更大的保护范围，他们通常撰写出多个独立权利要求和多个从属权利要求，其中独立权利要求往往要求保护很大的范围，甚至可能包含属于现有技术的方案，之后将其真实的创新点置于从属权利要求中进一步限定出不同的较小保护范围。这样，在专利审查员查的过程中，苹果公司就可以根据审查员所掌握的现有技术情况选择最大的保护范围。

其次，原始的权利要求全部为方法权利要求，但是众所周知，方法专利权在保护过程中往往会面临取证困难，甚至诉讼对象难以确定的尴尬处境。为了顺应计算机技术的快速发展，各个国家正在逐步放开关于计算机程序产品的保护，美国专利商标局也是走在最前面的机构。因而，苹果公司在修改权利要求书时，直接加入了与方法相应的可移动电子装置和计算机存储介质。对于这样的撰写形式的权利要求，各个国家接受的尺度并不相同，解释出来的保护范围可能也略有差异，然而在提出操作方法的同时，关注将计算机操作方法转化为产品权利要求来寻求专利保护，也是一个明智的申请策略。

都会解锁

US8127254中的示意图

苹果公司已经和诺基亚、谷歌、三星等公司就专利问题交锋多次,专利大战将愈演愈烈。苹果公司不会放弃滑动解锁的大好机会,但这也是一场十分艰辛的战争,也许最终却没人能赢得最后胜利。

★诺基亚的滑动解锁

尽管一提到滑动解锁,大家都会不由自主地想到苹果公司,想到教主乔布斯,然而苹果公司并不是唯一一家拥有滑动解锁专利的公司。

世界著名的手机制造厂商诺基亚也同样拥有滑动解锁专利。近日,诺基亚获批了一项新的解锁专利US8127254,该专利于2007年6月29日提出,与第一代iPhone推出的时间相差无几,但与苹果公司的滑动解锁并不相同。

这个专利手机屏幕上至少有一个应用程序图标,还有一个解锁图标,用户移动屏幕上显示的解锁图标到任何一个应用程序图标,图标会放大并最终覆盖应用程序图标,此后用户进一步滑动到解锁区域,屏幕会自动解锁并启动选定的应用程序。通过这种操作不仅能够容易地解锁设备,还可以直接进入用户期望的应用程序,非常便捷。

★谷歌的滑动解锁

非常有意思的是,谷歌近期关于滑动解锁的专利与诺基亚的专利非常相似。

谷歌于2010年8月6日申请了一件与滑动解锁相关的国际专利申请WO2012018689。

谷歌的新方法是用户拖起一个应用程序并将之放置在屏幕的其他区域,例如拖起邮箱图

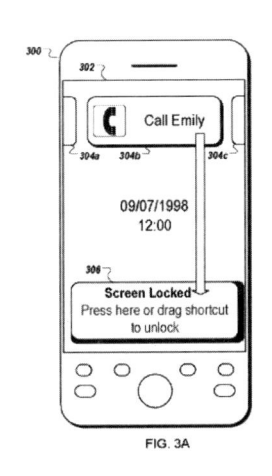

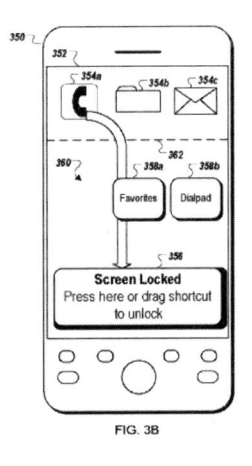

WO2012018689中的示意图

标，然后放在另一个图标之上，让已上锁的装置在解锁的同时执行特定程序，如发送邮件的程序。可以看出谷歌和诺基亚避开苹果公司的滑动解锁的思路颇有一点异曲同工之妙。

在谷歌的这项PCT专利申请WO2012018689的国际检索报告中，引用了一篇破坏其新颖性/创造性的专利文献US20100146437。无巧不成书，这篇专利属于微软公司。并且近日诺基亚与微软公司联合，计划在未来几年内过渡到Windows Phone产品。可以说，在滑动解锁的专利战争中，各个公司都在试图寻找新的功能来替代，然而到底花落谁家，目前看来还真是扑朔迷离。

★Neonode的滑动解锁

在苹果、三星等大公司闹得不可开交的时候，一家瑞典公司忽然跑了出来，宣布自己拥有滑动解锁的专利。

这家名为Neonode的瑞典公司称自己拥有水平方向的滑动解锁专利。该公司知识产权主管Yossi Shain称索尼和巴诺书店等厂家已经得到了公司的授权。这件专利申请的递交时间为2002年12月10日，2004年6月10日首次公开，2012年1月10日获得专利权

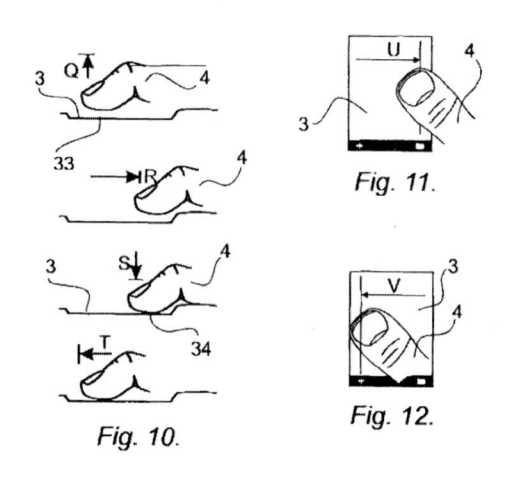

US8095879中的示意图

（US8095879）。这件专利和其他Neonode专利涵盖了几乎所有的滑动解锁手势。该公司正在与苹果公司谈判，希望能与苹果公司达成合作协议。

尽管美国专利商标局已经将滑动解锁技术授予苹果公司，然而在欧洲，荷兰法院却采纳了Neonode公司的专利技术，不认可苹果公司的专利EP1964022的创造性。

从时间上看，相对于苹果公司2005年申请的滑动解锁专利来说，Neonode公司的专利（US8095879）在2004年就首次公开，实际上已构成了前者的现有技术。

专利权的一个重要特点是它是一种预设的权利，且具有地域性。这就是说，虽然专利审查机构就某项技术给你授予了专利权，如果日后又找到相关的现有技术，你又很不低调地四处起诉别人侵犯了你的专利权的话，他人就可以提请相关机构无效你的专利权或者法院直接不认可你的专利权。

以貌取人

作为滑动解锁的替代技术，苹果公司和各厂商都在努力通过生物特征进行操控，并实现手机的解锁或用户切换。

2012年，苹果公司推出了其iOS应用程序RecognizeMe，可以实现脸部验证解锁。并且，苹果公司获得了一项根据前置摄像头来识别用户，然后根据用户的个人喜好自动制定应用、设置和功能。这项专利为入门级的面部识别技术，是一种低计算量、高准确度的用户解决方案。

苹果公司的这一面部识别解决方案还降低了光线条件和生物扭曲对面部识别的影响。该方案也并不是一味对用户的整个面部进行分析，因为这样耗时耗力。他们主要对人脸较明显的部位进行分析，其中包括眼睛、嘴、鼻尖等，称为"高信息部位"。

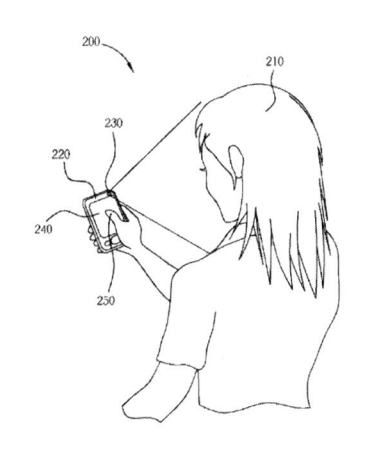

一旦识别出人脸，它会允许用户访问设备，并基于用户资料进行定制，每位用户都有一张个性化的设置列表。

无独有偶，HTC公司也对生物信息进行操作非常感兴趣，于2008年11月申请了一项关于面部解锁的发明专利，并于2012年4月获得该专利权（US8149089）。该专利是通过生物特征信息解锁已经锁定的移动设备，其中生物信息可以是人脸的图像，也可以是指纹，如果脸部识别失败则允许用户以密码方式开锁，如果用户输入密码正确则会进一步把新的人脸图像存储起来。

US8149089中的示意图

指尖上的舞蹈

iPhone的成功得益于强大的硬件性能和庞大的软件支持,乔布斯在iPhone的系统中灌注了很多引以为傲的创意和实用兼得的人性化设计。这些人性化设计创意往往低调而周到,让你不经意间发现原来iPhone还可以这样用。

手指上的操作是乔布斯创新的集中点。他曾申请过一件发明专利(US7479949),其同族就有248个,包括了多点触控的核心技术。

魔镜魔镜

乔布斯将iPhone定位为一款能够访问互联网的智能手机,如何解决方便输入文本这一问题就变得非常重要。

快捷方便地输入文本不仅需要一个布置合理的键盘,还需要能够准确进行定位。

普通计算机在输入时可以通过鼠标定位,也可以通过键盘上"上下左右"4个方向键进行快速定位。然而iPhone没有鼠标,也没有方向键。

普通手机在输入时可以通过导航按钮定位,然而iPhone只有一个Home键,除此以外就是一个硕大的触摸屏。

触摸屏手机在输入时可以通过触摸笔来定位,然而乔布斯却反问:"谁需要触摸笔?"

CN101861562中的示意图

iPhone没有鼠标,没有方向键,没有导航按钮,没有触摸笔!乔布斯只给用户留下了一个解决定位问题的工具——手指。

然而相比较手机页面中的输入文本框,再纤细的手指恐怕都想去瘦瘦身。怎么才能让手指准确实现定位呢?

与其让手指去适应屏幕,不如让屏幕来适应手指。

iPhone刚刚面市的时候,大家都发现里面出现了一个之前都没用看过、用过的小功能——放大镜。在用户打字的过程中,如果出现误操作需要修改时,只要选中一段话长按住屏幕，屏幕上就会跳出来个放大镜，让小小的文本框在放大镜的作用下刚好可以用手指准确定位，一切都变得如此简单！

与魔镜相关的操作还有，如果手指移动到要定位的地方后一松手，屏幕就会蹦出一个选择框，可以进行"选择"、"全选"或者"粘贴"。让手机中的编辑工作不再那么复杂和繁琐。

当然，和绝大多数电子产品一样，iPhone的复制、剪切和粘贴功能可以在各个应用程序之间使用，比如从Safari的网页复制的文字粘贴到备忘录或者E-mail。

滑一滑

手机的显示屏既要展示数据内容，还要响应用户动作或行为。越来越多的功能需求和越来越紧凑的电子设备布局给手机设计厂商提出了一个又一个难题。

为了解决这一问题，有些手机增加了更多更密的按钮功能，或者利用复杂菜单系统，这就要求用户必须记住复杂的按键顺序和菜单层级结构。

并且传统用户界面往往受到按键等限制，缺乏直观和可靠的界面不够灵活，很容易造成用户意外删除短信、邮件等，用户体验往往令人沮丧。

为了提供一个直观透明，易于使用和改装的删除项目界面，乔布斯的团队提出了一种在便携式设备上的删除姿势，毋需开启邮件或者短信的编辑模式，只需要在邮件或者短信上面滑动一下，删除按钮就会自动呈现，点击一下即可删除相应的邮件或者短信，摆脱了传统的触控操作方式，使用起来非常简单。

针对这一发明，苹果公司于2006年9月6日提交了一份"便携式多功能设备上的删除姿态"（Deletion Gestures on a Portable Multifunction Device）的临时专利申请。2011年4月26日，美国专利商标局授予了苹果公司在移动设备上滑动编辑列表操作的专利US7934156，中国国家知识产权局也于2011年7月27日授予其专利权。

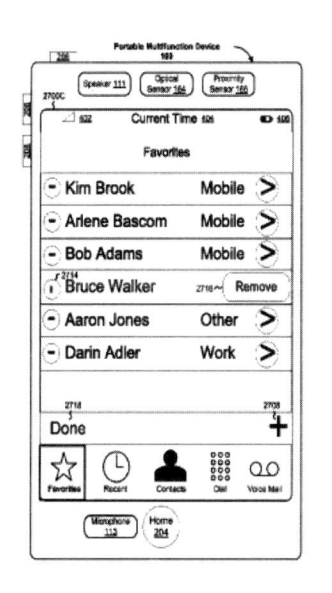

US7934156中的示意图

也许以后这个简单的操作或许只能在苹果公司的产品或部分授权设备上看到了。从某种程度上看，苹果公司拿下这一重要专利，会限制Android设备的发挥，提高开源系统的成本。

虽然在美国和中国的审批过程还算一帆风顺，然而这件申请在欧洲的审批却并不乐观。US7934156的欧洲同族EP2069899在审批中却遇到了一些麻烦。

欧洲专利局认为目前申请保护的内容包括显示待删除列表，用户进行选择及删除列表中的项目，这些操作都是公知的，将其组合在一起也没有产生预料不到的协同效果，因而不认同这个申请的创造性。

在滑动操作的应用方面，苹果公司还申请了另一件与滑动操作相关的专利。

由于移动设备的显示界面一般都不大，现有的界面要求用户遍历菜单的复杂树形结构，例如查找联系人、查找应用程序，都很麻烦。为此，乔布斯等提出了"具有浮动的邻近索引符号的滚动列表"，这一申请目前已经获得美国专利权，专利号为US7958456。在该方案中，确定触摸屏与用户接触点之间的滑动，并响应该滑动滚动显示信息箱列表。

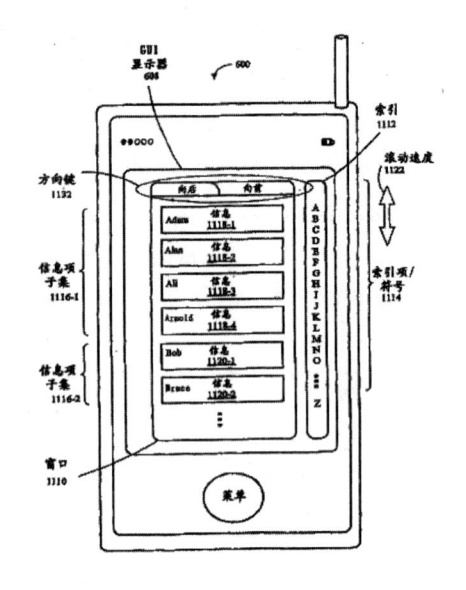

US7958456中的示意图

苹果公司就这一技术还申请了国际专利申请（WO2007076226），并借助于该国际申请进入欧洲、日本、韩国、中国、澳大利亚等多个国家和地区。然而，到目前为止，这项技术除了在澳大利亚和韩国获得了专利权之外，在其他国家都没有获得专利权。

该发明在进入中国后（中国申请号为2006800527780），在实审阶段被审查员以其不具备创造性为由于2010年8月驳回，苹果公司不服该驳回决定继而提交了复审请求。在该案被驳回后，苹果公司又以被驳回案件作为母案提交分案申请2010105161603。该分案申请在实质审查阶段，审查员认为其相对于美国专利文献US20050210403中所记载的现有技术不具备创造性，苹果公司在收到通知书后未进一步答复而被视为撤回。

US20050210403中的滚动列表

转一转

iPhone中一个很炫的功能是屏幕可以随手机的方向自动旋转,这样我们就不再需要拧着脖子费劲地看照片或网页了,在用户输入时也可以变成横向键盘,更适合双手输入。

如果连按两次Home键,呼出后台程序菜单,然后用手指向右滑动,在滑出的菜单的最左边一项就是锁定屏幕功能,使用这个功能可以使iPhone的屏幕不再自动旋转。

横屏和竖屏之间的自动转换是依靠重力感应技术实现的,其利用压电效应来判断水平方向。

这个极具人性化的功能看起来是不是很熟悉呢?当然,在很多数码相机中都支持横竖屏的自动转换。

乔布斯在iPod中就引入了重力感应,摇摆一下就能自动换到下一首歌曲。这个功能在iPod中看似可有可无,却成为iPod身份的象征,是iPod的一大卖点!

在iPhone中,乔布斯又故技重施,首次将重力感应技术应用于手机。

iPhone所采用的重力感应器是三轴加速计,可以分为X轴、Y轴和Z轴,构建立体空间,识别iPhone的各种动作。

这种多维感应的应用不仅限于屏幕显示自动旋转,还使得很多新的互动式游戏和应用成为可能。例如赛车游戏,我们不再需要上下左右的控制,只需要抱着手机跟着赛道的变化左右摇摆,和握着方向盘开车几乎没什么两样!

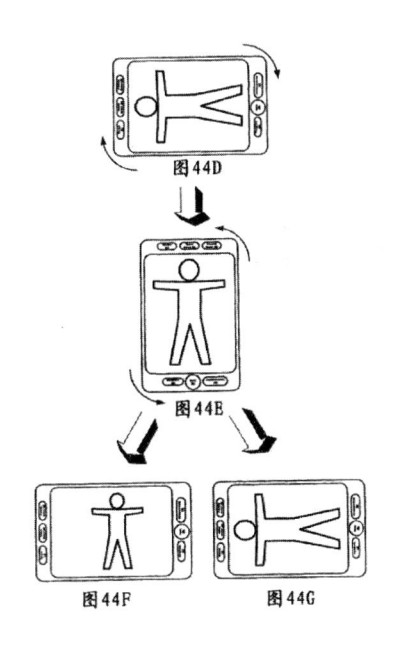

图44D

图44E

图44F   图44G

CN101861562中的示意图

摇一摇

如何改进输入方法一直是乔布斯感兴趣的问题,甚至是在"撤销"操作这样的细节上。

在Windows操作系统中,我们输入了错误的字符时,可以依靠键盘上的Delete键,如果想撤销上一操作,最方便的方式是Ctrl+Z。而这些都离不开输入装备——键盘。

在键盘手机时代，删除错误的字符，可以使用退键"C"。而这也离不开输入设备——键盘。

iPhone只有多点触控式的模拟键盘，难道输入错误后只能再次调出软件盘进行修改吗？

不！乔布斯绝不允许用户去委屈地适应机器，而是想尽办法让机器变得越来越聪明。

生活中，我们要拒绝一件事情最本能的反映是什么？一般人会摇摇手，连连说"No，No，No！"

而在iPhone中如果我们想要撤销一个操作也只需要对手机"摇摇手"。

无论iPhone上的任何应用，如果用户正在输入，都可以使用"Shake to undo"功能，即来回摇晃iPhone以撤销已输入的文字。如果希望刚刚被撤销的文字重新回来，只需再晃动晃动iPhone。

如果原来已经写好的文字，在原来的基础上又输入了新的文字，此时晃动iPhone，进行的是重做，即把文字恢复到你新开始写的状态，原来的文字会保留。

Shake to undo操作界面

当我们在书本上写错字我们的第一反应是什么？轻轻划一道，表示删除！

是的！这个小的细节也被用到了iPhone上。当使用计算器的时候，如果本来想输入3，却错误地输入6，只需要在数字显示区域用手指或左或右划一下，就可以轻易地撤销操作，根本不需要点击取消重来。

按一按

随着电子设备的发展,传统印刷地图正逐步被拥有电子地图的设备所取得,越来越多的手机可以运行地图查找和导航应用等功能,iPhone也不例外。

乔布斯在iPhone的发布会上调皮地玩了一个恶作剧,直接在iPhone的地图中搜索Starbucks咖啡店,并直接拨给咖啡店的服务员,搞得服务员一头雾水。

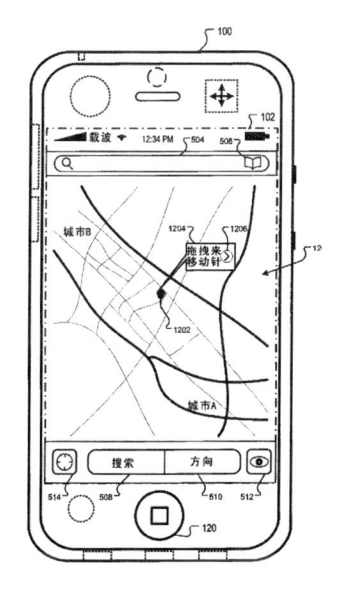

US7479949中的电子地图

CN101965500中的电子地图

可以看到iPhone手机的地图上每个可点击气球表示该区域中的一个店铺,响应于用户选择的箭头图标,可以直接获得所选Starbucks店铺的更多信息,包括电话、地址等(US7479949)。

用户选择的电话呼叫图标可以发起对这个店铺的电话呼叫。

在iPhone的地图中,可以在地图的任何位置上按住不放,来放置一个大头针作为地理位置标记。这样方便寻找地址、获取线路图,或查看该地区的街景图(CN101965500)。

这就是乔布斯,在每一个应用细节中都能给人们带来惊喜。

收缩自如

除了编辑的文本输入外,乔布斯当然也不会忽略对于图片和页面的操作。

在计算机中查看一下地图,想放缩图片需要用转动滚轮,相应于滚轮操作图片会相应地放大、缩小。如果想换个地方看看,估计还要先配合键盘上的"上下左右"键。这些复杂的操作往往让人头晕眼花。

乔布斯他们如何解决这个棘手的问题？自然，还是"手指"！

在苹果公司的世界里，手指是万能的，是一切难题的突破口！

iPhone可以自动检测两个手指之间距离的变化，进而放大或者缩小地图上的图片；还可以计算出两个手指之间的旋转，是图片也旋转相应的角度；甚至当手指扫过屏幕时，图片还会跟着手指的轨迹悄悄划走。

这些操作看起来都那么顺理成章，几乎都是看图片时最本能的操作，就连幼儿园的小朋友也能很快学会。

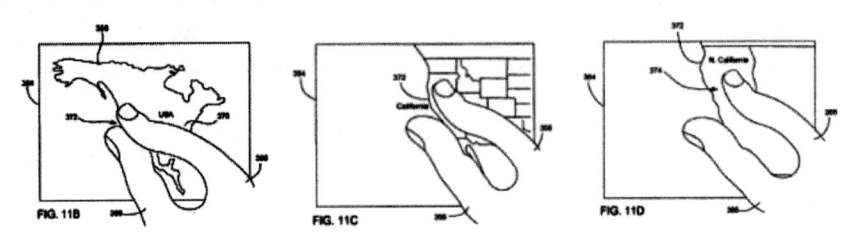

US20060026521中利用手指收缩放大图片

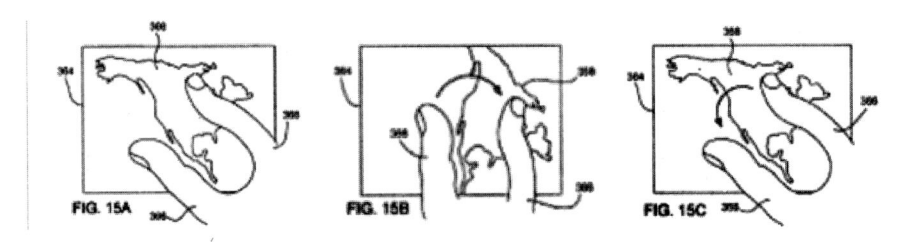

US20060026521中利用手指运动旋转图片

生动的图片操作，极佳的用户体验。这正是苹果公司的风格，也是乔布斯所追求的品质。针对用于触摸屏输入设备的手势，苹果公司申请了多项专利申请，其中最具代表性的包括一份2004年7月提出的美国专利申请10/903964。

该申请试图保护上面这些缩放、旋转手势动作。在第一次审查意见通知书中，审查员搬出了FingerWorks公司约翰·伊莱亚斯和韦恩·维斯特曼曾经申请的专利文献US6323846。这篇文献公开了多点触控技术的核心，也是当年乔布斯收购FingerWorks的原因之一。

看到专利审查员搬出了自家的文献，还是多点触控技术技术的核心文献，苹果公司只好删除

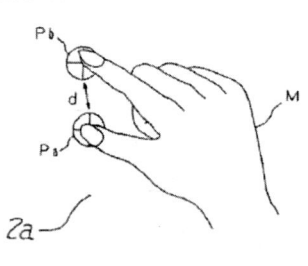

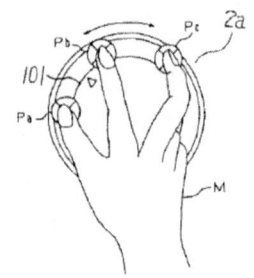

US20030071858中的示意图

了关于缩放、旋转及扫视等几十项与手势动作相关权利要求。

即便如此,苹果公司还是没有放弃这项专利。继续在原始申请文件的基础上进行修改,保留了与手势输入相关的权利要求。此外还新增了12项权利要求,其主要涉及在触控设备上操作GUI对象的方法。

美国专利商标局仍然没有同意授予其专利权。又依次引用了理光公司的专利文献US20030071858和罗技公司的US5825352。

针对这些文献是否可以破坏苹果公司的申请的新颖性和创造性,美国专利商标局和苹果公司展开了为期数年的拉锯战。分别于2008年12月、2010年6月和2012年3月作出驳回决定。

而苹果公司也是百折不挠,尽管这些文献看起来都与苹果公司请求保护的"输入手势"非常相似,但是每次驳回后苹果公司都会毅然请求恢复。

目前这一案件的审查还未结束,不知道苹果公司能否像其他申请案一样笑到最后。

固执的坚持

设计就这么简洁

"少即是多"是一位著名设计大师的设计哲学，因为一切装饰都要立足于实用，与实用无关的装饰都是多余的。在iPhone的设计中，乔布斯彻彻底底地贯彻了这一理念，给用户最简单的体验。

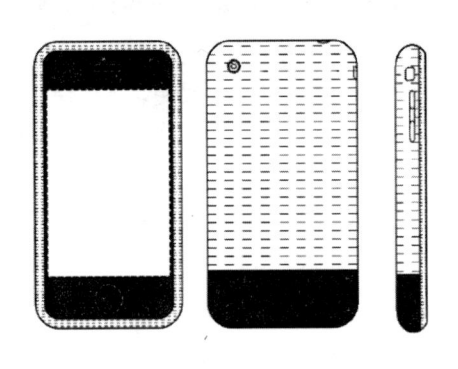

苹果公司每年都推出若干款音乐播放器，最起码包括iPod、iPod Nano、iPod shuffle、iPod touch。但是每年推出的iPhone只有一款，所以用户的选择起来就很简单，要么用iPhone，要么不用iPhone。结果很符合乔布斯的预期，每当iPhone发售的时候，消费者往往会排起长队。

USD558758中的iPhone

很多电子产品都是五彩缤纷的，例如iPod Nano最多的时候有9种颜色，超级可爱。但是iPhone不仅只有一个Home按键，颜色也少得可怜，历代iPhone无一例外的只有两种很有张力的颜色——"黑"与"白"。如果出席晚宴等活动不知道如何穿衣，一般来说黑色或白色绝不会出错。恐怕这也是乔布斯推行黑白极简的原因，黑白两色迎合了大众口味，极简却能够左右时尚。在乔布斯的概念里，iPhone已经不单是手机，更是时尚的风向标了。

再看一下iPhone的外观设计。

第一代iPhone拥有3.5寸触摸控制屏幕，整个屏幕一直延伸到机身边缘，与薄薄的金属边框相连接，屏幕下方是机身正面仅有的简单圆形Home键。

在iPhone发布之前，

USD627778中的iPhone 4

乔布斯于2007年1月5日提交了外观设计专利申请，并于2008年1月1日获得该专利权（专利号USD558758）。

随后，iPhone的外观并没有太大变化，只是在原有的基础上进行细微的改变。直至iPhone 4才进行过一次重大改变。iPhone 4一改原有的温润圆滑风格，采用了较为硬朗的设计，其框架更有棱角。

除此之外，iPhone 4的按键风格也是全新设计。iPhone 4的前后面板都采用了特殊的钢化玻璃，是塑料坚硬程度的30倍，所以非常耐划。

iPhone 4S在iPhone 4的基础上就配置和性能进行了一定的提升，然而其外观仍然沿袭了iPhone 4的设计，这与很多用户的期望相差很大，也让不少人质疑后乔布斯时代苹果公司的创新能力。

然而，面对简洁经典的iPhone 4，不少设计师称作出不同的是非常容易的，然而做得更好却绝非易事。

屏幕就这么大

智能手机的核心部件是屏幕，iPhone也不例外。那iPhone的屏幕应该是多大呢？看看实际的产品就知道了。

2007年的iPhone，屏幕是3.5英寸。

2008年的iPhone 3G，屏幕是3.5英寸。

2009年的iPhone 3GS，屏幕是3.5英寸。

2010年的iPhone 4，屏幕是3.5英寸。

2011年的iPhone 4S，屏幕还是3.5英寸。

技术发展了整整5年，iPhone的屏幕还没有丝毫改变的意思。因为乔布斯坚持认为3.5英寸的屏幕是最合适的。

小于3.5英寸的屏幕，会影响智能手机的视觉效果，最起码大部分人观看视频的时候会不舒服。

大于3.5英寸的屏幕，会让智能手机的个头过大，最起码大部分人单手无法握住手机打电话，而且直接放到口袋里面也不方便。

所以，iPhone的屏幕只能是3.5英寸，不能更大，也不能更小。

除了苹果公司外，其他公司并不纠结屏幕的大小。

三星公司就认为用户的手有大有小，大手用大屏幕手机，小手用小屏幕手机。所以，三星拥有13款智能手机，最小的屏幕是2.8英寸（Replenish），最大的屏幕是5.3英寸（Galaxy Note）。

5.3英寸的屏幕比3.5英寸屏幕大很多，但三星似乎从不担心5.3英寸的手机单手拿不住，最起码姚明能方便地使用。

除了iPhone，乔布斯还坚持iPad的屏幕是10英寸，他说："用户能不能准确触控屏幕的元素有着很清晰的界限，我们相信10英寸的屏幕是最小值。"所以，iPad 1、iPad 2和New iPad都是10英寸。

稍微科普一下，计算机的屏幕本身是个长宽比固定（例如4∶3）的长方形，屏幕尺寸就是长方形的对角线长度。所以，10英寸的意思是从左上角到右下角的距离是10英寸，7英寸的意思是左上角到右下角的距离是7英寸。根据初中几何的知识，屏幕的面积比是对角线长度比的平方，所以7英寸的屏幕面积是10英寸屏幕面积的49%，而不是很多人理解的70%。

三星Galaxy Note和iPhone

在正因为7英寸的屏幕比10英寸小太多，所以乔布斯也非常坚决地反对使用7英寸的屏幕。

但乔布斯去世后，风传苹果公司却准备发布4英寸的iPhone 5和7.85英寸的iPad mini，不知道乔布斯会不会死不瞑目。

iPad mini 和 iPad

卡就这么小

为了节省设计空间，苹果公司推出了新的SIM卡标准。

几乎所有的手机制造商从未想过要改变SIM卡的标准，因为这就是国际通用的，采用新的标准要有运营商的支持，也对消费者提出了挑战。所以很长时间以来，SIM卡的大小都是15毫米×25毫米。

乔布斯却总是不走寻常路，就连行业标准也要试着突破，试图推出更小的迷你SIM卡，为电路设计留有略微大一点空间。并且，迷你SIM卡也不像普通SIM卡一样需要铁片固定，试想一下如果按照普通SIM卡的大小，仅靠一个没有额外固定装置的插槽又如何能够能牢牢地嵌入机身？所以，Apple的SIM卡只有12毫米×15毫米。

为了能够用上iPhone，很多人主动剪小了自己的SIM卡。甚至中国移动和中国联通的营业厅内还专门有"剪卡"业务。

迷你SIM卡

普通SIM卡

电池就不能换

为了整体美观，iPhone选择了电池一体机身。机身采用了圆滑的金属边框，厚11.6毫米。整个手机完全密封，无法打开，也不能更换电池。

iPhone自诞生之日起就标榜着无法更换电池，这无疑引来无数诟病。手机没电了，只能等着充电；电池坏了，只能购买一台新手机。这让很多消费者望而却步。

然而这正是乔布斯所追求的完美。只有一体成型的机身才能做到如此严丝合缝，很难想象一个允许用户随时开启的机壳能够像iPhone这样美丽精致。当然，这种完全封闭的机身设计也体现了乔布斯强烈的控制欲，他不允许其他人更改他的作品，一切内部问题都由苹果公司负责，任何人都不要"横加干预"！

天线就是边框

iPhone 4的厚度仅有9.3毫米，相对于iPhone 3GS 12.3毫米的厚度，变薄了24%。iPhone 4之所以能做到如此轻薄，其中一个至关重要的设计是iPhone 4独具匠心地将手机的天线和边框整合在一起，侧边的不锈钢框架天线分为两段，充当两个天线。由于将天线与边框设计在了一起，导致如果握机姿势不规范就会干扰到信号，使信号在短时间内"瞎掉"，可以说这是iPhone 4的一个重大设计失误。

为了简约轻薄，苹果公司不惜付出了"天线门"的代价！

Flash就是要封杀

众所周知，乔布斯一贯非常讨厌Flash。2007年iPhone上市后，大家发现iPhone与流行的Adobe Flash播放器并不兼容。当时的Flash技术已经非常普及，几乎全球主要手机厂商都从Adobe公司获得了授权，用于其移动设备。

Adobe公司当然也很希望iPhone能够使用Flash，以此能从iPhone的热卖从中大赚一笔。然而乔布斯却迟迟不做表态。

直至2008年3月，乔布斯公开表示，Flash技术并不适合iPhone，这无疑给Adobe公司泼了一盆冷水。

苹果公司出台的iPhone软件开发规则中，明确表明所有的应用程序应当在iPhone操作系统上运行，而不允许使用中间件软件。因而，Adobe公司针对iPhone平台开发的中间件软件也被无情地封杀了。这款软件将被禁止使用，这无疑扼杀了Adobe公司的Flash软件在iPhone上运行的可能性，使得苹果公司与Adobe的关系再度恶化。

当苹果公司与Adobe公司关于Flash技术的纷争日益升级时，乔布斯于2010年4月发表了一封类似公开信的声明，阐述了他对Flash技术的思考，一一列举了Flash技术的N大"罪过"。

首先，Flash技术不是真正的开放，其完全受Adobe公司控制，相比之下Html5才是真正的开放协议。乔布斯竟然以"不开放"为由拒绝Flash技术，听起来是不是有些滑稽呢？

其次，乔布斯搬出了H.264技术和当时App Store中5万个游戏娱乐程序，摆出一副并不是"非你不可"的架势。

再次，乔布斯又陈述了Flash技术对于安全性、可靠性，列举了黑屏、死机、电池续航能力差等不佳表现。并认为Flash技术是为了计算机和鼠标而设计的，而不是手指控制的触摸屏，苹果公司引领的潮流是不可逆转的。

最后，也是最重要的理由，苹果公司是图形操作的鼻祖，不希望中介平台禁锢开发者。

乔布斯在这场技术纠葛中，显示出了他强硬的一面，甚至让人感觉到了过强的控制欲。在这场战争中，乔布斯占据了更大的主动权。直至2011年年底，Adobe宣布停止为移动浏览器开发Flash Player，这意味着以后各大网络都不再使用Flash工具开发视频、应用程序等，将损害到Adobe公司网站开发工具的收益。实际上，这也表明了Adobe公司承认了在Flash技术这一分歧上输给了乔布斯，在网络标准的竞争中打了个败仗。

卖程序啦

敞开大门

　　iPhone研发时期，乔布斯就秉承掌控一切的原则，希望iPhone中的一切都是苹果公司创造。所以iPhone才有了亮丽的外形，友好的GUI和强大的iOS。但因为乔布斯拒绝苹果公司之外的第三方为iPhone开发软件，所以iPhone上市初期的应用程序很匮乏，没有新浪微博（HD版），没有腾讯QQ（HD版），没有淘宝（HD版），没有豆瓣FM，没有Ficker，没有愤怒的小鸟……

　　总之，iPhone是乔布斯说一不二的地盘，是乔布斯一手描绘的美景。其他人想染指iPhone，难！

　　然而，人的思想是会发生变化的，即使最顽固的乔布斯也一样。

　　随着iPhone的高调发布和强势推出，乔布斯越来越认同依靠外部资源来拓展iPhone内的应用，并找到了3个说服自己的理由。

　　首先，iPhone的软/硬件配置都很先进，足以运行很多很多的应用程序，而苹果公司一家的精力毕竟有限，没时间开发。

　　其次，iMac、iPod和iPhone都允许用户听音乐，可是音乐并不是苹果公司创作的，是歌手和乐队创作的。既然苹果公司能允许非Apple的音乐，为什么不能允许非Apple的应用程序呢？

　　最后，iTunes Store靠卖音乐成长为全美最大的零售商，给苹果公司带来了滚滚利润。如果再有一个卖应用程序的商店，那孔方兄不得天天陪我乔布斯喝小酒！

　　2008年3月，苹果公司发布了iPhone的应用程序开发包。任何人都能够使用这一开发包为iPhone应用程序，当然还有iPod Touch和iPad。从此，iPhone向全世界敞开了大门。

　　大门是敞开了，但并不意味着谁都可以进入iPhone，应用程序毕竟不同于普通的音乐，万一是个手机病毒呢。苹果公司向门口派遣了强壮的警卫，所有的第三方程序都要通过苹果公司严格的审核和测试，才能拿到进入iPhone的暂住证。

　　为了用户下载方便，乔布斯要求所有的应用程序都放在统一商店中，借鉴iTunes Store的名字，乔布斯把这个商店叫做App Store。App是应用程序的简称，Store是商店，所以App Store就是应用程序商店。

　　2008年7月11日，App Store正式上线。在App Store中，用户可以购买或免费下载iPhone中使用的应用程序。

2008年7月14日，App Store的货架上有了800个应用程序，下载量达到1 000万次；截止到2012年年初，App Store已拥有55万个应用程序，下载量突破25亿次。

App Store成功了！敲开iPhone大门的策略成功了！

看见就知道

App Store大受欢迎，其中的应用程序的数量呈几何级数的增长，但高速发展时候难免泥沙俱下。没过多久，App Store中出现盗版。更为可怕的是，盗版也在呈几何级数的增长。很多有识之士开始质疑苹果公司，不是说有严格的审核机制吗？怎么还会有这么多的盗版呢？

与此同时，很多软件公司发现苹果公司拒绝让自己开发的正版软件走进App Store的货架。这些公司也开始质疑苹果公司，盗版都能去App Store，我们的正版为什么就无法通过审核？App Store到底是谁来审核？审核标准是什么？有没有潜规则？

阳光才是最好的消毒剂。

为了平息各方的质疑，2010年9月，苹果公司发布了官方文件——《App Store审核指南》（*App Store Review Guidelines*）。

该审核指南开篇简明扼要地阐述了苹果公司的要求："如果你想批评一种宗教信仰，可以去写一本书；如果你想描绘性欲或色情，也可以去写一本书，或者写一首歌，或者开发一款医学软件。这可能会有些复杂，但我们还是决定不让特定的内容进入App Store。"

该审核指南的行文颇有乔布斯孤傲的风格，并清楚阐述了苹果公司的观点：特定的内容不会进入App Store。但是，苹果公司并没有阐述哪些内容是特定的，哪些内容不是特定的？特定和不特定之间的界限在哪里？当我开发出一款应用程序时，我怎么知道它是特定的还是不特定的呢？

针对"界限在哪儿？"的问题，苹果公司的回答很强势："界限在哪儿？嗯，最高法院的法官曾经说过'当我看见的时候，我就会知道'。并且我们还以为，当你越过界限的时候其实你自己也知道。"

合着说了和没说一个样呀！

虽然苹果公司一直声称对App Store中应用程序的审核非常严格，但是对于美国以外的地区，尤其是非英语地区，审核面临着极大的困难。所以，苹果公司对这些地区的审核大多采用投诉才处理的方式。也就是说，只有有人告诉苹果公司，你的App Store中某一款应用程序是盗版的，苹果公司才对盗版的应用程序进行处理，通常的处理方式也仅仅是让盗版程序下架。而如果没人举报，盗版也就盗版了。所以，在

App Store中，盗版的违法成本非常低。

正因如此，App Store中存在很多的盗版产品。根据中国作家维权联盟的调查，App Store在未经作家本人许可和同意的情况下，销售了大量盗版作品，例如包括麦家的《暗算》、《风声》，韩寒的《青春》、《他的国》，当年明月的《明朝那些事儿》，陈忠实的《白鹿原》，南派三叔的《盗墓笔记》，等等。

所以，中国作家们多次公开声讨，要求苹果公司一方面停止销售侵权产品，另一方面应该提供非法应用的上传者，并根据中国相关法律对作者进行经济赔偿。

但是，苹果公司的强势是一贯的。根据自己的逻辑，苹果公司一般会在一个月后删除涉及侵权的应用程序，至于其他要求，先放着，待会再说吧。

苹果公司是强势的，作家们也是爷。很快，中国作家维权联盟向法院起诉苹果公司，要求苹果公司为其行为承担相关法律责任。这场诉讼目前仍在进行之中。

苹果公司的　大家的

乔布斯很清楚App Store对于苹果公司的意义，也很清楚知识产权在美国的意义，App Store不能没有知识产权。所以，在App Store发布后一周，苹果公司就向美国专利商标局提出申请，请求拥有"App Store"商标。

但是，苹果公司的举动却不能获得其他公司的认同。

首先站出来的是老朋友微软。微软认为"App Store"就是应用程序商店，应用程序商店就是卖应用程序的商店，这是一种通用说法，不能作为苹果公司的专用商标。如果苹果公司专有"App Store"商标，则可能影响其他公司来描述此类服务。

微软的说法很晦涩，简单解释一下。

例如，佟掌柜开了一家客栈，客栈的名字叫同福客栈。那么佟掌柜可以向商标局提出申请，请求把"同福"二字作为商标。以后其他人再开客栈，就不能叫做"同福"了，这时我们说，佟掌柜获得了"同福"的商标权。

"同福"二字能成为商标，但"客栈"二字却不能成为商标，因为"客栈"是一种通用说法。如果佟掌柜获得"客栈"商标的商标权，就意味着其他客栈都要改名字了。比如，龙门客栈里有"客栈"二字，侵犯佟掌柜的商标权，所以要改为"龙门宾馆"或"龙门大酒店"之类的，这显然不太合理。

微软的主要观点就是App Store这个词就和客栈一样，是通用说法，不能当商标。

继微软之后，老牌手机巨头诺基亚和索爱，新贵HTC，以及电子商务的老大亚马逊都向美国专利商标局提出撤销"App Store"的申请。撤销的理由也没有新意，均是认为"App Store"是通用词汇。

为了支持这一观点，微软公司还找到了一个证据。当年乔布斯严肃批评Android的时候，把Android的软件商城（Hiapk Market）也称为"App Store"。可见，"App Store"不仅仅是苹果公司的专用，也可以用于Android。

微软认为自己的质疑很有道理，但苹果公司认为很没有道理。

苹果公司强调：不能只许州官放火，不许百姓点灯。微软最驰名的商标是用了十多年的"Windows"。Windows就是窗口，是GUI的基本元素，凡是操作系统必然具有窗口。所以，Windows是比App Store更为通用的说法，更具有普遍性。既然Windows能获得商标权，那App Store为什么不能呢？

苹果公司还声明，App Store并没有微软所说的那么普遍，很多公司也采用了其他词语表述这一服务，比如HTC手机中的MarketPlace。而且，如果其他公司希望提供应用程序商店的话，完全可以采用别的词。

在这场诉讼中，双方均聘请语言学家，希望从语言学的高度来为自己辨析。苹果公司聘请到语言学家罗伯特·里奥纳德(Robert Leonard)。他认为："App Store"作为商标是一个适当的词，应该被授予商标权，即使这两个单词分开使用时是普通名词。而微软聘请到语言学家罗纳德·巴特斯(Ronald Butters)，他认为："App Store"是一个普通名词，意指应用程序的商店，它是对事物本身的定义和一般属性的描述，不应该授权商标权。

看来专家也只能如此，还是耐心地等待法官的判决吧！

不过对于普通用户来说，提到App Store首先想到的是苹果公司一款产品呢，还是通用词汇Application Store呢，甚至是Apple Store呢？

第四章

小苹果们

乔布斯用键盘告诉世人什么叫做无微不至的体贴
乔布斯用鼠标告诉世人什么叫做非主流式的叛逆
乔布斯用显示器告诉世人什么叫做识时务者的改变
乔布斯用充电器告诉世人什么叫做崇尚经典的坚持
乔布斯用包装盒告诉世人什么叫做集大成者的细节
乔布斯用应用软件告诉世人什么叫做掌握一切的决心
乔布斯用形形色色的发明告诉世人什么叫做探索一切的兴趣
如果大苹果们成功塑造了乔布斯光辉的形象
那么小苹果们真实折射出乔布斯立体的性格

手指的律动

键盘的历史比计算机要早很多，甚至可以追溯到打字机时代。

1878年，美国人克里斯托夫从美国专利商标局获得了一件专利（US207559），在这件专利中介绍了一种在当时看来非常另类的键盘，另类的原因是它的前六个字母是毫无规

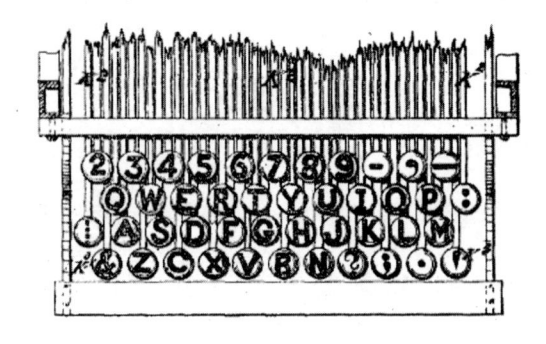

US207559中现代键盘的雏形

律可言的"QWERTY"，所以历史上把它叫做"QWERTY"键盘。克里斯托夫设计"QWERTY"键盘的目的很有意思，是为了"降低"（看清楚不是"提高"哦）打字效率，避免键盘的反应速度跟不上打字员的速度。更有意思的是，当键盘的反应速度远远超过人类的打字速度时，"QWERTY"键盘已经成为不可动摇的经典，已经成为26个字母的标准布局。

当然，最早的"QWERTY"键盘上按键并不多，只有A～Z共26个字母，0～9共10个数字，以及一些标点符号。后来，随着人们对键盘需求的不断增加，键盘上的按键也不断增加，功能越来越强大。功能键、控制键、方向键、数字键盘（Keypad）等陆续走到键盘上。

1980年，乔布斯亲自设计了Apple Ⅲ，也亲自设计了Apple Ⅲ的键盘。Apple Ⅲ的键盘上增加了苹果公司的特殊标志：Apple键。直到现在，Apple键依然静悄悄地躺在苹果公司最新款的键盘上。所以，只要看到键盘上的Apple键，就能知道这是专用于苹果产品的键盘，而不是IBM兼容机的键盘。当然，Apple键并不是花瓶，它可以和其他键组合而产生近百种的功能，例如Apple键+Q相当于退出程序，Apple键+I相当于反向。

一颗小小的Apple键，是不是已经折射出乔布斯的细心之处？

后来，微软借鉴了乔布斯的创意，为Windows量身打造了现在键盘中常见的Windows键。

再后来，开源操作系统也借鉴了乔布斯的创意，把Windows键定义为Linux中的Super键。

1998年，乔布斯隆重推出回到苹果公司后的第一款PC：iMac G3，同时为iMac G3配备了Apple USB键盘。这是乔布斯和键盘的又一次亲密接触。1998年11月3日，乔布斯向美国专利商标局提出了1件外观设计专利申请，以求保护Apple USB键盘。2000年3月28日，获得授权（USD421976）。

Apple键

Apple USB键盘使用了蓝色的塑料基底，这种蓝色叫Bondi蓝，是iMac G3的主色调。后来，iMac G3出现了五彩缤纷的颜色，Apple USB键盘也出现了与之对应的灰黑、墨绿、蓝绿、翠绿、橙黄、艳红、蓝紫色等7种颜色。而且在主键盘和小键盘之间还设置了"开关"按钮，方便用户开机和关机。

Windows键

Apple USB键盘

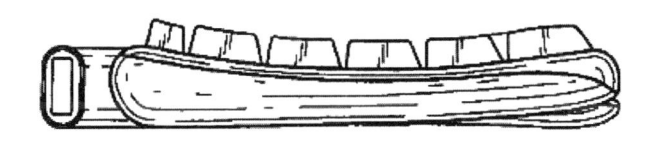

USD421976中的键盘侧视图

Apple USB键盘中的USB有两层含义，肤浅的含义是键盘通过USB和iMac G3连接，而深层的含义是键盘还带有两个独立的USB接口。这样，用户可以把U盘直接插到键盘上，使用起来非常方便。在键盘上放置USB接口的设计一直延续到现在。

Apple USB键盘把大写字母显示灯放到了"Caps Lock"按键上，而不是单独放置，方便用户确认是否开启了大写锁定。

2007年，苹果公司将全部的Mac都换成了铝合金材料，与Mac配套的键盘当然也进行了华丽的变身。新的键盘叫做Apple键盘，其借鉴了笔记本MacBook键盘的超轻薄设计，而且外壳也变成了银色，和具有金属质感的Mac十分般配。另外，为了让Apple键盘的正面看起来简洁，乔布斯还把USB接口放到了键盘的垫板上。

第四章 小苹果们

Apple键盘侧面

command键

不过令人意外的是，乔布斯把Apple键上的"苹果"小图标取消了，取而代之的是"Command"小图标。要知道，这个"苹果"图标可是伴随苹果产品的键盘走过了20多年的元老，几乎成为苹果键盘永恒的标志，而且"command"图标还没有苹果图标养眼。大概是从此之后，人们更喜欢把Apple键叫做command键。

后来，苹果公司又推出了金属风格的Apple无线键盘。与Apple键盘相比，Apple无线键盘更为小巧，而且取消了USB接口。最为贴心的是，当检测到用户没有使用键盘时，Apple无线键盘会自动断电，相当智能。

从2007年起，为了对这组具有金属之感的键盘进行保护，乔布斯先后向美国专利商标局提出了11件外观设计专利申请，并在2009年后先后获得授权。

从Apple键，到USB接口，再到智能断电，20多年来乔布斯的键盘虽然没有尖端科技的包装，但是拥有对用户无微不至的体贴。

所以，键盘才是乔布斯式用户体验的最佳注脚。

Apple无线键盘

USD598451中的Apple无线键盘侧面

一键纵天下

1967年6月21日，天才的计算机科学家Douglas Engelbart向美国专利商标局提交了一件发明专利申请，1970年1月17日，这件专利申请获得授权（US3541541）。Douglas Engelbart在这件专利中详细介绍了一种用于显示系统（例如显示器）中的X-Y坐标位置指示器，这种指示器就是最早的鼠标。后来，Douglas Engelbart被邀请到施乐的PARC研究中心，并开发了施乐Alto计算机使用的鼠标。

1979年，乔布斯带着苹果公司一干人到施乐的PARC研究中心参观，像发现新大陆一样发现了Douglas Engelbart的鼠标。在支付了40 000美元的专利许可费之后，乔布斯和苹果公司拿到了鼠标的使用权。

1983年，乔布斯推出了用自己女儿命名的计算机Apple Lisa，以及苹果产品的第一款鼠标。本着绝对简洁的设计理念，Apple Lisa的鼠标仅保留了一个按键，而"一键纵天下"也成为苹果鼠标区别于其他鼠标的标志。

Alto的鼠标    Apple Lisa的鼠标

1998年，乔布斯返回苹果公司后发布了iMac G3，并煞费苦心地为其配备了一款崭新的鼠标。新的鼠标有三个特点，其一是坚持乔布斯一贯的理念，只有一个鼠标键；其二是与iMac G3完全配套的颜色；其三是不走寻常路，采用了正圆形设计而不是普通鼠标的近椭圆形设计。也正是因为鼠标是圆形的，而且非常小巧，所以被亲切地称为"冰球"。乔布斯很喜欢"冰球"，还为"冰球"申请了一件专利（USD418125）。但是，鼠标是用手操作的，人的手本身就类似于椭圆形，而不是正圆形。所以，手还是比较习惯于椭圆形的传统鼠标，而不是乔布斯的正圆形"冰球"。很快，乔布斯在"冰球"上尝到了回归苹果公司后的第一次失败。

2000年，苹果公司推出了"冰球"的替代产品，Apple Pro鼠标。与"冰球"相比，Apple Pro鼠标的变化相当明显。从形状上看，Apple Pro鼠标恢复了椭圆形，看起来也更像一款鼠标；从技术上看，Apple Pro取消了传统鼠标用于定位的橡胶球，自豪地宣布自己是苹果公司的第一款光学鼠标；从外观上看，Apple Pro通体覆盖着透明的塑料外壳，像躲在橱窗后的工艺品。但是，Apple Pro鼠标唯一没有改变的地方就是仅保留了一个按键，而且整个鼠标上盖就是一个按键。2003年，Apple Pro鼠标有了无线版本。

冰球鼠标　　　　　　Apple Pro鼠标　　　　　　Apple Mightly鼠标

2005年，滚轮已经成为鼠标的标准配置，再也没有人喜欢按住滚动条上几乎不可见的箭头了。苹果公司也不例外，推出了带滚轮的Apple Mightly鼠标。Apple Mightly鼠标基本上延续了Apple Pro鼠标的外形，不过增加了一个360度的立体滚轮，立体滚轮不仅能操纵垂直方向的滚动条，还能操纵水平方向的滚动条。连鼠标上的滚轮都要设计得和国际惯例不一致，乔布斯的苹果产品真是有个性。当然，不管滚轮怎么有个性，Apple Mightly鼠标还是一如既往地只有一个按键，就是鼠标上盖。2006年，Apple Mightly鼠标有了无线版本。

后来，鼠标已经不全是长得像老鼠一样的输入设备了，市场中开始出现很多的创意鼠标。甚至连微软这种非常庄重严肃的企业也推出了创意鼠标，比如2008年的ArcMouse。

这些鼠标们的设计一点都不比苹果公司的鼠标差，对乔布斯的神经产生了强烈的刺激。乔布斯决定设计一款全新的鼠标，一款最具有创意的鼠

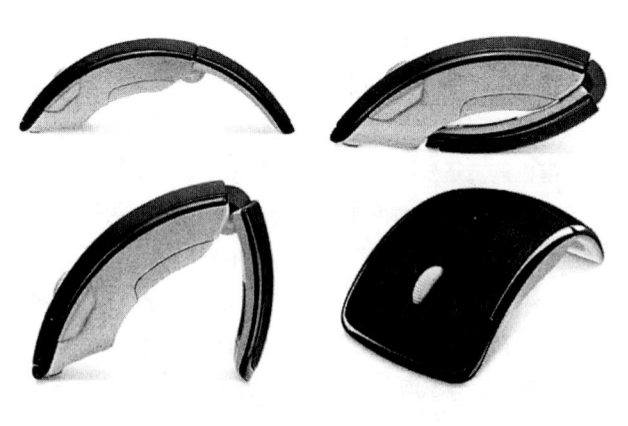

微软的ArcMouse

标。2009年10月，凝结着乔布斯和苹果公司设计团队智慧的新鼠标诞生，乔布斯为新的鼠标申请了外观设计专利，授权后专利号是USD648724。2009年10月22日，苹果公司发布了这款新鼠标，名字叫做Apple Magic，意思是说像魔术一样的鼠标。Apple Magic鼠标吸取了苹果、微软、罗技、索尼、惠普、明基、IBM等多家公司的30多款鼠标的设计精华，可谓博采众长。所以，Apple Magic鼠标是一款和所有的鼠标都不相同，但又是看起来又似曾相识的鼠标。

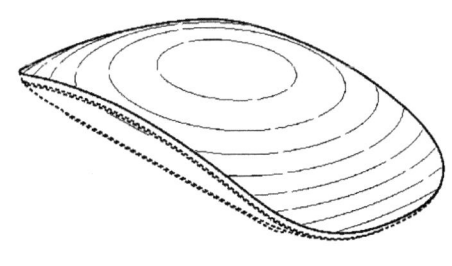

Apple Magic鼠标

USD648724中的鼠标

为了配合人的手形，Apple Magic鼠标依然采用传统鼠标的椭圆形，老辣的乔布斯不会重蹈覆辙再犯"冰球"的错误了。借鉴Apple Pro鼠标的设计，Apple Magic鼠标表面没有任何的按钮和滚轮，甚至没有任何的缝隙，连上盖和鼠标主体之间都是用胶粘住的，绝对是乔布斯简洁风的完美体现。

Apple Pro没有滚轮，退出了历史舞台，因为在浏览网页或图片时太不方便；Apple Magic没有滚轮，却站在舞台的中间，因为乔布斯赋予了它一项特殊的能力——多点触控，在iPhone中大放异彩的多点触控。如果说iPhone是第一款真正意义的多点触控手机，那么Apple Magic就是第一款真正的多点触控鼠标，它的上盖就是多点触控板。如果有人问起用Apple Magic怎么浏览网页或图片，相信乔布斯现在的回答是：像iPhone一样——滑一滑。

Apple Magic鼠标的上盖是触控板，带有较大弧度的触控板"滑动"起来可不方便，所以乔布斯让上盖的两边稍微翘起来一点，使得弧度不会那么大。不过这种设计是不是和索尼专利中的鼠标有点类似呢？

索尼专利（USD521516）中的鼠标

除此之外，Apple Magic鼠标还借鉴了Apple无线键盘的电池智能管理技术，两节5号电池可以坚持使用4个月之久。电池仓也成为Apple Magic鼠标唯一能够打开的地方，试想今后无线充电技术的成熟，新一代的苹果鼠标会不会完全一体成形呢？

当然最重要的一点，乔布斯认为虽然有了先进的多点触控，但是用户仍然离不开古老的鼠标按键。所以，Apple Magic鼠标必须具有按键，而且还必须是一个。

从使用机械滚轮的Apple Lisa鼠标，到使用多点触控的Apple Magic鼠标，乔布斯始终坚持着一键纵天下的豪情。即使全世界都认为鼠标应该有一个打开快捷方式的右键，乔布斯仍然坚持左键+右键是功能上的浪费。

所以，鼠标才是乔布斯略显叛逆的最佳注脚。

从三条腿到一条腿

乔布斯一直很喜欢一体机，喜欢把主机和显示器放到一起。但是根据PC矩阵，苹果公司还需要生产功能强劲的专业台式机，那时的专业级台式机必须使用独立的机箱，也就意味着需要独立的显示器。

一直到现在，几乎所有厂商的显示器都长得都差不多，而且长得和电视机也差不多。显示器就两个大的部分，支撑座上面的显示器主体和显示器主体下面的支撑座，真的不需要特别的设计。

但乔布斯认为真的可以设计。

1999年1月5日，乔布斯为PowerMac G3设计了一款CRT显示器，也是苹果公司Studio系列中的一款显示器。这款显示器主体和其他显示器没有明显区别，除了bondi蓝的颜色。但是，这款显示器的支撑座很有意思，是具有一定高度的"三条腿"。

为什么是"三条腿"呢？因为乔布斯认为这样可以把Apple USB键盘放进去。

为什么要把键盘放进去呢？因为乔布斯认为这样可以最大限度地节省空间。

而且，乔布斯认为节省一个键盘的空间非常重要，所以还特地为"三条腿"的显示器申请了一件外观设计专利（USD418493）。在这件专利中，乔布斯罕见地担任第一发明人。

1999年8月31日，秉承"三条腿"的思想，乔布斯把苹果公司旗下的Cinema LCD显示器从"一条腿"变成了"三条腿"。而且也为之申请了一件外观设计专利（USD434763）。在这件专利中，乔布斯毫无疑问地仍然担任第一发明人。不过，LCD显

Studio CRT显示器

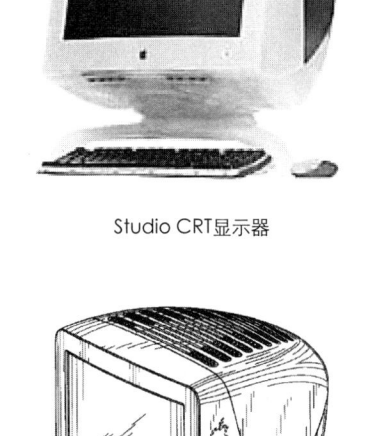

USD418493中的显示器

USD434763中的显示器

示器很薄，估计只能放进去半个键盘。

但是，"三条腿"的显示器并没有比"一条腿"的显示器更稳健，用户也不太在乎显示器下面是否能节约出半个键盘的空间，市场反应也是平平淡淡，不疼不痒。不过，乔布斯的威望和苹果公司的名气有着巨大的影响力，现在的京东商城中，还能看到几款"三条腿"的一体机。例如海尔乐趣一体机，就借鉴了乔布斯所设计的显示器。

海尔乐趣一体机

2004年6月28日，苹果公司放弃了"三条腿"的设计，回归到"一条腿"的正常道路上。当然，乔布斯对于"一条腿"还是不感兴趣，所以这款显示器的专利（USD531631）中，第一发明人不再是乔布斯，而是苹果公司设计团队的设计师。

事实证明，"一条腿"的显示器极具生命力。直到8年后的今天，苹果公司最先进的Thunderbolt显示器，仍然是"一条腿"的支撑座。

乔布斯坚持鼠标只有一个键，乔布斯却没有坚持显示器必须有三条腿。也许乔布斯认为"一条腿"比"三条腿"更简洁，也许乔布斯会充分尊重艾维的设计，也许乔布斯已经是会改变的识时务者，尤其是这种改变和微软没有任何关系时。

USD531631中的显示器

百变微充

传统充电器

苹果公司的充电器

笔记本的最大特点就是便携，便携意味着必须使用电池，电池意味着必须有充电器。所以，充电器是笔记本非常重要的伙伴，即使这个伙伴只是舞台上绝对的路人丙。

观众可以不在乎龙套的表演，但大导演乔布斯是不会不在乎的。2001年7月，乔布斯和苹果公司的设计团队一起创造了全新的笔记本充电器，一个可爱的方盒子。

不知道出于什么考虑，几乎所有厂商的充电器都是黑色的，即使现在也一样。人家的是黑色的，乔布斯的就必须是白色的，这样才能与众不同。不仅仅是颜色有区别，苹果公司的充电器将电源插座和充电器主体紧密连接到一起，从而比传统充电器减少一根电线，直观上看，是不是简洁了很多？当然，苹果公司的充电器必然是轻薄的，所以永远不必担心过多占用插线板的空间，不用担心和其他插头打架。

另外，台式机是家里用的，笔记本是旅行时用的，美国人的旅行是经常要出国的，出国就要入乡随俗，当然也要适应插座制式。所以，苹果公司把充电器的插头设计成可更换的，旅行的时候，需要用哪种插头就带着哪种插头，就像乔布斯在USD478310和USD498462号美国专利中设计的那样。

2001年10月，苹果公司向美国专利商标局提交了一份外观设计，不久获得授权（USD478546）。在这件专利中，乔布斯对自家的充电器进行了微小的改进，取消了画蛇添足的"两条腿"，使得充电器更加利索。

至此，乔布斯对充电器的设计接近尾声，此后的10多年内，苹果公司的充电器一直洋溢着青春的笑容，应该

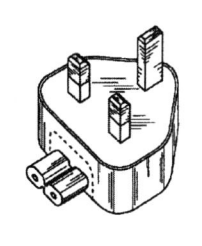

USD478310中的充电器

USD498462中的插头

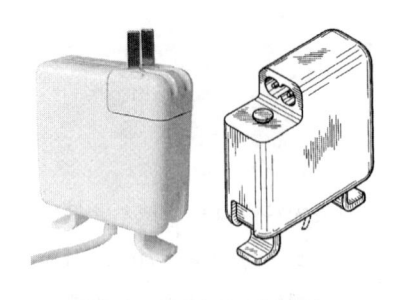

苹果公司2001年7月版充电器

说，充电器是苹果公司非常经典的作品，是乔布斯非常得意的作品。所以，现在的MacBook、iPod、iPhone和iPad所使用的充电器都是这个调性，只不过大小略有不同。后来，乔布斯和苹果公司把Mac mini系列台式机、Airport系列路由器、Apple TV系列机顶盒都设计成精致的方盒子，这难道不是充电器灵感的延续？

2010年11月10日，苹果公司提交了一份国际专利申请（PCT申请），公开号是WO2011062827。这件专利详细介绍了利用近场磁共振（Near Field Magnetic Resonance，简称"NFMR"）技术传输电能的情况。其中，NFMR电源被集成在iMac中，所以iMac摇身一变，成为强劲的无线充电器。而用户需要做的事情，只是把苹果公司的无线键鼠、无线键盘、iPod、iPhone和iPad等需要充电的设备放在iMac周围1米的范围内，充电就可以开始了。

也许，只有当苹果公司的无线充电技术成熟之后，苹果充电器才会真正退出已经表演了10多年的舞台。

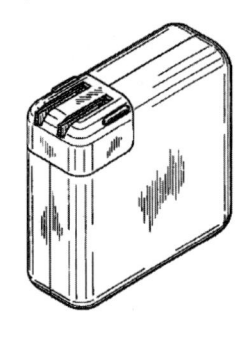

USD478546中的充电器

如此包装

包装的历史很悠久，包装在现实中也很常见，几乎所有的商品都会有包装，请不要拿煤炭、电力、自来水等举反例。一般来说，包装的作用主要包括：

第一，装载商品。包装最基本的功能就是装载商品，从包装的角度看，有些商品不需要包装，比如挎着篮子去菜市场买菜，白菜、芹菜、菠菜，直接放到菜篮子里面就好了，这些菜没有必要包装。而大多数的商品需要包装，最简单的，打酱油的时候还需要一个酱油瓶子，这个酱油瓶子就体现了装载商品的基本功能。尤其是具有多个组件的商品，包装的这个功能就显得更为突出。例如苹果公司的iPhone，最起码包括5个组件：手机、耳机、充电器、质保卡和说明书。如果这么多东西不统一放到包装盒子里，看上去就觉着很乱。

第二，保护商品。包装的另一个基本功能是保护商品，尤其是在运输和销售的过程中保护商品免受损害。有些商品不怕摔、不怕碰、不怕划，比如把山西的煤炭运到秦皇岛，用火车铁皮就可以，根本不用担心煤炭中途有损坏。但是，要把河南生产线上的iPad运到美国，就不能用运送煤炭的方法了，最起码iPad上要有个保护性的盒子。

第三，吸引顾客。随着经济的进一步繁荣，市场中的商品越来越多，消费者的烦恼由原来的没有选择逐渐过渡到难以选择，酒香也怕巷子深。对于大多数的商品，消费者第一眼看到的不是商品本身，而是商品的包装，好的包装甚至能一下子勾起消费者的购买欲望。所以，这时候商品的包装就成为吸引消费者眼球的利器，成为商品最实际的广告。

第四，凸显品牌。再后来，品牌开始崛起，很多优秀的企业树立了自身品牌，品牌就是商品品质的保证。很多消费者也不再面对琳琅满目的商品难以选择，而是选择固定的品牌。因此，一些品牌拥有了忠实的消费者。这些企业的包装又增加了新的内涵，承载企业的品牌。所以，在耐克的鞋盒子上永远都有一个大大的钩子，在路易威登的购物袋上永远都有一个大大的"LV"。

然而，乔布斯对于包装的理解更为深刻，他还要求苹果公司产品的包装要具有自己独特的风格，具有和苹果公司产品的风格相一致的独特风格。其中最典型的就是2006年之后iPod和iPhone等移动电子设备的包装。

2006年9月，苹果公司同时发布了第二代的iPod nano和iPod shuffle，以及乔布斯为它们精心设计的包装盒。新的包装盒只有一个目的，最大限度地炫耀Nano和Shuffle。

为此，乔布斯琢磨出三个办法。首先，把包装盒分成上下两个空间，上面的空间放主角Nano和Shuffle，下面的空间放耳机、充电器、说明书等配角；然后，采用透明塑料制作包装盒，主角一览无余的呈现给用户，配角都隐藏不透明的小盒子里；最后，在Nano和Shuffle的下方增加小衬垫，看起来像悬浮在透明的包装盒中，一下子就能抓住用户的眼睛。

iPod nano 2包装盒

Pod shuffle 2包装盒

iPod shuffle 6 包装盒

不过这种设计可能不讨中国用户的喜欢，因为看上去像一口塑料棺材。即使是包装盒的设计，也应当考虑产品销售目的地的文化习俗。

为了对Nano和Shuffle的包装盒进行保护，乔布斯和苹果公司向美国专利商标局提交了一份外观设计专利申请，于2008年1月1日获得授权（USD580752）。

后来，乔布斯可能觉着Shuffle的包装盒太浪费空间，所以改成方形。新的包装盒长得很像放戒指的小首饰盒，看着也舒服多了。

2007年6月，乔布斯又为iPhone设计了包装盒，并获得了专利（USD596485）。

2007年8月31日，在USD580752和USD580752的基础上，乔布斯和苹果公司对iPod和iPhone的包装盒进行了系统总结，概括了苹果产品包装盒的一般规律。在此基础上，向美国专利商标局提交了一件发明专利申请，2011年2月1日，该申请获得授权（US7878326）。这个专利中甚至还包括了苹果耳机的包装盒，从图中可以看出，苹果

iPhone的包装盒

产品的包装盒均采用了四层结构，每一层都针对不同产品的特点进行相应的调整，尤其是产品的固定层，特点更为明显。

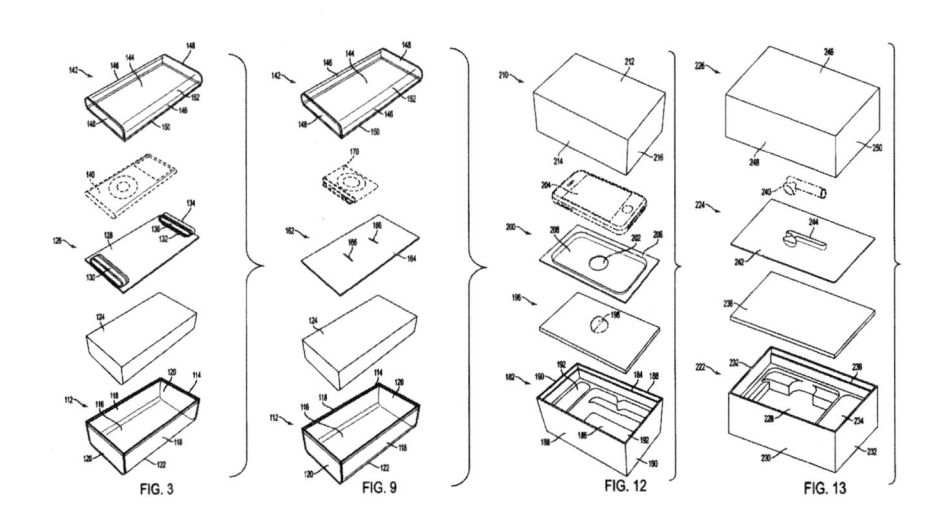

US7878326中的包装盒

此后的几年内，乔布斯和苹果公司又先后向美国专利商标局提交了7件专利申请，力求对iPod和iPhone的包装盒进行全面保护。在USD580752号专利中，还提到一种只有三层的更简单iPod包装盒。

更为恐怖的是，为了完美地设计出包装盒，乔布斯和苹果公司的设计师们至少借鉴了66件专利中的包装盒设计。

iPod和iPhone都是移动电子设备，所以首先借鉴的也是移动电子设备专利中的设计方法。

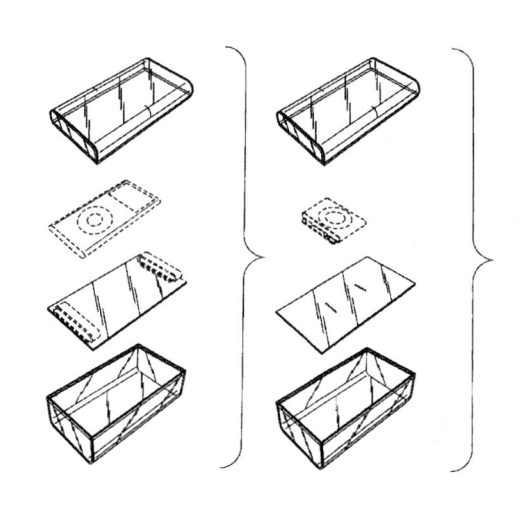

USD580752中的iPod包装盒

DATAZONE公司的第US6154360号专利，设计了一种数据存储设备。而发明家KING FEATHER在第US6400247号专利中，设计了一种磁体包装盒。

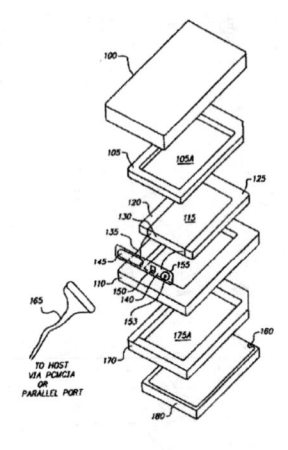

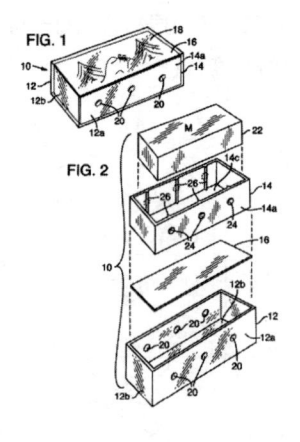

US6154360中的数据存储设备　　　　US6400247中的磁体包装盒

这两件专利在结构上是不是和苹果产品的包装盒比较类似呢。

当然，乔布斯的眼光绝对不会仅仅限制在移动电子设备的包装盒上。第US624109号专利中的渔具盒子、第US5040678号专利中的生物采样容器、第US2006290177号专利中的沙发的收纳柜统统都在乔布斯和Apple的参考范围之内。

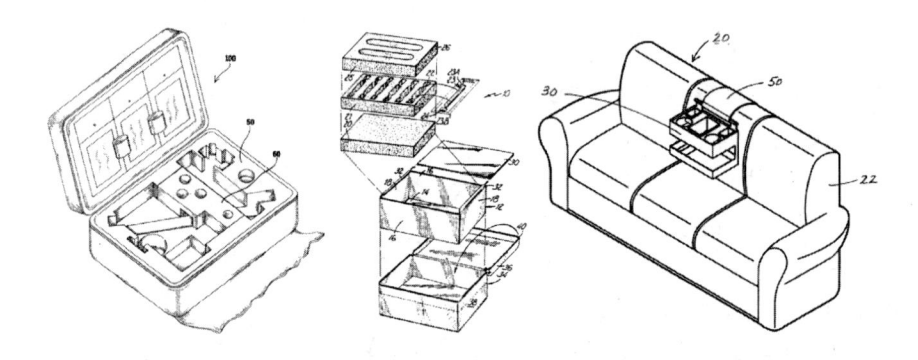

不同领域的包装盒

而且，乔布斯的眼光也不限于现代包装盒，最早借鉴的专利可以追溯到1924年的第US1518219号专利，这个专利中的包装盒用于统一放置皮带、领结等。

一个随时可弃的包装盒，10多件货真价实的专利。这就叫细节，集大成者的细节。

所以，包装盒才是乔布斯追求细节完美的最佳注脚。

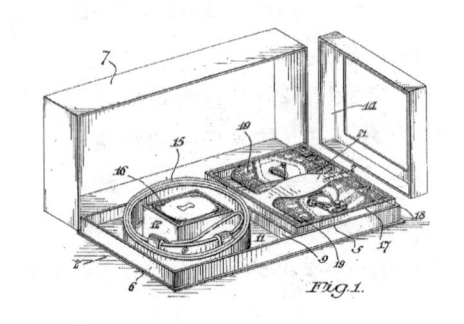

1924年US1518219中的包装盒

爱工作　爱生活

个人计算机必须包括硬件和软件，没有硬件固然不是计算机，但没有软件的计算机硬件只能算一堆废铁，更严谨地说，只能算一对废塑料。

软件主要包括两种，系统软件和应用软件。对于微软而言，系统软件就是Windows；对于苹果而言，系统软件就是Mac OS X。光有系统软件也不行，总不能让用户天天玩"我的电脑"或者"控制面板"吧，所以还需要应用软件。

应用软件有成千上万种，但是最最基础可以归纳为四大类。

第一类是游戏软件。

计算机游戏是一个独立的产业，看看网吧的计算机上有多少流行的游戏，看看网吧里有多少青年才俊沉浸在游戏中，就清楚游戏对于PC的重要性。即使是非常古老的Apple II，也要预装小游戏Breakout。事实上，游戏产业永远不缺乏想象力和具有想象力的人才，红警、暗黑、星际、实况、CS、魔兽等让多少人废寝忘食，甚至含笑九泉。但是乔布斯和苹果公司不必关注游戏，因为所有的竞争对手都不关注游戏，游戏还是让EA和暴雪们去做吧。

第二类是浏览器。

一台计算机，如果不能上网，价值还剩几何？上网就需要浏览器，浏览器的老大是微软，产品名字叫做IE，就是被无数次反垄断的那个。而苹果公司早期使用的浏览器，是反垄断斗士NetScape公司的浏览器Navigator。现在使用的浏览器，是自主研发的Safari，喜爱苹果产品的朋友们一定不会陌生，因为Safari是苹果所有产品标配的浏览器。

第三类是办公软件。

办公室的所有计算机都需要办公软件，即使把计算机放在家里，也需要能够打个字什么的。办公软件的老大仍然是微软，产品是大名鼎鼎的Office。

在1998年推出iMac G3的时候，苹果产品的市场占有率还很低，为苹果产品开发的应用软件也很少。尤其是办公软件的缺失，让乔布斯很头疼。于是，乔布斯开始和比尔·盖茨谈判。乔布斯的要求很苛刻，希望微软在未来5年内为Apple开发Office，同时向苹果公司注资1.5亿美元以拯救苹果公司于水火，从而达到苹果-微软的强强联合，互惠共赢。那时候，比尔·盖茨是世界首富，乔布斯刚刚靠Pixar避免破产，经济地位完全不对等。另外，比尔·盖茨和乔布斯还互不服气，乔布斯直到在耶鲁大学演讲的时候还说微软是小偷。所以，不管从哪个角度看，比尔·盖茨都应该是拒绝，可是这桩买卖居然谈成了。因为乔布斯手里有一个大筹码，愿意撤销对微软的侵犯苹果GUI知识产权的所有指控。

撤销一项指控，换来了苹果公司复兴最迫切的资金和办公软件，不仅让我们佩服乔布斯扭曲现实的能力，更让我们看到了知识产权的巨大价值和力量。

后来，苹果公司在2003年推出了幻灯片软件KeyNote，2005年推出了文字处理软件Pages，2007年推出了电子表格Numbers，从而形成完整的办公套件，乔布斯把它叫做iWork，"爱工作"可能是对它最好的中文翻译。

多说一句，由于Mac机的畅销，微软现在仍然为苹果公司孜孜不倦地开发最新版本的Office，而且还和iWork兼容。对手还是朋友，分得清吗？

第四类是生活软件。

生活中需要很多的软件，浏览照片、浏览视频和听音乐可能是我们最常做的事情。浏览照片很简单，相关软件一抓一大把，乔布斯不担心。浏览视频乔布斯也不担心，因为苹果公司在1991年就开发了重量级的QuickTime。回归苹果公司后，乔布斯还对QuickTime进行了大幅改版。

1999年4月15日，QuickTime改版完成，6月8日新版本发布。很明显，新的QuickTime界面进行了大幅度的调整，非常养眼。由于已经有了时间轴，所以主界面取消了快进和快退，只保留了大个头的播放按钮和小一点的暂停按钮；外观也从生硬的矩形变成了圆角矩形。为了对QuickTime进行充分保护，乔布斯以继续申请的方式，先后向美国专利商标局提交了9件发明专利。值得一提的是，乔布斯回归苹果公司后的提交的第一件发明专利，就是关于QuickTime的。

旧版QuickTime 　　　　新版QuickTime 　　　　US6262724中的QuickTime

QuickTime不仅送给乔布斯一款视频播放软件，还送给乔布斯回归苹果公司后的第一件发明专利，更重要的是，送给乔布斯一位优秀的GUI设计师，他的名字叫做Wasko。2000年，乔布斯招兵买马开发出iTunes，顺利解决了Mac机上听MP3的问题，而iTunes的界面延续了QuickTime的风格，因为iTunes界面的设计师依然是Wasko。

除了浏览照片和视频外，在数码摄像机和数码照相机开始流行的年代里，很多用户还希望能够编辑视频和照片。在这个领域，Adobe最具发言权。Adobe公司的Premiere软件用于编辑视频，Photoshop软件用于编辑照片。如果对Premiere还略感陌生的话，Photoshop的大名可以说如雷贯耳，互联网上流行10年的PS指的就是Photoshop。

1999年，乔布斯携搞定微软之余威，来和Adobe谈判。乔布斯希望Adobe能够开发Mac版的Premiere和Photoshop，而乔布斯手里的筹码是感情，因为20年前苹果和Adobe是好朋友，Adobe成立的时候，乔布斯还伸出过热情的援手。但是感情不如知识产权好使，Adobe坚持只为微软的Windows开发软件，就是不同意为苹果公司的Mac OS X开发Premiere和Photoshop，因为苹果产品的用户太少了。

梁子就这样结下了，多年以后，乔布斯依然不肯放过Adobe，坚持在iPhone和iPad上封杀Adobe的另一核心软件Adobe Flash。

Adobe的不支持强烈刺激了乔布斯自力更生、艰苦奋斗的热血豪情。1999年，苹果公司发布了类似Premiere的视频编辑软件iMovie；2001年，苹果公司推出能够将视频刻录到DVD中的iDVD；2002年1月，苹果公司发布了类似Photoshop的图像编辑软件iPhoto。此后，苹果公司把iTunes、iMovie、iDVD、iPhoto打了一个包，称为iLife，"爱生活"从此走进了所有人的苹果世界中。

现在，苹果有了Mac OS X，不怕微软的Windows；苹果有了Safari，不怕微软的IE；苹果有了iWork，不怕微软的Office；苹果有了iLife，不怕Adobe的Photoshop和Premiere。不知不觉间，苹果公司拥有了对抗世界第一大软件开发商微软和第二大软件开发商Adobe的资本，用户似乎只需要苹果的软件，就能完成一切想要完成的事情。

所以，计算机软件才是乔布斯控制欲望的最好注脚。

还有别的吗

乔布斯兴趣十分广泛，除了前面介绍的计算机、音乐播放器、手机、键盘、鼠标、显示器、充电器、包装、应用软件之外，乔布斯还对诸如电视、耳机，甚至苹果实体店内装修布局以及网站设计都十分感兴趣，并且也搞出了不少的发明。

漂亮的Apple TV

第一代Apple TV

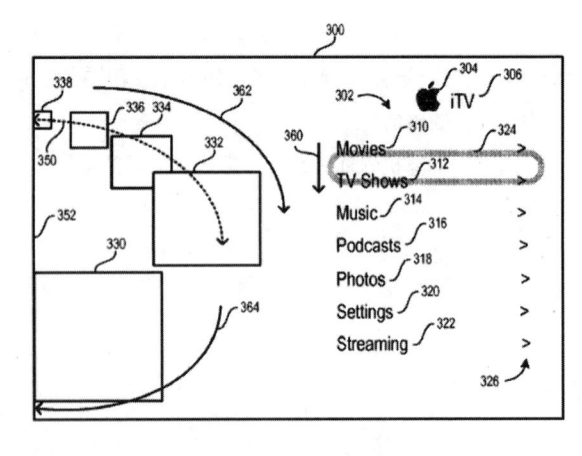

第二代Apple TV

Apple TV于2006年9月首次亮相，它是一款数字多媒体机，可以播放来自计算机中iTunes的多媒体文件，并输出到高分辨率电视。第一代Apple TV拥有大容量硬盘，有40G和160G两种规格，起初必须连接到PC机上才能同步多媒体信息。

2008年1月，乔布斯宣布对Apple TV进行了"Take Two"的升级，让Apple TV摆脱了PC机的束缚，可以直接从iTunes播放节目。

2010年，苹果公司发布了第二代的Apple TV。得益于网络技术的发展，新一代的Apple TV没有配置大容量硬盘，但却拥有8G的内存，能够从网上资源获得播放内容，因而其体积可以大幅减小，只有第一代的1/4。

从专利申请的数量看，乔布斯还是很热衷于Apple TV的，尤其对Apple TV的用户界面情有

Apple TV界面示意图

独钟。据统计，乔布斯以共同发明人身份申请了7件发明专利、3件外观设计，其中大多涉及如何在Apple TV中排列、组织并呈现多媒体信息。

乔布斯曾经说过，他最想改变的东西有电视、摄影与课本，其中对电视最不满意的就是操控方式了。Apple TV与传统电视一样，也拥有一个遥控器——Apple Remote。Apple Remote采用白色的磨砂金属，整体弧面设计，外形非常惊艳。然而在按键设置上，Remote上仅有方向键、确认键、MENU和播放键，操控并不是很方便，并且对于手大的朋友来说确实有些局促。

好在Apple TV上支持镜像操控功能，现在iPhone和iPad倒是成了个高级的图形界面遥控器！不过，今后要是能把Siri技术引入Apple TV，只要对着它下个命令，就可以实现远程控制，那也许才是乔布斯所希望看到的吧？

Apple Remote

但是，相比于苹果公司的其他产品，Apple TV所拥有的市场似乎很微不足道。因为人们从传统电视、各大视频网站都可以获得更多的内容。若苹果公司能够借助App Store的影响力，提供更多更精彩的视频节目，也许Apple TV会成为未来苹果电视的雏形。

身份象征的白色耳机

乔布斯关注任何一个细节，就连小小的耳机也不放过。

iPod上线时，其耳机一律被配为雪白的耳塞式。而在此之前Mp3的耳机则绝大多数是黑色。

也许当初乔布斯使用白色耳机只是为了与iPod的白色搭配，然而随着iPod的流行，乔布斯忽然意识到白色耳机不失为一个很好的广告创意。因为在地铁上、商场中，只要佩戴着白色耳机的人包里面装的几乎都是iPod。

于是，在推出第二

iPod的"黑衣人"广告

代iPod时，乔布斯打出了苹果公司的经典"黑衣人"广告，每个黑衣人都拿着一个白色的iPod，配有白色的耳机，随音乐尽情舞动。

随着iPod和iPhone的流行，白色耳机甚至都成为Apple产品的代表。因此，对于聪明的打劫者来说，有无白色的耳机成为判定是否值得打劫的重要依据。

为了让设备更加小巧轻便，乔布斯带领的团队绞尽脑汁，试图开发出占用空间更少的耳机插孔。

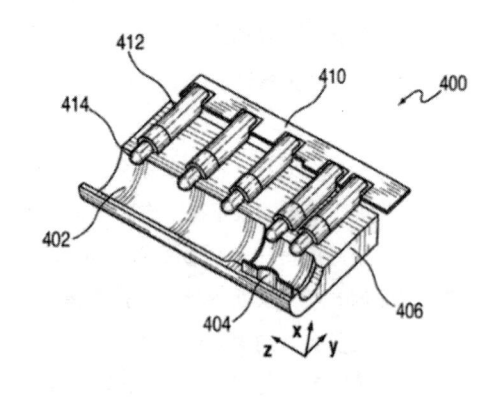

iPad2的耳机插孔平面解剖图像

在iPad 2中，苹果公司采用了新的耳机插孔技术，其做法是将耳机插孔内腔的金属悬臂替换成有弹性的弹针。尽管新的耳机插孔看起来像一颗黑色的泪滴，外形古怪，不太招人喜欢，但实际上这个耳机插孔的结构发生了质的变化，不需要与耳机全接触，节约插孔所占用的空间。并且当耳机没有插入插孔时，弹针处于完全封闭状态，具有很好的防水作用。

独具匠心的楼梯

自2001年5月，苹果公司在纽约开设第一家零售店以来，截止到2011年，苹果公司在全世界共开设了超过300家零售店。对于零售店的店面设计，例如店面选址、装修风格、功能分区、产品摆放等，乔布斯都要一一过目，甚至为了某一个细节多次返工。

去过不同零售店的果粉肯定印象深刻，不管在哪儿的苹果零售店，除了有几乎一样的店面设计风格和服务风格外，一定还会有极具特色的玻璃楼梯。这个楼梯就是乔

USD478999中的楼梯透视图

布斯自己设计的，而且，乔布斯还作为第一发明人向美国专利商标局申请了一件外观设计专利（USD478999）和一件发明专利（US7165362）。事实上，乔布斯设计的玻璃楼梯已成为苹果零售店的标志。

在USD478999专利中，乔布斯公开了一种全部由透明玻璃制成的楼梯，在US7165362专利中，乔布斯公开了一种由多层玻璃粘合而成的整块楼梯踏步。由于乔布斯设计的楼梯结构和外观都很独特，所以很多网站盘点乔布斯一生的发明时，无一例外都要将其列入其中。一些果粉不辞辛劳前往苹果实体店，必须体验的项目就是到乔布斯设计的楼梯上走一走。

USD478999中的楼梯左视图

方便购买的网站设计

苹果官方网站（www.apple.com）是苹果公司在虚拟空间的对外窗口。通过这个窗口，用户不仅可以获得关于苹果公司最新的产品信息，同时还可以购买苹果公司产品并获得技术支持。

对于这么重要的窗口和服务平台，乔布斯自然不会放过。

在苹果公司官网设计方面，乔布斯作为共同发明人共参与了6件发明专利设计。这些专利申请主要涉及在网站上内容的发布、检测、管理等相关内容。例如，US7840527中就提供了在苹果官方网站中如何方便快捷地向用户呈现新闻的Feeds平台。

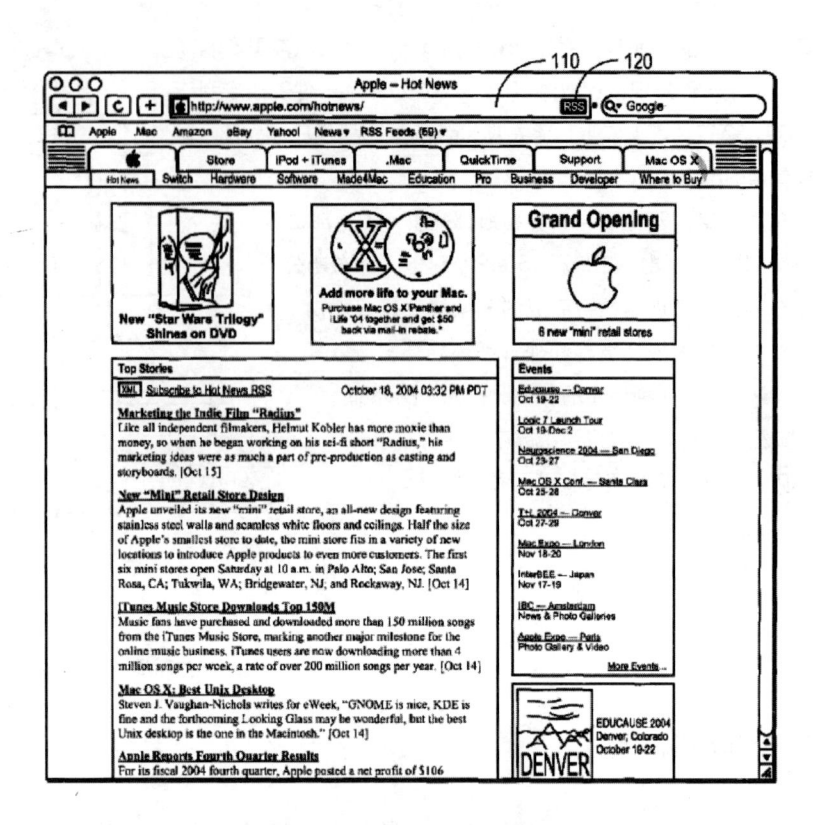

US7840527 中的苹果官方网站设计图

也许，对任何事情都有浓厚的兴趣，都能保留一颗探索的心，这才是对乔布斯具有这么多创新和专利的最合理的解释。

第五章

向乔布斯学习

乔布斯已经离我们而去

身后留下了庞大的苹果帝国

无数人都在研究乔布斯，学习乔布斯

他们有的关注乔布斯N起N落的传奇经历

他们有的关注乔布斯引爆全场的个人魅力

他们有的关注乔布斯非天才即白痴的极端性格

他们有的关注乔布斯工作狂人般的管理策略

我们也希望从特定的角度研究乔布斯

看一看乔布斯式创新

看一看乔布斯式专利

看一看乔布斯和苹果公司的点滴知识产权

乔布斯式创新

打造A级团队

现在，创新是一个很时髦的词，几乎人人都在谈创新。

创新要有两个步骤，第一要在脑袋中迸发出创新的火花，第二要让创新的火花形成燎原之势。不管是哪个步骤，都离不开最关键的因素：人。

乔布斯对参与创新的"人"有着自己独特的理解。

乔布斯认为，"人"不能太少，否则独木难支，"人"也不能太多，否则相互扯皮。最好能够构成一支特种部队，就像许三多所在的老A一样，数量不多的战斗小组能够爆发出核弹的力量。

所以，乔布斯曾明确表示苹果公司的核心团队不能超过100人。苹果公司最前卫的多点触控团队不超过30人。艾维领导的工业设计团队不超过20人。和乔布斯一起做GUI设计的核心团队甚至不超过10人。

乔布斯还认为，"人"不能是一般的人，必须是最优秀的人。乔布斯执著地认为，一个优秀的员工等于50个平庸的员工，一个优秀的设计师等于200个糟糕的设计师。我们不清楚乔布斯的量化标准从何而来，但我们能清楚地感觉到乔布斯对于优秀人才的渴望和热情。

正是乔布斯这种对待人才的态度，苹果公司一直吸引着一大批天才，比如苹果公司创始人之一的沃兹尼亚克、最顶级的工业设计师艾维、营销大师席勒、现任CEO库克、iTunes和Apple TV的负责人罗宾、从Next带到苹果公司的硬件大师鲁宾斯坦、软件大师泰瓦尼安、iPod之父法德尔、多点触控主要设计者维斯特曼等等。当然，还有苹果公司最优秀的人才：史蒂夫·乔布斯。

乔布斯把最优秀的人才称为A级人才，由A级人才构成的团队就是A级团队，A级团队是苹果公司的创新源泉，所以打造A级团队就成为乔布斯的最核心的工作。有了A级的乔布斯，就有A级的团队。

为了打造A级团队，乔布斯花了一生中1/4的工作时间亲自参加面世，共面试了大约5 000人，把自己当成了HR。

为了打造A级团队，乔布斯一直鼓励A级人才把自己的A级朋友们介绍到苹果公司，鼓励A级人才把母校的A级师弟师妹们介绍到苹果公司。

为了打造A级团队，乔布斯在全世界范围内不停地寻找A级人才。乔布斯最倚重的工业设计团队就是典型的多国部队，英国人、美国人、加拿大人、日本人、意大利人一起创造着iMac、iPod、iPhone和iPad的工业设计神话。

为了打造A级团队，乔布斯还把具有不同知识背景的人员搭配在一起。例如，除了优秀的技术人员之外，肯定还有优秀的销售人员，甚至还有学艺术或历史的人员，这些具有不同知识背景的人员相互启发往往能够碰撞出智慧的火花。

为了打造A级团队，乔布斯会毫不犹豫地将不够优秀的人从A级团队中剔除。因为乔布斯认为"一旦你雇用一名B级员工，他会带来更多的B级或C级员工"。

有了团队之后，就像李云龙要给独立团注入亮剑精神一样，乔布斯也要给苹果公司的A级团队注入特点鲜明的企业文化：Think Different（非同凡响）。

Think Different意味着要有改变世界的雄心壮志。

苹果公司创立伊始，乔布斯就在文化备忘录中写道：我们的梦想是让世界上每一个人都拥有计算机。1983年，乔布斯向时任百事可乐总裁的约翰·斯卡利发出天问："你想卖一辈子糖水，还是改变世界？" 1984年，乔布斯推出了广告"1984"，向计算机领域的蓝色巨人IBM发出了明确的挑战。1997年，乔布斯的广告"Think Different"更是直接宣称：只有"那些疯狂到以为自己能够改变世界的人，才能真正地改变世界"。

Think Different意味着要具有强烈的海盗精神。

在一次会议上，乔布斯鼓励苹果公司员工"要当海盗，而不是当海军"，甚至给大家每人一件印有"是海盗！不是海军"的T恤衫。

海盗精神意味着不因循守旧，敢于冒险，敢于打破常规。在产品设计方面，乔布斯非常擅长从他人那里窃取设计灵感。最为著名的一次自然是20世纪70年代乔布斯曾带领自己的设计团队参观施乐的PARC研究中心，窃取了图形界面、鼠标等等大量在当时非常先进的计算机技术设计灵感，直接改变了苹果公司和计算机产业的发展方向。

此外，Apple II的塑料机箱、使用硬盘的音乐播放器、带有磁铁的电源线接头（MagSafe）等等设计无不是从其他类似设计中"借鉴"的灵感。

对此，乔布斯也从不隐瞒，他的解释是：毕加索都曾经说过，"好的艺术家只是照抄，而伟大的艺术家窃取灵感"。

乔布斯就是伟大的艺术家呀！

Think Different意味着要做伟大的产品。

伟大的产品，就是要性能优良，就是要功能彪悍，就是要能经受住时间的考验，让用户爱不释手，历久弥新，是工业化生产的艺术品！

做伟大的产品一直是乔布斯对苹果公司的要求，当然也是很多公司的自我要求。

但乔布斯特殊的一点是，把做伟大的产品当作对A级团队的奖励。乔布斯认为，A级团队应该每周工作90小时，获得的奖励决不仅仅是注明加班费的一张支票，而是做伟大产品的愉悦经历和成就——过程就是奖励！

基于这一想法，乔布斯就曾经在其销售的计算机机箱中让全体开发人员签下自己的名字，以示奖励。

事实上，对于A级人才来说，能够在自己的成果上签名确实是件比什么都自豪的事情。乔布斯的老冤家、老朋友比尔·盖茨就没有认识到这一点，所以微软负责汉字字体设计的胡万进就只好偷偷将自己的名字嵌入自己编写的字体中以算是自己给自己的奖励。

乔布斯这种做伟大产品的理念也深深影响着他的生活。由于很难找到能够令自己满意的家具，他的家里家具很少，甚至在很长一段时间由于没有购买到合适的床而直接睡在地板上。

苹果公司这种文化在新员工入职第一天起就能够感受到。据说苹果公司新员工入职第一天会收到这样一封信：

胡万进印

> There's work and there's your life's work.
>
> The kind of work that has your fingerprints all over it. The kind of work that you'd never compromise on. That you'd sacrifice a weekend for. You can do that kind of work at Apple. People don't come here to play it safe. They come here to swim in the deep end.
>
> They want their work to add up to something.
>
> Something big. Something that couldn't happen anywhere else.
>
> Welcome to Apple.

苹果公司给新员工的一封信
图片来源：http://www.ifanr.com/86666。

其大意是：

有一种工作只是工作。

有一种工作是你毕生的工作。

这种工作你全情投入。

这种工作你从不妥协。

这种工作你甘愿牺牲周末。

你可以在苹果找到这样的工作。

人们来这里不是为了寻求安逸的生活。

他们来这里是为人生寻找更大的舞台。

他们希望自己的工作能为世界改变什么。

在其他地方不可能实现的重大改变。

欢迎来到苹果。

多么富于激情和煽动性的信呀！在这种氛围下，你hold得住一周不工作90小时？！

一群总想改变世界的A级人才，在一名海盗船长的带领下，以这种激情和雄心工作还能不改变世界！

初心　细心　决心

在苹果公司，乔布斯既是海盗船长，又是普通的海盗。乔布斯的脑袋中，经常冒出很好的创意，属于乔布斯的专利有接近400件。可以毫不夸张地说，乔布斯的一生，就是创新的一生。

那为什么乔布斯能闪烁出如此多的新鲜创意？为什么乔布斯的创意总能付诸实践呢？我们认为其原因在于乔布斯始终怀有的初心、细心、决心。初心为乔布斯提供了异乎寻常的创新思路，细心为乔布斯提供了丰富多彩的创新素材，决心为乔布斯提供了源源不断的创新动力。

初心者，初学者之心也。就是说要像孩子一样保持对周围事物的好奇心。有了初心，就不会被现有的条条框框所束缚，不会人云亦云。

因为有了初心，iPod shuffle居然能够做到只有口香糖大小。

因为有了初心，院子里的向日葵居然成了iMac G4的原型。

因为有了初心，手机开机居然只需要轻轻一滑。

因为有了初心，Mac OS X系统中的窗口最小化和关闭图标居然变成了红绿灯的颜色。

大家能想象吗？这些创意居然是一位40岁的大叔提出来的。也许，由他10岁的女儿提出来更符合逻辑。

细心者，细微观察之心也。乔布斯的创新，很多始于对生活的细心观察，对生活的细心观察，也为日后创新提供了鲜活的灵感。

因为有了细心，乔布斯把梅西百货漂亮的食品加工机变成了Apple II的外壳。

因为有了细心，乔布斯在日本的旅途中想到了MagSafe。

因为有了细心，乔布斯提出了只有一个Home键的iPhone，和Windows 98中显示桌面程序按钮在功能上如出一辙。

对产品细节的挑剔，为创新寻找到了着力点。乔布斯关注产品细节是出了名的，这在本书中也多次提到。因为关注细节，乔布斯总是能够从刚设计好的产品身上找到不尽如人意的地方，促使开发人员进一步完善产品。

决心者，坚持不懈之心也。

做伟大产品的决心，是乔布斯及其团队每周工作90小时的动力。有了这种动力，在产品研发中遇到的任何问题都能够解决。

因为有了初心、细心和决心，乔布斯对大家习以为常的做法提出新的想法，从其他领域再常见不过的行为或做法中获取灵感，实现属于乔布斯特有的创新。

乔布斯曾经说过，"领袖与跟风者的区别在于创新"。乔布斯无疑是领袖，而初心、细心、决心也许就是领袖之所以成为领袖的创新六字真言。

用户体验至上

乔布斯式创新，以用户体验为中心。

乔布斯改善用户体验有三样法宝：第一是化繁为简，第二是注重细节，第三是做艺术品。

- 化繁为简

"简单"是一个既很简单，又很不简单的概念。让我们先通过一个小例子看看日常生活中的"不简单"和"简单"。

现在的厨房中都会有微波炉，有些盘子能放到微波炉里，有些盘子不能放到微波炉里。所以，会有很多电视节目来介绍微波炉使用的注意事项。

这些节目一般包括四个部分：

第一个部分请专家详细阐述微波炉的工作原理。

第二个部分请专家详细阐述市场中盘子使用的主要材料。

第三个部分根据微波炉的工作原理和盘子的材料特性，枚举出微波炉能够适用的盘子和微波炉不能适用的盘子。例如硼硅酸玻璃、微晶玻璃、氧化钛结晶玻璃、聚丙烯、聚丙烯树脂、复合聚丙烯、耐热陶瓷等材料制成的盘子就能放到微波炉里，而雕花玻璃、强化玻璃、水晶玻璃、聚乙烯、苯乙烯、苯酚、密胺、铝、不锈钢、搪瓷制成的盘子就不能放到微波炉里。

第四个部分是进行实验，加深观众的印象。尤其是塑料盘子在微波炉中融化变形甚至冒烟的惨状，令人印象非常深刻。

我看过好多期类似的节目，但看完之后从来都不清楚我家的盘子哪个能放到微波炉里。

我妈从来不看这类节目，但是她总能准确地判断出哪个盘子能放到微波炉里。

终于有一天，我发现了老人家的秘笈。

她放入微波炉中的盘子，盘底都有出厂时的落款："适用微波炉"。

乔布斯希望给用户的就是"适用微波炉"这5个字，他的设计原则是：把简单留给用户，把复杂留给自己。

大家非常熟悉的台式机一般包括：一台主机、一台显示器、一部音箱、一个键盘、一个鼠标、一个摄像头、一个麦克风。主机需要电源线和网线，显示器需要电源线和视频线，音像需要电源线和音频线，键盘需要一条USB线，鼠标需要一条USB线，摄像头需要一条USB线，麦克风需要一条音频输入线。加起来一共3台大设备、4台小设备、10条各式各样的电线。这些设备分开，既便于专业化生产，同时在散热设计以及后续维修等方面均相对容易，但机器搬动不便，每次搬动时需要非常痛苦地重新接线，而且过多的连接线会让桌面显得零乱。

乔布斯对此非常有感触。为了方便用户，乔布斯始终坚持一体机设计，整台计算机用户只需要连接唯一一根电源线。现在苹果的一体机，主机、显示器、音箱、摄像头和麦克风集成在一起，一根电源线就能完成供电。键盘、鼠标和上网都采用无线技术，不需要任何电缆。所以，从7台设备10条电缆，变成了3台设备1条电缆。这就叫做让用户用着简单。

至于这样设计导致机器散热困难、制造工艺难度大、维修不便等问题，则留待苹果公司工程师和设计人员解决。

乔布斯一再强调，设计简单的产品，不是简单的删除，而是在对产品深刻理解的基础上，突出对用户有用的功

苹果公司1998年5月6日推出的iMac G3

能，删除不必要的功能。只有抛弃繁杂的技术线路，让艰深复杂的技术最简单地为用户服务，用户才能得到最好的体验。

简单的界面，简单的操作，简单的流程，甚至简单的说明书，这才是乔布斯的设计！

如本书第二章已经介绍过的iTunes，乔布斯为了尽快开发出自己的音乐管理软件，首先是找到了现成的SoundJam MP。从功能上看，应该说这个播放软件已经非常不错了，它能够很好地进行音乐的播放、转录、传输和管理。但是乔布斯认为它太复杂，用户使用时操作不便，不能给用户提供很好的操控体验。

于是在乔布斯指挥下进行了重新设计，大大简化了用户操作界面，同时突出了用户最常用、最关心的功能区，最终形成iTunes 1.0的界面。

SoundJam MP播放音乐时的界面

正是在这种设计理念的指引下，我们才有了美观大方的iPod、随时随地购买的网店、引发手机革命的iPhone、最轻薄的MacBook Air、开创计算机新时代的iPad……

iTunes 1.0使用时的界面

网上曾经流传一段视频显示，不到两岁的小孩自己在操作iPad观看视频、浏览照片，还有比这更简单易用的电子产品吗？

- 注重细节

　　细节决定成败，细微之处见真情。

　　乔布斯从不放过任何细节，即使机箱内部用户可能根本看不到的产品细节！

　　苹果产品给用户带来很好的体验，主要源自苹果公司设计者们对每一个产品细节的追求，用户在使用产品时能够强烈地感受到产品设计者们的用心和用情。

　　即使是在产品完成之后，乔布斯对产品包装都是力求精益求精。他亲自参与了19件iPod和iPhone的外包装外观设计以及2件iPhone的发明设计。乔布斯除了要求包装能够有效保护产品、包装本身美观大方之外，他甚至希望，当用户打开产品时，产品以优雅的姿势呈现给用户，用户一下子就被迷住。从打开包装的一刻开始，用户已经进入了乔布斯的无形的现实扭曲力场之中。

　　除了产品本身之外，乔布斯甚至对苹果零售店设计的每个细节都认真地"找茬"。2000年，乔布斯决定开苹果零售店。为了将零售店布置得更具特色，乔布斯先在苹果公司附近先建立一个模拟商店，乔布斯对零售店内功能分区、商品格局、地面装修材料、付款操作流程、楼梯、甚至店内厕所标志牌的颜色等都一一反复琢磨，反复体验。即使是已经完工，只要乔布斯不满意，仍然都得重新返工，直到满意为止。

　　当然，乔布斯这种过度关注细节、追求完美的作风也有不利的时候，有时甚至导致产品失败。为了产品细节多次返工，最直接的后果是导致产品不能按期上市，当然乔布斯认为这个问题远没有比发布带有瑕疵的产品更严重。但若过度追求某一细节完美影响产品其他方面的性能则可能得不偿失。这方面最为著名的例子莫过于乔布斯当年力主Macintosh电脑不采用风扇，以免用户听到令人心烦的嗡嗡声。可惜当时芯片的发热量过大，又没有采用合适的其他可替代的散热技术，导致Macintosh电脑被戏称为"烤面包机"。

- 做艺术品

　　做艺术品与做产品的区别是，艺术品需要一件一件地做，好的艺术品具有持久的生命力；而产品通常批量生产，充其量只能满足人们的一时需要。

　　乔布斯要做艺术品，而且要批量地做精致的艺术品！

　　乔布斯要做的艺术品是科技与人文的结合。乔布斯其实不懂科技，但乔布斯领导着一大批懂科技的工程师，而人文通常需要依靠设计师，通过产品设计来体现，这个乔布斯懂，非常懂。

　　因此，在苹果公司，只要有乔布斯在，设计师就主导着工程师。

　　乔布斯酷爱设计，一生参加了大量的产品外观设计，并与其他设计人员一起共获得了278件美国外观设计专利，几乎涉及苹果公司的全部主要产品。

说到乔布斯的产品设计，不能不说到苹果公司最为伟大的工业设计师乔纳森·艾弗，乔布斯绝大部分的外观设计专利都是与他合作完成的。在乔布斯重返苹果公司时，本来打算辞职的艾弗被乔布斯一句"我们要制造伟大的产品"忽悠住了。有抱负的年轻人就是喜欢这样有雄心的领导。当然后来事实证明，艾弗当时的决定是对的，乔布斯没有忽悠他。在艾弗和乔布斯共同努力下，苹果公司推出一个又一个伟大的产品，苹果公司最终成为苹果帝国。

补充一点，乔纳森·艾弗，人称乔尼，英国伦敦人，乔布斯的"灵魂伴侣"，苹果公司的首席设计师。在1992年加入苹果公司之前，其设计作品小有名气。与乔布斯一样，一心想设计伟大的产品。无奈在乔布斯回归苹果公司之前，公司利润最大化主导一切，艾弗虽有满腹经纶，但无法施展。这一切，随着乔布斯的回归而改变。

艺术品的诞生，除了优雅的设计之外，忠于设计一丝不苟地制造出来是关键。然而，忠于设计一丝不苟地制造谈何容易，它要求极高的工艺水准。苹果公司对生产工艺的高要求极高，甚至到了登峰造极的程度。

苹果产品主要通过代工厂生产。苹果公司在选定代工厂之后，对工厂厂房的规划、建设，每个生产流程、原材料、员工培训等等环节事无巨细，一律直接参与。尤其是生产现场，不仅有大量的驻厂工程师，而且对每个生产环节都采取远程监控，甚至远在美国总部都能够随时掌握着每个代工厂的生产情况。

乔布斯之后，"用户体验"成为很多企业喊出的口号，但是那些产品真的能给用户美好的体验吗？

把握时机

东方不败云：即使自宫，未必成功。

乔布斯亦云：即使创新，未必成功。

创新和成功之间，似乎还差那么一点点因素，这个因素就是时机。

乔布斯式创新，善于把握时机。

我们先把目光穿越回2001年。

那一年，Diamond对音乐出版商的官司取得了完全的胜利，MP3播放器的发展已经完全没有知识产权障碍和法律障碍了。此可谓天时。

那一年，所有的大牌都扎堆在激烈的PC战场，戴尔、惠普、索尼都是苹果的对手；但是MP3播放器还是小明星自娱自乐的领地，Diamond、iRiver、Creative，你能猜出它们是最强大的MP3播放器的公司吗？此可谓地利。

那一年，MP3播放器已经走过了3年的历程，强烈挑战着CD播放器的霸主地位。而且，苹果公司有了iTunes、iMac能够播放MP3。很自然的，苹果公司应该有一款MP3播放器，它能够存储iTunes中的MP3，播放MP3，并方便随身携带。此可谓人和。

天时、地利、人和都具备，乔布斯推出iPod的时机拿捏得恰到好处。也正是iPod的推出，苹果公司从计算机公司变成了"数字"公司，从恢复赢利变成了高速成长。

之后，苹果公司的iTunes成为PC播放软件，苹果公司的iPod成为便携的音乐播放器，而且iTunes和iPod之间能够方便的交互。从音乐产业链的角度看，苹果公司已经在终端播放市场有了全方位的布局。毫不夸张地说，不管是盗版市场还是正版市场，只要MP3市场在增长，苹果公司的产值和利润就会增长。

这个时候，音乐产业发展史上最诱人的机会出现了。

音乐产业自诞生之初，就存在正版和盗版之争。正版的关键是音乐内容，一首红遍大江两岸的歌能给出版商带来滚滚财源；盗版的关键是传播渠道，因为只要相关部门给力，街头巷尾兜售盗版光盘的小贩是成不了气候的，不管是在中国，还是在美国。

但是1999年诞生的Napster彻底强化了盗版的传播渠道。Napster实在是太方便了，用户可以足不出户地搜索音乐、下载音乐，而不必去传统的音像商店。更重要的是，这一切都是免费的，而音像商店中一张正版CD要16美元。所在，Napster出现后，正版的日子很不好过，盗版的日子很好过。

盗版压倒正版，本来就不符合社会常理。但重新树立正版的优势，又谈何容易，最起码需要做两件事。第一件事情比较简单，掐死Napster，时代华纳们在2002年通过法律途径做到了这一点。第二件事情比较复杂，要建立比Napster更好的音乐传播渠道，否则一个Napster倒下去，千万个Napster站起来，只靠打官司是无法赢得市场的。

所以，新的传播渠道将成为音乐产业的命脉。

但是，音乐出版商不懂如何建立超越Napster的传播渠道，即使这件事情对微软、IBM、苹果来说都是很简单的事情。

天赐的黄金机会！

2003年4月28日，乔布斯推出iTunes音乐商店，6天内卖掉100万首歌，彻底掌握了音乐产业的传播渠道。自此之后，音乐产业的产业链上，时代华纳们负责出品好听的歌，至于其他的事情，乔布斯一个人说了算。

一项并不困难的创新，遇到一个千载难逢的机会，乔布斯就此改变了整个音乐产业！

乔布斯把握机会的例子还有很多。

例如2007年，在多点触控技术发展成熟之后，乔布斯才勇敢地推出了智能手机

iPhone。2010年，在随时随地上网和移动办公成为一种趋势时，乔布斯才勇敢地推出了iPad。现在，iPhone和iPad已经是时尚的潮流，吸金的利器。而IBM和摩托罗拉早在20世纪90年代推出的智能手机，微软在2002年推出的平板电脑，却只能成为历史天空中的一片浮云了。

当然，苹果公司也不是上帝，也有推出一些不合时宜的产品。例如，Apple Lisa个人计算机和Newton（牛顿）掌上电脑。

1983年，苹果公司推出Apple Lisa个人计算机。Apple Lisa不仅采用了图形用户界面（GUI），还配备有鼠标，是当时最先进的个人计算机。无奈由于一些技术过于先进，成本太高，普通消费者负担不起，最终导致巨亏。

1993年，苹果公司推出很潮的Newton掌上电脑。无奈当时网络技术不过关，软件环境不发达，用户的需求没法被激发出来，导致在1996年最终草草收场。

所以，创新能否成功，能否被市场认可，决定因素往往不是创新的高度有多高，而是创新的时机有多准确。

乔布斯式专利

专利强人

IT企业之间竞争的是产品，IT企业的产品就是硬件和软件！

如今，硬件和软件皆可专利！

专利者，排他也。通俗地说，一旦某一硬件、软件或外观被某人专利了，别人就不能再随意使用了，否则就侵犯了某人的专利权，双方可以法庭上见。

企业申请专利一方面具备防御性，可以保护自身的创新不被抄袭；另一方面具备攻击性，能够阻止其他企业前进的脚步，增加其他企业追赶和超越的代价。

专利就是企业作战用的武器，农民耕田用的锄头，猎人捕猎用的猎枪。

掌握专利武器最多的当属拥有百年历史的老牌企业IBM。仅1976~2011年，IBM就向美国专利商标局提交了大约9万件专利申请，获得了超过7万件的专利权，远高于其他公司。由于IBM专利武器库十分庞大，因此很少受到来自其他大公司的专利诉讼，而且每年的专利许可收入高达10亿美元。

与苹果公司既是合作伙伴又是法庭上老对手的三星公司，所掌握的专利也远超苹果。截止到2012年6月，三星在美国已经获得了超过4万件发明专利和超过3 000件外观设计专利。从发明专利数量上看，三星所持有的美国专利是苹果的10倍，称得上是专利"巨无霸"。

摩托罗拉和微软，均持有接近2万件美国发明专利和1 600~1 700件外观设计专利。而作为手机大佬的诺基亚，持有超过8 000件美国发明专利和1 300多件外观设计专利。

到2012年6月为止，苹果公司仅持有大约4 000件美国发明专利和800多件外观设计专利，另外还有大约3 000件专利申请在美国专利商标局待审查中。与其他大公司相比，苹果公司只能算是专利小户了。

但是在法庭上，从2010年以来，苹果公司多次对专利"巨无霸"发难，完全没有作为专利小户的谦卑感，是专利战中不折不扣的强者。

- 苹果公司有多少专利

根据统计，自1977年始至2010年，苹果公司向美国专利商标局共提交了大约6 300件发明专利申请，在世界各国共提交了大约1.3万件发明专利申请。下图是

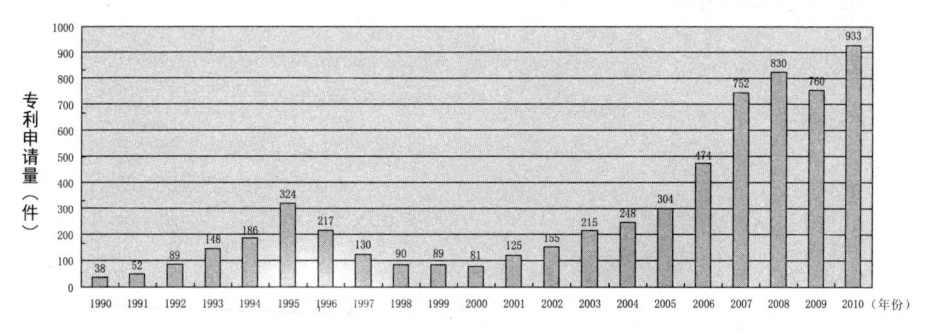

1990～2010年苹果公司历年向美国专利商标局提交的发明专利申请统计图。

苹果公司向美国专利商标局提交的发明专利申请数量图（1990～2010年）

苹果公司在1977年提交了第一件美国专利申请，迈出了专利战略的第一步。但是一直到1990年之前，苹果公司每年申请的专利都还非常少。1990年开始申请量逐步增长，1995年在美国提交了324件专利申请，达到苹果公司历史上的第一个高峰，这一数量是当时诺基亚年申请量的两倍。但此后，苹果公司由于进行较大的产业结构调整，每年提交的专利申请量逐步下降，诺基亚每年的专利申请量却不断上升。在2000年，苹果公司当年仅提交了81件发明专利申请，而诺基亚当年却提交了超过800件专利申请，正好是苹果公司的10倍。

2000年之后，随着苹果公司不断推出新产品，其每年提交的专利申请一路飙升。到2010年，苹果公司的年提交专利申请量接近千件，同时每年获得的专利权也不断增多。根据统计，苹果公司在2011年共获得了大约680件美国发明专利和123件外观设计专利。

根据统计，截至2012年6月，苹果公司共向美国专利商标局申请了大约6 510件美国发明专利。这些发明专利根据技术主题可分为基础技术（包括数据处理技术、显示技术、电源技术、编解码技术、通信技术、照相及摄像技术等）、PC技术（包括PC机械结构、PC电路结构、OS X操作系统、键盘及鼠标等）、iPod技术（包括iPod硬件技术、操作软件、iTunes等）、iPhone及iPad技术（包括iPhone及iPad硬件、多点触控硬件及操作软件、App Store等）以及其他技术。

在这些专利申请中，基础技术总共有3 373件，占了大约一半，体现了苹果对基础专利的重视。另一大项是PC技术，共有1 591件，占了大约1/4，这是苹果的传统产品，也是其看家技术，尤其是其中的OS X就有894件。iPod技术和iPhone及iPad技术分别有409件和744件，其中iPhone及iPad技术基本都近5年内申请的，而且还在快速增长之中。在近年来诉讼热点的多点触控硬件和操作方面，苹果公司共申请了322件美国专利。

根据苹果公司近几年的专利申请数量推算，苹果公司在今后几年中每年向美国专利商标局提交的专利申请超过1 000件，每年获批的美国专利在800～900件。

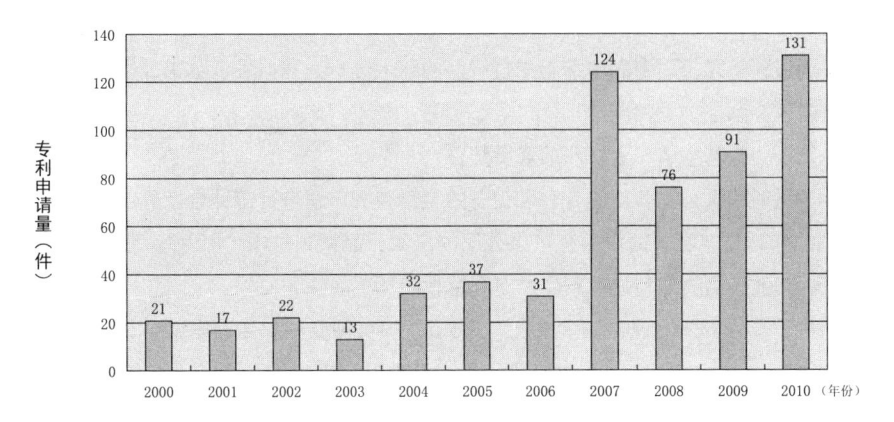

苹果公司向美国专利商标局提交的外观设计专利申请数量图（2000～2010年）

从2000年开始，苹果公司还积极申请外观设计专利。从已获得的专利统计数据来看，苹果公司在2006年之前每年获得的外观设计专利并不太多，只有20～30件。但到2007年之后，开始大幅度增长，达到每年100件左右。这与苹果公司从2007年开始密集推出创新型手机、笔记本、平板电脑有关。

进一步分析苹果公司的专利技术领域分布可以发现，苹果公司大约有一半发明专利和专利申请（约3 000件）涉及IPC中的G06F（电子数据处理），这与苹果公司的主要产品都是属于消费电子产品领域有关。

经对G06F领域中的美国发明专利进一步统计分析，发现IBM有近40 000件专利或专利申请涉及该领域，微软有17 000件涉及该领域。其他消费电子巨头诸如飞利浦、三星、索尼掌握的该领域的专利也均远多于苹果公司所掌握的专利。

除了G06F之外，苹果公司专利相对集中的领域是H04N（图像处理）和H04L（数字信息的传输）领域。但与上述公司相比，其所持有的专利数量相对较少。

• 有的放矢与漫天布雷

根据美国专利商标局网站上公布的专利统计，苹果公司大约拥有4 000项美国专利，仅是IBM的1/20，三星电子的1/10，索尼的1/8，微软和摩托罗拉的1/5，诺基亚的1/2。

但是，苹果公司近年的专利诉讼战却打得如火如荼，除了与老朋友微软之间近期还算和谐之外，苹果公司几乎与各大巨头都在大打出手，且战绩似乎还不错。尤其值得一提的是，手机中昔日的大哥大诺基亚，虽然拥有的专利是苹果的2倍以上，但随着以苹果为代表的智能手机崛起之后，如今诺基亚不仅丝毫没有大哥大风范，反而面临重重危机。

那么是什么让苹果公司具有如此实力？

通过对苹果公司专利申请与主打产品的深入分析，我们发现苹果公司的专利申请具有如下特点：

第一，专利申请与主打产品高度契合。

通过对苹果公司获得的专利和公开的全部专利申请进行统计分析可以发现，超过90%的专利或专利申请集中在苹果公司的三大产品系列之中：PC机、音乐播放器和手机。其他产品的专利数量不超过专利总数的10%。

进一步分析还发现，在苹果公司约6 500项美国专利和专利申请中，苹果公司在其传统领域（例如OS X及相关应用软件）具有近1 000项专利，在显示技术方面具有近600项专利，在近年来逐步兴起的多点触控的硬件和软件方面具有300多项专利。

通过这些专利，苹果公司对其主打产品形成了有效的专利保护。

第二，在产品生产出来后、发布前有针对性地提出多种变型专利保护。

对于重要产品，苹果公司会毫不犹豫地提出多种变型进行全面保护。例如，在1998年发布iMac G4时，除了对产品采用的申请外观设计专利外，还同时将可能出现的8种变型都一并申请专利保护。在2005年发布iPod nano前甚至同时提交十多种变型外观设计专利。通过这些变型保护，苹果公司基本堵死了其他企业想对其产品进行简单的变换就可绕过其专利保护的可能。

与其他公司都是提前布局专利不同的是，苹果公司一般在产品基本生产出来并在即将发布前夕有针对性提交完备的专利申请，对其进行有效的专利保护。尤其是应用型专利和外观设计方面专利，基本都是如此。

通过对乔布斯近400项专利申请时间与产品发布时间进行对照即可发现，在乔布斯参与设计的27项产品中，针对其中20项产品的首次专利申请是在产品发布前1个月内提交的，3项是在发布前2个月内提交的。提交首次专利申请最长的产品是iPhone，是在其发布前5个多月就已经开始提交专利申请。

苹果公司这种晚提交专利申请的好处，不仅是出于高度保密的需要，同时还有利于对最终产品的功能和外观有针对性地形成有效的专利保护。这或许是苹果公司专利数量相对较少，但其产品专利保护十分有效的一个原因吧。

第三，注重外观设计的专利保护。

苹果公司注重外观设计，这已经是公开的秘密。但是，据统计，截至2012年6月，苹果公司仅有800多项外观设计专利，只有三星和索尼的1/4，是微软和摩托罗拉的1/2，是诺基亚的3/5，似乎看不出苹果公司有如何重视外观设计专利。

但是进一步分析发现，苹果公司所拥有的外观设计专利与发明专利基本是1∶5，诺基亚是1∶6.5，微软、摩托罗拉和索尼基本都是在1∶10～1∶12，而三星电子是1∶15。从这个比例中可以看出，虽然苹果公司所拥有的专利总量较少，但是其中外观设计专利的比重最高。这或许是苹果公司重视外观设计的一个佐证吧。

第四，基础专利与应用型专利并重。

苹果公司重点产品的基础专利大多通过自身技术开发或者购买取得。在掌握某项技术的基础专利之后，苹果公司非常注重应用型专利的开发和保护。

一方面，对于某项新技术，苹果公司在决定今后准备推出产品之后，一定会不惜一切代价将其收入囊中。当然尽管苹果公司有其决心，但也并不是总能够办到。例如，在移动通信领域，尽管其开发了大量的应用型专利，但由于苹果公司属于后来者，大量的手机基础专利仍然掌握在其他通信巨头手中。

另一方面，在产品发布之前，苹果公司一定会对其进行全方位的专利保护，虽然有些专利可能仅仅是前面基础专利的一种具体应用而已。苹果公司通过这种层层设防的方式，一方面大幅度减少所需的专利数量，另一方面对其产品进行了充分有效的保护。

例如，乔布斯在发现多点触控技术的巨大市场潜力之后，毫不犹豫地收购了Fingerworks公司，并将其所拥有的关于多点触控硬件方面的核心专利及其主要研发人员一并全部揽至自己的旗下。之后，还进一步组织大量技术人员进一步研发多点触控的手势操作，并在iPhone发布之前对其进行详细的专利保护。通过这些措施，苹果公司基本掌控了多点触控领域的主要发展道路。

漫天布雷是无法掌控产品的发展方向的体现。苹果产品经常在一经推出后成为产品事实上的标准，这对于信心十足的苹果公司来说，用不着漫天布雷。

有的放矢和漫天布雷都是一种策略，但两种策略下的每个专利的效能却大不一样。

• 全球排兵布阵

苹果公司在世界各国提交了总共1.3万多件专利申请，通过对这些申请国别进行统计分析，可以发现，除了在美国专利商标局之外，苹果公司的专利主要集中在欧洲、澳大利亚、中国、日本、韩国等国家或地区。

从宏观统计数据看，苹果公司的每一件发明除了向美国专利商标局申请一件专利之外，基本还会到其他一个国家或地区申请一件专利。

除了美国之外，苹果公司专利申请相对较多的国家/地区分别是：进入欧洲的专利申请为在美国专利申请量的大约1/6；进入澳大利亚和中国的专利申请基本持平，700多件，为在美国专利申请量的大约1/10；之后为日本和韩国，分别500多件和400多件。

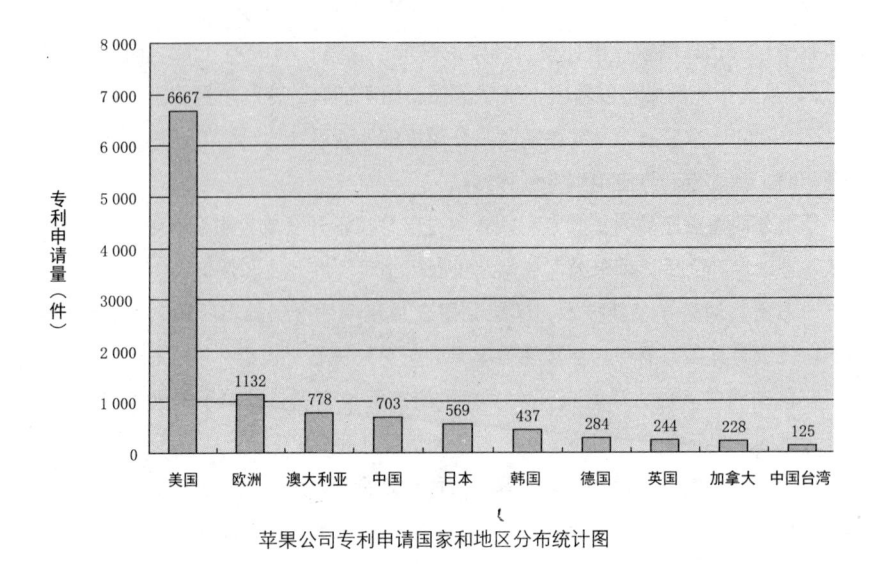

苹果公司专利申请国家和地区分布统计图

从苹果公司进入美国之外其他国家或地区的专利数量看，苹果公司显然将专利的主战场放在美国，对于其他国家或地区（包括中国在内），尤其是在2007年之前，仅仅是试探性地申请部分专利，并没有形成完备的专利保护体系。

苹果公司总共大约申请了1 630件PCT国际专利申请。在2007年之前，每年基本不超过50件，但自2007年之后，苹果公司开始大量申请PCT国际专利申请，近两年每年250件以上。很显然，自2007年之后，苹果公司希望通过PCT国际专利申请这一平台加大向其他国家申请专利的力度，尤其是明显加大了向欧洲专利局和中国国家知识产权局的专利申请量。

• 与专利审查员"斗争"

据统计，自1998年起乔布斯作为发明人或共同发明人向美国专利商标局提交了86件发明专利申请。截止到2012年6月，有53件获得专利权，29件正在审查之中或等待审查，4件放弃。

通过对已审查结案的56件申请的审查历史统计可以发现，平均每件申请美国专利商标局发出1.7次审查意见通知书（Non-Final Rejection）、1次驳回（Final Rejection），以及约1.5次会晤（含电话会晤），每件申请平均审查4年（自申请日起算）。

进一步分析具有可查阅的完整审查历史档案的50件专利申请可发现，美国专利商标局对其中44件发出了审查意见通知书，其余6件直接授予专利权。在发出了审查意见的44件中，除了其中有一件审查意见仅仅涉及重复授权之外，其余43件均涉及新颖性或创造性问题，并且其中还有几件同时对保护客体、重复授权等问题提出了质疑。可见，在美国专利商标局专利审查员非常注重新颖性和创造性的审查。

在这场与专利审查员的"斗争"中，美国专利商标局的审查逻辑是，除非请求保护的技术方案与现有技术明显不同（明显具备新颖性和创造性），专利审查员一般都会发出否定的审查意见通知书，由申请人具体陈述该申请具备新颖性和创造性的理由。如果专利审查员认为申请人修改或意见陈述不够充分，即发出驳回，该申请的审查进入下一环节。

苹果公司的专利律师对于美国专利商标局专利审查员这种审查意见的答复也是轻车熟路。通常先对权利要求进行一些修改，比如根据专利审查员所提供的现有技术适当缩小请求保护的范围或者甚至只进行一些无实质意义的形式修改，之后从两者存在实质性不同、现有技术没有结合启示等方面进行反驳，认为修改后的权利要求相对于现有技术具备新颖性和创造性。

通过对乔布斯上述50件专利申请审查历史案卷的分析，我们可以清楚地看到苹果公司专利律师与美国专利商标局专利审查员的这种"斗争"策略。

例如在本书第二章曾经介绍过的US7345671专利申请的审查过程中，美国专利商标局总共发出了4次审查意见和2次驳回，每次审查意见或驳回均引用差不多10篇的现有技术文献来评述全部权利要求的新颖性或创造性。面对这种审查意见或驳回，苹果公司的专利律师每次总是深入分析这些现有技术文献并修改权利要求，逐步缩小请求保护的范围，通过技术特征限定将请求保护的技术方案与这些现有技术区别开来。同时，他们还针对专利审查员的审查策略，详细论述请求保护的技术相对现有技术的非显而易见性（相对于我国的创造性）的理由。尤其是针对专利审查员的第四次审查意见通知书，苹果公司的专利律师们还引用《美国专利审查程序手册》中关于反向教导会导致两篇现有技术无结合的动机来反驳专利审查员的审查意见，最终得到专利审查员的认同。

苹果公司这种根据专利审查员所检索的现有技术逐步缩小请求保护的范围的修改方式，不仅非常有利于苹果公司获得尽可能大的的保护范围，同时还会增强苹果公司对其专利权稳定、有效的信心。

另外，从社会公众的角度看，将这种确定专利权保护范围的过程呈现给社会公众也非常有意义。通过这种审查过程，社会公众能更清晰地认识该专利的创新点，从而可以更加准确地理解该专利权的保护范围，而且日后一般也不会再使用专利审查员曾经引用过的现有技术对该专利权进行无效。

相反，如果专利审查员在找到具体的现有技术后，主动认可其专利性，虽然从具有专利性这个结果上可能没有区别，但由于社会公众所得到的信息是不充分的，因此不利于社会公众对该申请具备专利性的认识。如果该专利涉及诉讼，没有技术背景的法官和律师们对其专利性认识将会面临更大的困难。

因此，专利审查的意义不仅仅在于给出一个审查结论（授权或驳回），还在于给社会公众呈现一个肯定或否定专利性的过程。

这一过程就是申请人（专利律师）与专利审查员的"斗争"过程。

小苹果·青苹果·黄苹果·红苹果

从苹果公司诞生的1976年至乔布斯离世的2011年，随着乔布斯人生的沉浮，苹果公司的专利战略大致可以划分为如下四个阶段。

• 小苹果时代

这是苹果公司的第一个十年（1976～1986年），苹果公司基本处于幼年阶段——小苹果时代。这期间苹果公司总共获得了30多件美国专利，而同时代的IBM、摩托罗拉和索尼等，则都是多达几千件专利，苹果公司与这些公司相比，显然完全不在一个层面上。

在此期间，苹果公司虽然也针对其自身产品进行大量研发，但自身专利保护意识比较薄弱，很少申请专利。最为典型的例子是，在苹果公司设计出第一台Apple II之前，并没有针对产品的外观、主要革新技术等申请相应的专利保护，由此导致随后出现一大批类似的产品。另外，在海盗船长乔布斯的带领下，对于其他公司的先进设计，苹果公司也会毫不犹豫地借鉴。最为大家津津乐道是乔布斯带领他的研发团队多次参观施乐的PARC研究中心，从其中获得了大量关于个人计算机方面的"灵感"。

在这个十年里，苹果公司总体上还比较弱小，但富于创新精神，敢于挑战权威（甚至通过《1984》视频短片挑战当时的蓝色巨人IBM），苹果公司进步神速，但也完全没有领会到充分运用专利制度的效用。这也是大多数公司在创业阶段的共性。

• 青苹果时代

这是苹果公司的第二个十年（1987～1996年），苹果公司处于少年阶段——青苹果时代。这个十年，基本上是乔布斯离开苹果公司的十年。虽然苹果公司仍然富于朝气，每年在产品研发上有大量的投入，并且在很多方面也取得了不错的成果，比如在1993年推出的第一台个人数字助理（PDA）就属于一种开拓性产品。无奈的是，没有乔布斯的苹果公司失去了前进的方向，即使有很多很好的创意，但最终也只能是奉献产业、失意自身，并在激烈的竞争中败下阵来。

在这个十年里，苹果公司开始逐步意识到专利保护的重要性。从1986年开始，专利申请量逐年增多，到1995年时，苹果公司在美国专利商标局的申请量达到顶高峰（当年发明专利申请量为325件）。但由于产品太分散，专利申请也基本处于自发状态，无法形成对产品的有效保护。

这期间的苹果公司，虽然专利申请初具规模，但缺乏明晰的专利保护策略。

• 黄苹果时代

这是乔布斯离开苹果公司回来后的第一个十年（1997～2006年），从苹果公司整个发展来看，它是苹果公司的第三个十年。这十年里，苹果公司处于青年阶段——黄苹果时代。这期间，乔布斯回归之后首先对苹果产品进行了大幅度削减，仅保留苹果未来要重点攻关的四类产品。因此专利申请量先是一路下滑。到2000年之后，随着乔布斯推出经典的iPod，苹果公司的专利申请开始逐步增加。从数量上看，到2005年时，基本接近1995年的申请数量。

这个阶段，苹果公司趋于成熟。在企业内部就产品种类进行大幅度调整，并在发布几款明星级产品之后，苹果公司又再次开始盈利，逐步尝试到知识产品保护的重要性。

从专利策略角度看，这期间苹果公司基本还是处于专利积累阶段，且逐步形成了清晰的专利策略。每次针对即将发布的新产品，苹果公司一般都会选择在发布前几个工作日提交一系列临时申请，之后基于这些临时申请，并结合这些产品在市场上的表现，选择是否提交后续的专利申请。例如，在发布G4 cube后，虽然其设计很酷，也获得不少大奖，但是因为市场并不看好，所以后来只申请1件专利。相反，在2001年首次发布iPod之后，由于市场前景非常好，因此后续大量专利申请进一步跟进，对该产品从各个方面形成全方位保护，有效地阻止了其他厂商的仿制。再例如在1998年发布iMac G4之前，不仅对三段式设计在美国及其他主要国家申请发明专利，还对可能存在的不同变型共申请了9种外观设计专利；在2005年发布iPod nano之前对该产品的外形同时提交了十多种变型外观设计专利申请。通过这些专利申请，苹果公司对产品进行了充分的专利保护。

此外，在这期间，苹果公司还随着产品全球化而进行了全球化专利布局。

总之，这期间苹果公司侧重于对自己新产品的全方位专利保护并开始在全球进行专利布局。但是，由于这期间苹果公司所拥有的专利数量还相对较少，因此苹果公司很少主动起诉其他公司，处于防御型专利战略时代。

• 红苹果时代

2012年之前的四年（2007～2011年），是乔布斯人生最后的四年，苹果公司处于成熟阶段——红苹果时代。这四年里，苹果公司在乔布斯的带领下，继续保持了旺盛的创造力，也是发布新品最为密集的时代。苹果公司先后发布了革命性手机iPhone、最轻薄的笔记本MacBook Air和计算机新品种iPad，等等。

这期间，苹果公司一方面大量积累自己的专利库，其主要方式就是大量申请专利，进一步有意识地对自身的产品进行全面的、充分的专利保护。根据对美国专利商标局已经公开的苹果公司专利申请的统计，在这四年中苹果公司向美国专利商标局提交了3 700多件专利申请，并获得了超过1 800多件发明专利权。同时，苹果公司积极收购拥有重要专利技术的一些小企业，获得重要的基础专利。例如从2008年开始，苹果公司先后收购了Fingerworks、P.A. Semi、Siri等公司，并且还在2011年与微软联合收购了北电网络，获得了大量关于通信方面的基础专利。

另一方面，苹果公司利用其所拥有的专利权大量起诉竞争对手，积极维护自身的产品市场。由于苹果公司在智能手机的多点触控操作方面具有一定技术优势，并已经获得多项重量级专利，因此苹果公司已经在全球开始对多家公司发起关于智能手机方面的专利战。

在红苹果时代，苹果公司具备较强的研发能力，对于自己的主打产品寻求完备的专利保护，同时利用自身的专利优势排挤、压制竞争对手，苹果公司进入了典型的进攻型专利战略时代。

四面出击　四面应战

近年来，电子通信等高新技术领域中，硝烟四起，战火不断，专利纷争愈演愈烈，有的专利官司甚至动辄涉及上亿美元的赔偿金额，足以让一个企业从此销声匿迹。严酷的现实让越来越多的厂商逐步意识到专利在市场经济中的重要作用，因而，拼抢和竞争的内容已经不仅仅是产品、价格和服务本身，还包括看不见摸不着的知识产权——专利。

苹果公司，在电子通信领域有着深厚的积淀，并且在近十年间迅速崛起，以新颖、精致的产品成为消费电子产品的霸主。乔布斯又是一个眼中揉不得沙子的人，他厌恶别人模仿他的产品，"盗窃"他的技术，主动发起了电子产品的专利战争。

- 开放与封闭的较量

乔布斯的苹果树在封闭的iOS生态系统中茁壮成长，短短数年间推出了iPhone、iPad等颠覆性的产品，坐上了全球市值第一的宝座。

与此同时，谷歌推出的Android系统也凭借着低价的开放性逐步壮大，侵蚀着苹果公司的市场份额。这让乔布斯非常不满，曾公然讥讽Android系统"只会给用户和开发者带来混乱！"

在2010年1月，乔布斯看到HTC的最新Android手机时，愤怒地通知谷歌的CEO说"我希望你们立刻停止在Android系统中使用我们的想法"。乔布斯还曾发誓，会"不惜一切代价击败Android"，哪怕花光苹果公司的400亿美元现金也要"纠正这个错误"。

口头的斥责和讥讽无法解决问题。为了遏制Android疯狂增长的势头，苹果公司决定发起一场与Android阵营的专利核战争。

在iOS阵营中，只有苹果！

在Android阵营中，有谷歌、三星、HTC、摩托罗拉等多家公司！

在这场以一敌众的专利大战中，谷歌是Android阵营的幕后操纵者。然而Android是开源系统，并没有商业目的。因此尽管苹果公司对其恨之入骨，却对谷歌无可奈何，只能将矛头直指Android的智能手机制造商。

- 第一个炮轰对象

2010年是智能手机市场如火如荼的一年，在全球范围内智能手机的出货量同比增长67%。HTC则是2010年Android阵营的领头羊，在北美地区第一季度以23%的市场占有率超过了苹果公司，成为智能手机的冠军。

为此，乔布斯锁定HTC，于2010年3月提出诉讼，称HTC侵犯了20多项与iPhone用户界面、触控技术和底层架构相关的专利。同时，苹果公司还向HTC发动了"337"调查。

美国"337"调查是由美国国际贸易委员会（ITC，可不是HTC）负责，目的是禁止一切不公平竞争行为或向美国出口产品中的任何不公平贸易行为，其大部分调查针对专利、商标、版权、工业设计等知识产权侵权行为。

一般来说，对于侵权纠纷，知识产权的专利权人可以通过司法诉讼寻求救济。而"337"调查作为美国一项独特制度，在美国大量运用。与一般的专利侵权诉讼相比，"337"调查通常在12~16个月内结束，复杂的案件可能会延长至18个月，而涉及知识产权的侵权纠纷类司法诉讼，一般需要耗时3~4年。对于电子类产品这种对时间性要求较高的领域来说，"337"调查是一个能够在短时间内解决问题的好办法。

面对苹果公司的一纸诉状，HTC并没有示弱，于同年5月也向ITC提出了针对苹果公司的"337"调查。

由于HTC的专利储备相对较弱，在与苹果的专利战中并不占优势。针对苹果告HTC的"337"调查，ITC于2011年12月19日宣布苹果公司胜诉，认为HTC侵犯了苹果公司的US5946647专利权。

对于HTC告苹果公司的"337"调查，ITC也于2012年2月17日作出最终判决，认为苹果公司并没有侵犯HTC的专利，宣告HTC败诉。该判决涉及HTC的一项关于在不同模式下的省电管理模式的专利US6999800。

并且，ITC颁布了针对HTC手机的禁售令，要求从2012年4月19日起含有US5946647中功能的HTC手机均不能进入美国销售，其包括HTC的重量级产品One X和HTC即将上市的EVO 4G LTE。这无疑是对HTC的一大重创。

US5946647专利技术主要涉及对非结构化文本中的电话号码、地址、E-mail等信息进行格式分析，并供用户选择性地启动相关的常用操作，例如打电话、地图或

US5946647中的示意图

E-mail等。这是一项在智能手机中的常用功能。

之后HTC进行了回避设计，让用户手动挑选相应的应用程序，试图绕过US5946647的保护范围。而苹果公司仍然死咬不放，于2012年6月4日再次向ITC提出禁售要求，请求禁止HTC生产的29款新手机在美国销售。

目前还不能确定HTC的回避设计是否奏效，但是在对手猛烈的专利战火下，及早寻求新的替代方法，也是不得已而为之的有效解决办法。

● 一个好汉三个帮

在专利战中，HTC与三星和摩托罗拉不同，没有多年积累的网络技术，也没有足够的实力应对苹果公司在智能手机操作中的软件专利，处于不利的战略位置，只好依

靠外援帮忙。

　　威盛（VIA）因其与HTC都是一个老板投资的，关系特殊，理所应当地充当了HTC的援军，站出来和苹果公司作战。威盛的子公司S3 Graphics，掌握着大量低能耗的图形与视频技术，对苹果公司造成了一定威胁。

　　在苹果公司起诉HTC不久，S3 Graphics就向ITC提出苹果公司侵犯了其图像专利技术。2011年7月，ITC初审裁定S3 Graphics胜诉，苹果公司使用的Mac OS X系统侵犯US6683978和US6658146两项专利。

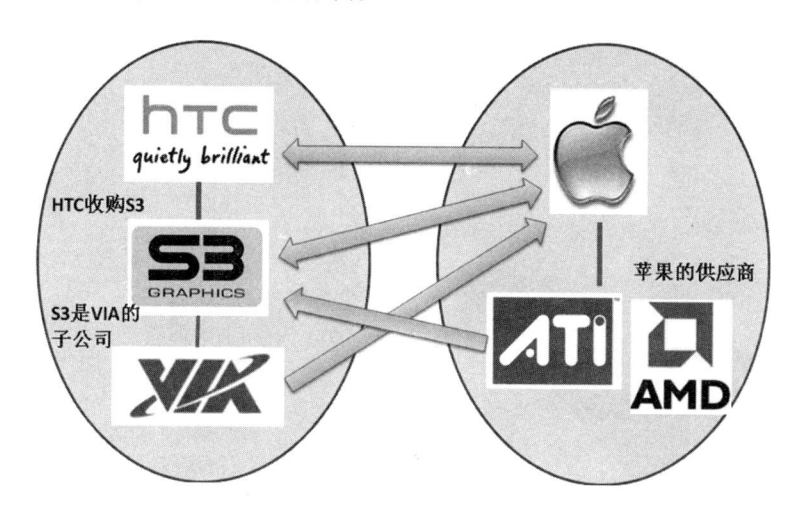

苹果、HTC两大阵营的混战格局

　　HTC为了解决其专利储备问题，斥资3美元亿收购了S3 Graphics，获得其影像与图像解压缩等专利。

　　由于S3 Graphics对苹果公司的诉讼直指苹果公司所采用的显示芯片，该显示芯片是AMD的子公司ATI提供的Radeon HD 6490M等产品。这使得AMD和ATI也积极投入战争，向S3 Graphics发难，指出S3 Graphics并未真正拥有其所声称的专利技术，形成了两大阵营混战的格局！

　　2011年11月，ITC作出最终裁定认为苹果公司并未侵权，竟推翻了初审结论。这让HTC竹篮打水一场空，股价立刻重挫6%以上！

- 一山不容二虎

　　苹果和三星是当今智能手机舞台上的两颗巨星。两家之间合作与竞争并存，到底是敌是友，谁又能说清楚？

　　苹果是三星难以割舍的大客户，每年能够给三星带来巨额的订单。

三星是苹果无法摆脱的供应商，为苹果提供A4/A5处理器、Retina屏幕等零部件。

不容否认，三星也是目前Android阵营的首席代表，将Android系统的优势发挥得淋漓尽致，其推出的Galaxy手机同样采用多点触控，外形酷似iPhone。

这无疑触及了苹果公司的核心利益，让乔布斯不得不痛下杀手，为苹果公司扫清障碍。

2011年4月，苹果公司先撕破脸皮，起诉三星公司的Galaxy S系列手机和平板电脑抄袭了苹果公司的设计。

在诉状中苹果公司指出，三星公司的Galaxy S手机侵犯了iPhone的外观设计专利。的确，整体感觉上Galaxy S和iPhone有点孪生姐妹的感觉，无论是手机外形，还是应用程序界面。

然而，我们看看苹果公司的iPhone外观设计保护的是什么呢？

只有一个控制键的圆角矩形手机？整齐排布着圆角矩形图标的应用界面？难道大屏幕智能手机不应该是这个样子吗？

苹果D602016

三星 Galaxy S

到底是三星抄袭了iPhone，还是iPhone霸占了人们的思维。如果认可苹果公司的主张的话，也许意味着其他大屏幕智能手机都必须绕道行驶，设计成各种奇怪的样子。

这就是专利制度，一把双刃剑。一方面它能激励先发明的人早日申请，抢夺先机；另一方面它也会给后来的商家设置障碍，如果运用不当甚至会阻碍自由合理竞争。

如果当年把二进制加法授予了专利权，那恐怕就没有如今IT时代的繁荣了。

除了外观设计外，在与三星的较量中苹果也多次搬出了自家法宝——多点触控技术，对三星使用滑动解锁、滚动列表等技术提起诉讼。

三星自然也不会示弱，一方面反诉苹果的多点触控技术无效，例如，提出2005年瑞典手机厂商Neonode生产的手机就已经使用了滑动解锁技术，成功地让荷兰法庭认为苹果公司的滑动解锁专利EP1964022是不具备创造性的。另一方面三星从20世纪90年代就活跃在移动通信技术上，拥有上万件移动通信技术相关专利，是3G

通信技术的强者。三星利用多年来在移动通信技术上的优势，在多个国家控告苹果公司侵犯了其3G UMTS技术，包括US7675941、US7447516、US7486644，要求对iPhone 4S发出禁售令。

三星的US7675941专利涉及移动通信中使用预定义长度指示符传输数据的方法，其可以降低分组传输引起的开销；US7447516专利涉及在支持增强型上行链路服务的数据传输方法，用于发射数据的功率设定；US7486644专利涉及发送混合自动请求重发所需要控制信息的方法，用于改善发送该控制信息的可靠性。这些专利都是非常核心的通信技术。

这让苹果公司很无奈，苹果公司在三星向荷兰法院提起的专利侵权诉讼案中曾表示：" 如果不使用三星电子的专利就无法制造手机，但三星电子索要过高的专利费，是产品售价的2.4%。"

为了反击三星的炮火，2012年2月，苹果公司在美申请禁售三星Galaxy Nexus，指控其涉嫌侵犯的专利包括US5946647、US8086604、US8046721、US8074172。其中，US5946647也是苹果对付HTC的老套路，之前ITC就曾裁定HTC的Android手机侵犯了苹果的US5946647，因而将其禁售。

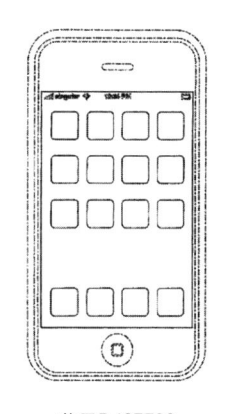

2012年6月，法院裁定三星侵犯苹果专利，在美禁售Galaxy Nexus。

2012年7月，在禁售令下达之后，三星请求法院暂缓执行，但请求遭到了驳回。这也是三星第二次请求解除禁令遭拒。苹果公司与三星的专利诉讼仍在继续之中。

可以看出，恐怕这种与用户的需求最为契合的软件专利往往也是难以规避的，一点也不亚于3G核心通信技术。

苹果与三星各有千秋，就像是李小龙和泰森之间的搏击，一个以灵巧取胜，一个以力量占优。两者在斗争的同时也在相互学习。苹果学习三星，努力储备通信技术，高价收购北电的通信技术专利；而三星也在学习苹果，在外观设计和软件应用上逐步拓展。

• 杀鸡儆猴

从苹果公司的iPhone、iPad上市那天起，它就成为时尚的风向标，也是众多厂商学习和模仿的对象，很多企业推出了模仿iPhone的机型。因此，苹果公司除了需要应对三星、HTC等重量级对手的出击外，还需要解决与小厂商之间的矛盾。

面对多如牛毛的大小厂商，苹果公司又怎么可能一一拿下？最好的办法是先找个"软柿子"捏捏，这也算是杀鸡儆猴吧，不失为一种有效而巧妙的战术。

魅族科技公司在苹果公司发布iPhone之后不久就发布了魅族手机M8，从外观上看两者的确非常类似，同时在系统设计中也借鉴了iPhone的许多元素。魅族M8是一款与iPhone针锋相对的手机，甚至曾被网友誉为"中国最成功的手机产品"。

为此，苹果公司一纸诉状将魅族告上法庭，谴责魅族蓄意偷窃苹果公司的创意和知识产权。

面对诉讼的压力，魅族M8不得不停产的消息经过魅族CEO黄章的微博不胫而走，这也让魅族M8的知名度急速上升。当然，也有不少业界人士指出，这不过是一种惯用的商业炒作伎俩。

在诉讼中苹果公司回应称"iPhone出色的外观设计是其成功的重要因素，不存在相同和近似"。然而，面对这样再简单不过的手机设计，很多人质疑iPhone的外观设计到底有什么特别之处，手机不都是这个样子吗？怎么好说谁模仿了谁，又怎么断定是谁偷窃了谁的创意呢？就好像天下乌鸦一般黑，总不能说后出生的乌鸦都是在模仿第一只吧。

然而，专利的游戏规则是，在他人获得专利权之后，除非你能够像三星那样从故纸堆中找出在其专利申请日之前存在的相同或相近的现有技术以无效掉该专利权之外，否则你就得尊重人家的权利。

热点评析

iPad的纷争

· 漂亮的陷阱

为了iPad，在太平洋西海岸，苹果和三星在战斗，武器是专利。

为了iPad，在太平洋东海岸，苹果和唯冠在战斗，武器换成了商标。

东海岸的战斗，还要从12年前说起……

2000年，台湾唯冠在欧洲获得iPad商标。

2001年，深圳唯冠在中国大陆获得iPad商标。

台湾唯冠和深圳唯冠的总公司是唯冠国际，简称唯冠。

2003年，富士通在美国获得IPAD商标。

2003年，苹果在中国大陆获得iPhone商标，但是只包括计算机软件和硬件，而不包括智能手机。

2004年，汉王科技在中国获得i-Phone商标，包括了智能手机。

所以，苹果想要在中国卖iPhone，就要和汉王科技协商；苹果想要在美国卖iPad，就要和富士通协商；苹果想要在中国卖iPad，就要和深圳唯冠协商。

2009年7月，苹果和汉王科技协商好了，从汉王科技手中购买了用于智能手机的i-Phone商标，花了365万美元；

2010年3月，苹果和富士通协商好了，苹果从富士通手中购买了美国的iPad商标，花了400万美元；

可以看出来，不管是和汉王科技，还是和富士通，苹果都是光明正大地和人家协商，而且商标的转让费用应该在350万～400万美元。

但是鬼使神差，苹果在和唯冠的协商过程中却玩了一点小聪明。

2008年，苹果在英国成立了一家公司，公司的名字叫做IP Application Development，简称IPAD；

IPAD公司成立之后，就找到台湾唯冠。IPAD公司说：唯冠你的IPAD商标和我们公司的名字一样，这样子会引起消费者的误会，不如你把iPad商标卖给我们公司吧。

台湾唯冠刚经历了2008年的经济危机，正在打算全面收缩海外业务，所以IPAD商标对于台湾唯冠来说也不是特别重要，甚至就是可有可无的商标。

所以，IPAD公司和台湾唯冠一拍即合，开始协商转让的价格。IPAD公司开出2

万英镑，而唯冠考虑到IPAD是个小公司，也没有狮子大开口，还价到3.5万英镑。

2009年12月，成交。

随后，IPAD公司以10英镑的价格将iPad商标卖给了苹果。

苹果和富士通谈，花了400万美元。

苹果和汉王科技谈，花了365万美元。

苹果和台湾唯冠谈，只花了3.5万英镑，当然还有10英镑的内部交易。

苹果成功地运用了知识产权策略，省了300多万美元。

捡漏成功，苹果很高兴。

但是，苹果却忽视了一个小问题。在中国大陆，拥有iPad商标的是深圳唯冠，而不是台湾唯冠。所以如果要购买中国大陆的iPad商标，最好是和深圳唯冠签合同，而不是和台湾唯冠签合同。

2010年，苹果公司的iPad问世，风靡全球，并进入中国。

这个时候，唯冠忽然发现真正拥有自己iPad商标的不是那个iPad公司，而是大名鼎鼎的苹果公司。唯冠发现自己吃亏了，而且是个哑巴亏。

也许在iPad商标案之前，很少有人听说过唯冠。

但是唯冠毕竟是全球曾经第五大显示器生产商，唯冠毕竟是香港的上市公司，唯冠毕竟是见过市面的。唯冠能吃这个哑巴亏吗？

唯冠很快发现了苹果公司忽视的这个小问题，在中国大陆的iPad商标是属于深圳唯冠的，而不是台湾唯冠的，台湾唯冠无权转让。而且这时候，唯冠已经负债累累，濒临破产。

所以不管是为了出口气，还是为了自救，唯冠都该出手了。

• 法庭上的战斗

2011年2月，深圳唯冠将苹果公司告上法庭。

2011年12月，深圳中院作出裁定，苹果公司与深圳唯冠的iPad商标权争夺案，苹果公司一审败诉。

2012年2月，苹果公司与深圳唯冠的iPad商标权争夺案在广东省高院进行二审庭审。在这次审理中，苹果公司出示了新证据，以证明当时与其签署合同的袁辉和麦世宏即为深圳唯冠的授权代表。苹果公司的新证据显示：

签署合同的麦世宏的名片，显示他为"深圳唯冠法务处长"。

签署合同中邮件签名留下的公司名称、地址、电话和传真号码，全部都是深圳唯冠的信息，邮箱后缀也是中国大陆地区的域名地址。

甚至关于商标转让事宜的签名函都是用深圳唯冠的信头纸写的！

然而，深圳唯冠认为，在商标转让中最为关键的协议中的出让方、授权书中的授权人、出售iPad商标所得的银行汇票收款人，均为台湾唯冠。说白了，即使如苹果公司提供的证据显示与其签署合同的人来自深圳唯冠是真实的，但他们最终却是代表台湾唯冠来与其签署转让协议，卖的自然只能是台湾唯冠所拥有的在台湾地区的iPad商标专用权。

一边是深圳唯冠，一边是台湾唯冠，你今天代表谁，这是谈判的前提呀！

拥有一流律师团队的苹果公司，能够设计如此完美的购买骗局的苹果公司，恰恰在这个最基本问题上没有搞清楚。

当然，苹果公司依旧免不了摆出其特有的傲慢与不屑，声称当消费者看到iPad时，肯定知道它来自苹果公司，而不是其他公司，iPad商标的驰名完全是由苹果公司的功劳。

但是，即使这样，苹果公司也只能算是养父，深圳唯冠——iPad商标的注册者——才是iPad的亲生父亲呀。养父再好也不能剥夺生父做父亲的权利呀！

• 结局

在一审苹果公司败诉之后，2012年1月唯冠开始向多个省市和海关申请扣押苹果公司所有iPad商品，以进一步向苹果公司施压。

作为处于破产边缘的唯冠，最具有价值的财产就是这件在中国大陆的iPad商标。因此，它的诉求很简单，最不济也要获得和富士通一样的待遇，转让费提高到400万美元，最好的情况就不仅仅是400万美元的事情，而是以罚款为武器，向苹果公司索赔几十亿元人民币，中间则是根据苹果公司的100亿元销售额，估计40亿元左右的毛利，要求10亿元左右的分成。

2011年年底，苹果公司的iPad在中国卖了100多亿元人民币。根据《中华人民共和国商标法实施条例》第52条规定，对侵犯注册商标专用权的行为，罚款数额为非法经营额3倍以下。也就是说，理论上苹果公司可能被罚款300亿元人民币！

对于苹果公司，如果在二审中继续败诉，苹果则面临着退出中国这个庞大的市场，若想继续在中国大陆地区销售其iPad，则要么出更高代价购买iPad商标专用权，要么改名换姓。然而，退出中国市场或改名换姓都是苹果公司所不希望的，最后就只有以更高的代价购买这个商标。

鉴于自己的理亏，鉴于中国大陆庞大的市场，鉴于中国大陆从aPad到zPad商标专用权都早已名花有主，苹果公司再次展现乔布斯风格，果断出手，在一审败诉4个月后即与深圳唯冠达成和解，并向唯冠支付6000万美元了结这场诉讼。

3.5万英镑，400万美元，6000万美元，100亿元人民币，你愿意出哪个价？如此擅长设局的苹果公司最终还是在自己设的局上吃了哑巴亏。

小小iPad商标之战，不仅折射出帝国苹果的霸气，还显露出商人苹果的奸诈。

天使与怪兽

• NPE来了

NPE（Non-Practicing Entity），中国人一般直译为"非专利实施体"，曾用名Patent Troll，中国人一般形象地翻译为专利怪兽、专利流氓、专利海盗、专利恶魔、专利蟑螂、专利渔夫等。NPE的祖籍美国，诞生时间大约在1993年，身世不详。

NPE的主要职业是专利经营，专利经营的一项重要业务就是猎杀"大肥羊"公司以索取高额的专利许可费，以此为主的NPE现在还被人们称为专利怪兽。

专利怪兽最经典的一次猎杀"大肥羊"当属NTP公司起诉加拿大RIM公司（黑莓手机生产商）的专利诉讼案。NTP从不生产手机，但拥有很多手机的专利，天知道是从哪里弄来的。而且，NTP恰巧发现RIM的黑莓手机侵犯了它的8项专利权，主要涉及电子邮件系统中无线通讯使用的无线电频率。所以，NTP向美国法院请求停止RIM侵权行为，就是关闭黑莓在美国的服务。这可是要了RIM的老命呀，所以RIM公司很无奈地和NTP公司达成和解，和解费是6.125亿美元，纯利润呀，绝对的天文数字。

可以看到，类似于NTP公司的专利怪兽本身没有任何实业，也不生产任何产品，就靠专利诉讼为生，而且索要的专利许可费还非常高。而被诉的公司无法以常规的反诉方式进行抗击，只能当任人屠宰的大肥羊，乖乖交钱，因此专利怪兽名声一直都不太好。

并非所有的NPE都是专利怪兽，很多NPE虽然拥有大量专利，但主要从事专利的二次开发、专利许可等业务，从而激活睡眠专利，促进专利产业化，对科技创新起到积极作用。尤其是近年来，一些科技公司也逐步放弃传统的产品实业，开始仿效NPE的做法搞起了专利经营。

专利怪兽（Patent Troll）
图片来源：http://image.baidu.com/。

根据Patent Freedom统计，截至2012年1月，全美国共有超过560家的NPE，其中37家持有的专利数量超过100件，最大的10家NPE如下表所示。

美国最大的10家NPE及其专利持有量表

公司名称	专利数量（件）	专利族数量（件）
Intellectual Ventures	10 000~15 000	—
Round Rock Research LLC	3 428	1 267
Interdigital	2 576	1 358
Wisconsin Alumni Research Foundation	2 139	1 582
Tessera Technologies Inc	1 267	608
IPG Healthcare 501 Limited	1 157	1 088
Mosaid Technologies Inc	1 151	720
CSIRO	1 106	886
Rambus	998	460
Acacia Technologies	833	464

NPE中规模最大的是高智发明（Intellectual Ventures），成立于2000年，总部设在美国华盛顿州，创始人是微软前首席技术官内森·麦沃尔德。据了解，亚马逊、苹果、思科、eBay、谷歌、诺基亚、索尼、雅虎和微软等都是它的股东，尤其是微软与这家公司联系最为密切。

但高智发明经营的唯一产品就是专利，其获取专利的途径主要有三种：第一，通过设立空壳公司从其他企业直接购买已有的专利或专利申请；第二，通过设立发明开发基金资助发明人将发明创意转发为国际专利或专利申请，并与发明人共享发明成果；第三，利用所拥有的顶级科学家自主研发出的专利。目前所掌握的高智拥有的发明专利中，主要属于通过前两种方式取得的，属于第三种情况的仅有1000件左右。

由于高智发明获取专利权之后，并没有直接转到高智发明的名下，因此外界无法准确统计高智发明所拥有的真实的专利数量。上表中估计高智发明拥有10 000~15 000件专利，但也有估计高达30 000~60 000件专利或专利申请，即使是按下限计算，高智发明在全球也是属于重量级的NPE。

在成立的前10年，高智发明没有起诉任何公司。但自2010年12月起，高智发明已对包括赛门铁克和趋势科技在内多家公司陆续发起了多起专利侵权诉讼案。2011年10月，高智发明认为摩托罗拉侵犯了其6项专利权，从而发起对摩托罗拉的专利侵权诉讼。摩托罗拉是Android阵营的重要成员，这为苹果公司与Android阵营之间打得正酣的专利战增加了新的看点。

NPE中发起诉讼最多的是Acacia技术公司，虽然它持有的专利数量并不算太多

（排第十）。据统计，仅就2005~2011年，Acacia 技术公司就针对1 134家公司提起了234次诉讼，而且这些诉讼是以几十家不同的子公司名义进行的。

此外，2011年苹果、EMC、爱立信、微软、RIM和索尼六大巨头组成的联盟，以45亿美元的天价团购了北电网络6 000多件专利，其中大约4 000件专利转到了新组建的Rockstar公司。而Rockstar公司只有数名反向工程师和数名专门负责专利诉讼的律师，他们的主要工作就是每天对路由器和智能手机等电子产品进行检查以确定是否侵犯这些专利，寻找可作为猎物的"大肥羊"。

连苹果这样的大公司都开始涉足专利经营了，NPE真的离我们很近了。

• 善恶混合体

几年前，在美国NPE基本都被叫做Patent Troll，Troll就是一种怪兽。从这一称呼上大致可以想象这类机构的社会形象，基本是连过街老鼠都不如。

然而，在喊打声一片的美国，甚至在eBay一案中普遍认为美国联邦最高法院作出了打击NPE的判决之后，NPE在美国不仅没有被消灭，反而迎来了快速发展期，其公司数量、规模，甚至诉讼数量增长率均远超同期专利申请增长率。这其中原因在于有NPE存在的理由。

专利权是具有财产权性质的私权，人们拥有这种权利既可以通过自己的劳动获得（搞发明创造），也可以通过交易获得（例如购买）。一旦获得了这种权利，即使本人不实施（不生产产品），别人若要使用这种权利，需要支付相关费用，这合理又合法。

正如高智发明CEO内森·梅尔沃德说："如果专利发明者无法通过他们的发明获得酬劳，这可不是一件好事。"

另一方面，部分NPE确实在一定程度上促进了专利产业化，有利于发明人，尤其是个人发明人。即使是在知识产权制度高度发达的美国，如何将发明创意转化为专利并为发明人带来应有的回报通常不是发明人本人所能够完成的，NPE在很大程度上有利于这一环节，最终有利于发明人进行发明创造。

在NPE中，是否属于专利怪兽主要以是否经常通过诉讼或威胁诉讼索取高额专利费来区分。但有时确实很难区分。例如高智发明，其CEO内森·梅尔沃德一再强调，高智发明是一家投资发明的公司，不以起诉为主营业务。但谁能够保证其永远这样。是天使还是怪兽，还须假以时日。

此外，近年来一些科技公司已经开始尝试将自己的部分专利与自己的实体产业剥离，例如出售或许可给NPE，或者组建专用的专利运营公司，这样不仅可以从中获得部分收益，还便于对其竞争对手进行打击。

天使与怪兽，本无区别，关键在于如何运用所持有的专利。

• 苹果与怪兽

说到苹果与专利怪兽的关系，一方面必须承认苹果公司是近几年来遭受专利怪兽诉讼最多的公司，也就是受害者，树大招风呀。

下面是根据Patent Freedom相关资料显示最近5年遭受NPE起诉最多的公司的被起诉次数统计表。

遭NPE起诉较多的公司被起诉次数统计表

排名	公司	2007	2008	2009	2010	2011	总计（次）
1	惠普	15	27	27	32	30	131
1	苹果	12	18	27	32	42	131
3	三星	20	12	10	21	42	105
4	AT&T	18	18	16	21	29	102
5	索尼	14	12	23	18	33	100
6	戴尔	13	8	24	18	34	97
7	摩托罗拉	12	17	12	20	35	96
8	微软	21	16	20	11	26	94
9	LG	14	11	10	22	28	85
9	Verizon	16	13	13	17	26	85

从该表中可以看出，苹果公司2007~2011年，共被专利怪兽起诉了131次，成为被起诉最多的科技公司。

另一方面，苹果公司与一些专利怪兽的关系密切。

首先，如上面所介绍，苹果公司是全球最大的NPE——高智发明的股东之一。这家公司虽然成立时间不长，但到目前为止拥有庞大的专利库。虽然高智发明的总裁曾多次表示高智发明不以专利诉讼为主营业务，而且到2010年之前高智发明也确实没有进行任何专利诉讼。但自2010年12月开始，高智发明接连起诉了多家科技公司。如果高智发明像其他专利怪兽一样疯狂起诉其他科技公司的话，它就可能成为世界上最大的专利怪兽。

其次，苹果公司还是本书前面介绍过的专利运营公司Rockstar的股东。Rockstar同样不生产任何产品，但继承了原北电网络大量的专利。根据该公司的发展情况看，目前虽然还没有开始起诉其他公司，但这仅是时间问题。

最后，苹果公司还将自己所拥有的部分专利间接转入专利怪兽的名下。根据美国专利商标局网站资料显示，苹果公司曾将其拥有的多件美国专利通过中间空壳公司Cliff Island转入总部位于弗吉尼亚州的Digitude Innovation公司。该公司被认为是一家专利怪兽公司。该公司后来利用这些专利中的两件美国专利（US6208879和US6456841）对包括RIM、HTC、LG、摩托罗拉、三星、索尼、亚马逊和诺基亚等科技公司进行起诉。

目前尚不清楚苹果公司将其专利转售的真实原因。

· 愤怒的开发者

虽然苹果公司与一些专利怪兽关系很密切，但还是受到大量怪兽的骚扰，有时甚至不得不割肉以求平安。

App Store是苹果公司的一颗摇钱树，全世界的应用程序开发商只要将其应用程序在苹果店中出售，苹果公司就能抽取30%的利益。2009年，苹果公司在iOS 3.0推出一项可以实现"应用内置付费"的工具。通过该工具开发者可在自己的应用软件或游戏中内置购买途径。消费者在使用带有这种功能的软件或游戏时，可以直接购买另一项产品，减少了消费者的购买程序，增加了消费者进一步购买的可能性。

不过，苹果公司的这种营销方式正好侵犯了著名专利怪兽Lodsys公司的专利权（专利号US7222078，发明名称"通过网络采集商品信息的方法和系统"）。所以，苹果公司在推出iOS 3.0之后，一直向Lodsys公司支付专利许可费。

然而，Lodsys公司认为，苹果公司所获得的专利许可并不能延伸到iOS的第三方软件开发者，也就是广大的独立应用开发者。因此，所有使用苹果公司提供的工具开发的带有这种应用内购买功能的应用都侵犯其专利权。

为此Lodsys首先选择起诉几个难以支付高额律师费的小型应用开发商并要求支付相对较低的专利使用费。如果这些诉讼取得了胜利的话，Lodsys再对其他更多的开发者开刀索要专利使用费，这样它可就发大财了。然而Lodsys的这一举动引起了全世界应用开发者们的愤怒，他们一方面要求苹果公司参与其中，保护广大为其打工的应用开发者的利益；另一方面号召全体独立开发者联合起来，动用一切资源，共同抵制Lodsys的流氓行为。

然而，对一不出售产品二不要名声的怪兽Lodsys，谈何容易抵制？

在这场诉讼中，苹果公司倒也确实没有闲着，多次主动要求作为诉讼第三人参与其中。最近美国德克萨斯州法官詹姆斯·罗德尼·吉尔斯特拉(James Rodney Gilstrap)同意苹果公司参与一项应用内购买专利诉讼，但是仅限于授权问题和专利权穷竭。

目前这场诉讼仍在继续进行中。

- 他山之石

过去，科技公司之所以讨厌且惧怕专利怪兽，主要原因在于这类NPE提起了过多的滥诉或诉讼威胁，并且往往索要高昂的专利费（甚至达到专利讹诈的程度），且被其盯上的公司无法以反诉的手段应对，因为这类NPE并不生产产品。

除了无法反诉之外，NPE的其他不良行为均可通过相关的机制进行规范。至于反诉，其实就是以牙还牙，从社会成本上看，这比专利怪兽也好不了多少。

为减少专利怪兽的危害，同时发挥正当的专利运营公司的作用，行政、司法、企业本身都应该积极行动起来。

首先，从政府角度，应该提高专利授权标准和授权质量，减少问题专利数量，对于已经授权的问题专利，应该简化专利权复审或无效程序，降低成本。尤其是在消费电子领域，大量软件专利的存在，导致到处专利丛林密布，而且国外大公司因其资金和技术优势形成明显的垄断地位。

其次，法院应该在进行司法判决时应该做好利益平衡，制止专利滥诉、专利讹诈。美国联邦最高法院2006年5月15日就MercExchange诉ebay专利侵权案做出的判决在平衡专利权人和公众之间的利益方面值得借鉴。

再次，企业应该加强自主创新，做好自己的专利库建设，同时做好专利检索和专利预警，并在真正遇到专利怪兽时学会利用专利复审或无效程序，进行有理、有利且有节的斗争。

最后，企业和政府应该共同行动起来对付专利怪兽。例如，韩国针对国外大的NPE进入本国，为保护本国企业免受专利怪兽的侵害，在韩国政府的主导下，2010年成立了首家专利运营公司（Intelletual Discovery）。该公司通过购买那些闲散的专利，进行二次开发以提高其附加价值，之后再租借或出售给有需求的企业，从而来获取收益的资本。韩国这种公司也算是反专利怪兽的国家队NPE吧？

封堵苹果皮

- 草根的魅力

苹果公司有两款非常相似的产品，iPod touch和iPhone。与iPhone相比，iPod touch仅少了手机通信功能，但是价格比iPhone便宜了很多。因此，许多用户都幻想着自己手中的iPod touch华丽变身为iPhone。

需求是发明之母。2009年2月，河南潘氏两兄弟在仓库中开始鼓捣着iPod touch，致力于解决苹果公司给广大用户出的难题。一番实验后，潘氏两兄弟于

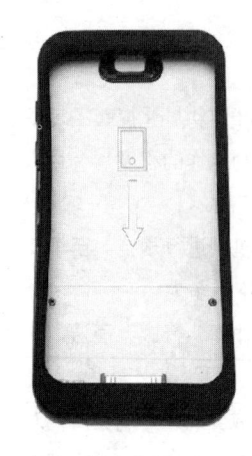

苹果皮520

2010年7月16日在土豆网上发布了1分零9秒的视频《再也不用一手拿Touch，一手拿手机啦》，由此正式发布"苹果皮520"。同年10月，苹果皮520上市，一批果粉迅速转变为皮粉。

苹果皮实质上是个iPod touch套，这个套带有通信功能。iPod touch装进这个外套中之后，就能和iPhone一样打电话、发短信、上网、听音乐了。而且，iPod touch和苹果皮套装的价格只有iPhone的40%。

苹果皮推出之后，模仿创意者众。例如中兴通信公司推出的Peel（意为"果皮"），而且中兴还与美国第三大电信运营商Sprint合作已经在美国推出该产品，但该产品在美国目前只提供3G无线上网的功能，并没有提供手机通话和短信功能，其更像一个无线路由器。此外，中关村和华强北电子市场上出现的Tphone与苹果皮520的功能也类似。

• 真正的果皮

苹果公司在2010年3月提交了一系列涉及附件与移动电子设备通信的美国专利申请（US2010234051、US2010235454、US2010235552、US2010233961等）和国际专利申请（WO2010107660），并通过国际专利申请先后进入欧洲、日本、韩国、澳大利亚等主要国家（目前还没有发现进入中国），阻击了这类附件的研发。

在美国专利申请US2010234051中，苹果公司请求保护了通过物理硬件连接或无线连接的方式使原本不具备通信功能的移动电子设备（例如iPod等）可以具备通信功能的方案，并且从系统、附件（相当于苹果皮）和通信方法等方面均进行了保护。从这些申请目前请求保护的方案来看，苹果皮的构思基本落入其请求保护的方案之中。

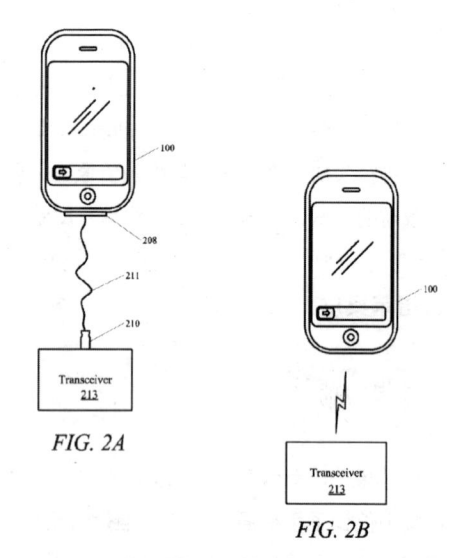

FIG. 2A

FIG. 2B

US20100234051中描述的方案图

• 永远的果皮

从苹果公司对不同产品的定位来看，苹果公司自己不可能生产这类产品，其申请专利的目的完全在于阻击其他公司扰乱自身产品布局。在苹果公司的上述专利申请公开之后，不少知识产权界人士对潘氏兄弟未能在2010年3月之前提前申请专利表示惋惜，但有一点大家可能没有注意到，苹果公司这些专利申请都是基于2009年3月的临时申请，也就是说，在潘氏兄弟刚提出想法但还没有鼓捣出来的时候，苹果公司就提交了美国临时专利申请，只是我们当时看不到而已。

虽然潘氏兄弟后来也为自己的创意方案在中国提交了实用新型专利申请并已获得授权，但苹果公司的专利申请在潘氏兄弟专利的申请日之前（2010年9月16日）就已公开，也就是说相对于后者，它已构成现有技术。潘氏兄弟在中国的实用新型专利权的效力可能受到该现有技术的影响。

另外，由于苹果公司就这类产品在美国、欧洲等几大潜在市场均已申请专利，如果最终获得批准的话，潘氏兄弟的这一极具创意的产品在上述国家很可能因苹果公司的上述专利而受到制约。但目前还没有发现苹果公司就上述内容在中国提交专利申请。

得不到有效专利保护的苹果皮，恐怕永远只是个果皮。

• 保护好创意

苹果皮的创意，毫无疑问属于潘氏兄弟。

苹果皮的市场，毫无疑问不属于潘氏兄弟。因为不仅有山寨产品的冲击，还有像中兴通信这样的大公司的参与。

为避免出现这样的尴尬局面，我们还得向乔布斯学习——保护好我们的创意。

要保护好创意，首先要求在未采取充分的保护措施之前，对其创意进行保密。苹果公司的保密文化是出了名的，其保密的措施可以归结为如下三点：

首先，苹果公司不允许员工在网络上与外人讨论工作内容，甚至不允许对其配偶泄露任何产品的细节。

其次，产品设计、测试均在保密区进行，所有进入保密区的人员均需要经过严格的授权，以致在新产品正式发布之前苹果公司自己的许多员工都不知道新产品的存在。

最后，苹果公司对泄密的员工处罚非常严厉，对于外界泄露苹果公司产品秘密的人员也毫不留情，通常会对其起诉。

正是由于苹果公司如此严格的保密，才使得苹果公司在每次新产品发布之前，外界知之甚少，其竞争对手不可能抢先。

苹果公司这种近乎严酷的保密文化源自苹果公司对产品创新方式的要求。1996年重返苹果公司之后，乔布斯带领苹果公司先后推出了iMac、iPod、iPhone、iPad等伟大产品，但仔细回想一下，这些产品含有多少高深尖端的技术？我们认为这些产品获得成功主要原因在于给用户提供了非凡的体验，而这些体验的获得主要依靠应用层面的创新和外观设计的美化等。而对于应用层面的创新、外观设计的美化，一个普通员工就能很轻易地将其泄露。

苹果皮就是属于这类只需要一句话即可泄露天机的应用型创新。

要保护好创意，除了保密之外，还应该向乔布斯学习，乔布斯很擅长利用现有的专利制度对其创意进行充分的专利保护。苹果公司对每次发布的新产品中所涉及的所有改进（包括技术改进和外观改进），都会申请专利。由于苹果公司出于保密的需要，一般都在产品发布前1~2天提交专利申请或临时专利申请，这样不仅保护了自己的创意，还不会在产品发布之前因申请专利而泄秘。

对于苹果皮的创意，即使潘氏兄弟不能在2009年3月之前（苹果公司提交相近专利申请日之前）提交专利申请，但只要在其发布苹果皮之前提交中国专利申请，就可以在中国获得有效的专利保护，日后还可以基于该专利申请进入其他国家。因为在潘氏兄弟发布苹果皮520视频之前，苹果公司的上述专利申请均还没有公开，而且最终也没有进入中国，因此至少不会对其中国专利申请的新颖性和创造性构成任何影响。

对于潘氏兄弟来说，限于其本身的研发能力和生产实力，在其产品发布之前像苹果公司那样保密基本不可能。但是，潘氏兄弟当初可以选择先保护创意，再做产品。这样，即使最终不做产品，还可以选择卖创意（专利），向生产商进行专利许可，收取专利费，或者再与其他公司合作生产，这样可能就不会出现现在的尴尬局面。

第六章
后乔布斯时代

1996年,乔布斯重新回到濒临破产的苹果

1998年,乔布斯推出了精美的一体机iMac,当年苹果实现了扭亏为盈

2001年,乔布斯发布了iPod,掀起了音乐播放器革命

2003年,iTunes音乐商店上线,苹果成为全球第一大音乐零售商

2007年,乔布斯发布了iPhone,重新定义了智能手机

2008年,乔布斯发布了最轻薄的笔记本MacBook Air,可装于信封袋中

还是2008年,App Store上线,初步形成了软硬齐全的苹果生态圈

2010年,乔布斯魔术般地推出了iPad,开启了平板电脑的新时代

2011年,乔布斯走了

……

很多人怀疑他是否真的离开,而更多人却质疑

没有了乔布斯苹果公司还是不是原来的苹果,江湖将如何演义

苹果生态圈

在人人都提倡开放、共享的大潮下，乔布斯却特立独行地坚持着封闭、独立的苹果风格，建立了一个奇妙的苹果共生生态系统。

在这个生态圈中，有显示器可像向日葵般转动的台式机iMac，有最受欢迎的精巧音乐播放器iPod，有最轻薄的笔记本MacBook Air，有引爆手机革命的手机iPhone，有颠覆了传统PC的平板大锤iPad。

在这个生态圈中，还有改变音乐销售模式的iTunes音乐商店、有超过50万个可供iPhone、iPad和iPod下载的应用程序的App Store。

在这个生态圈中，不同设备之间不仅可以方便地实现近距离的数据直接共享和同步，还可以通过iCloud实现不限时间和空间的数据共享和同步。

一旦用户走进这个生态圈，比如购买了一台iPhone，如果这个用户还需要再购买一台笔记本或台式机，他很可能还会在这个生态圈中进行选择。这正是封闭的苹果生态圈的可怕之处。苹果生态圈中的产品就像美丽诱人的毒苹果，犹如毒品般的诱惑，让人对它欲罢不能爱上瘾。

虽然与Windows和Android系统相比，苹果的生态系统是封闭的。但是就苹果系统自身而言，并不局限于产品本身，能够将触角伸向音乐出版、网络运营、软件图书销售等领域延伸，具有极强的扩张性。

众所周知，一个电子产品的生命周期是短暂的。一段时间后，总会有性能更高、外形更好的产品推陈出新。然而一个行业运作模式的改变却绝非一朝一夕之事。

在乔布斯卸任苹果公司CEO后，亚马逊于2011年年底推出了平板电脑Kindle，并迅速占领了平板电脑的低端市场。虽然相对于iPad的市场占有率而言，Kindle还不足挂齿，但是对于电子图书消费市场，亚马逊却是个重量级的人物。

据报道乔布斯曾经承认他制订了在电子图书领域打压亚马逊的计划，想必也是希望以iPad+App Store的强强组合改变电子图书市场的运作方式，让苹果生态圈延伸出新的方向，在新的领域有一番作为。

iCloud云服务

2011年6月，苹果公司召开全球开发者大会，乔布斯发布了iCloud云服务技术，让现有苹果公司的产品能够通过网络无缝连接，让用户购买的音乐、电子书和应用程序等可以同步到其拥有的所有设备。

当用户习惯了使用iPhone在地铁里浏览微博、查收邮件，习惯了使用iPad阅读电子书、制订工作计划后，iCloud所提供的服务就不仅仅是5G的存储空间了。人们会希望自己的笔记本、PC机也能直接获取在iPhone上的邮件和微博中的精美图片，希望没有数据线就能把iPad上看了一半的小说和工作计划统统备份过来。而iCloud让这一切成为可能！

当然也有人说，云计算也没什么新鲜的，很早就已经出现这个概念了，并且在大型服务器系统中广泛应用。然而乔布斯却总是善于使用推出已久、却又一直束之高阁的技术，给云计算技术搭建了一条通向低端用户的云梯。

目前，iCloud主要应用于移动互联网的个人通信，实现的是个人信息的整合。而现如今物联网技术的发展也是如火如荼，带给我们的是机器和机器之间的通信，机器和人之间的通信，是全社会信息的整合。

依托物联网的发展，网络覆盖面的扩展，物联网的终端用户数量可能是现有移动用户终端的几倍，甚至几十倍。那时候，iCloud就不仅仅应用于我们的手机和电脑。我们可以在手机上制定一个工作日时间计划表，通过iCloud控制家里的各项电器。一早起来，电磁炉已经提前热好了牛奶，电视自动打开播报早间新闻，出门前车里的空调已经提前打开，不必在炎炎夏日开着门吹风。上班时，员工可以和异地的同事讨论问题，对同一项目一起进行开发。晚上回家，冰箱中已经将晚餐的食物解冻好，洗手间也准备好淋浴的热水。我们的每一天都被安排得妥帖自如。

3D多点触控

从苹果公司建立初期，乔布斯就热衷于应用新的输入技术。依靠输入技术的创新，苹果公司才推出了革命性的产品。

正如乔布斯所说的，有了鼠标，才有图形界面的PC；

有了滚轮，才有方便快捷的iPod；

有了多点触控，才有革命性的iPhone和iPad。

然而，多点触控虽然很酷，并已获得了初步的成功，但它的致命的缺陷是，用户缺乏打字的感觉，不便于大量信息的输入，由此严重限制了其进一步推广应用。

US201200105333的示意图

针对这种情况，2010年11月，苹果公司向美国专利商标局提交了一份专利申请（US201200105333），涉及一种触觉控制系统，让用户在触摸屏幕的时候，根据其具体应用和情况，在屏幕上形成按钮或箭头。与此同时，通过改变触控变形元件的特性，让用户可以感受到形成按钮或箭头的触觉。

听起来是不是很酷？想象一下，苹果公司会在什么地方应用这个神奇的专利呢？

如果这项3D触控技术应用到iPad上，那我们也许可以体验到随地形变化的3D地图服务。

有了3D触控技术，盲人也可以在阳光下拿着iPad阅读，享受丰富的网络咨询，而不再需要特制的盲文读物。

如果将3D触控技术应用到汽车内部操作系统的话，可以将播放音乐、调节空调、导航控制都通过一个精巧的3D触控屏设置在方向盘上，驾驶员根据触觉就可以简单操作，而不需要分散过多的注意力。

甚至可以把3D触控变形元件作为一种具有"皮肤"功能的材料，覆盖在某个产品上，例如玩具狗，玩具狗可以根据不同的接触方式和力度作出不同的反应。这样我们可真是生活在科幻电影中了！

更有意思的是，苹果公司还提出了3D手势控制专利申请。目前多点触控技术仅限于用户手势必须与触控屏接触，根据苹果公司的这件专利申请，将来可以只需要对着电脑挥挥手即可与电脑进行交流互动了。真是沟通无极限！

语音控制Siri

除了接触性输入外，苹果公司还一直热衷于语音控制——Siri。

Siri原是一个第三方应用，苹果公司花费2亿美元购买得到，并在iPhone 4s上首次引用。Siri让大屏幕的智能手机瞬间变身为一台智能机器人，可以阅读短信、介绍餐厅、播报天气、语音设置闹钟等。

目前，Siri的功能非常有限，还有很长一段路要走。

在Siri技术的推动下，我们以后可以拥有智能卫生助手，简单的头疼脑热只需要向手机倾诉一下就能知道如何解决。也会拥有虚拟辅导老师，家长不用再陪着小朋友到处寻找奥数题的答案，只需要求教Siri。浪漫的旅行家独自到异地旅游，Siri也可以充当一个智能小翻译家，不再需要拿着纸笔写写画画地问路。甚至当用户开车路过某个商场时，Siri可以自动提示她曾经心仪的裙子正在打折。

为了扩展Siri的应用范围，苹果公司可以创建一个Siri应用程序接口，允许App Store中的应用程序通过Siri语音助手访问。这样，所有的应用程序提供商都会试着为其产品提供语音控制服务。这种发动全产业的变革对于苹果公司来说并不是第一次，也一定不会让我们失望。

苹果公司还计划为海量数据资源提供应用平台，让用户轻易把握海量数据的脉络。例如，Siri可以整合股票、基金等金融数据，智能分析当前经济情况和用户的风险承担能力，推荐股票、基金等理财方式。只要人们信得过它，大胆跟进就可以了！当人们带着Siri去旅游时，Siri可以滔滔不绝地讲述每个景点背后的经典故事，介绍当地风味美食，还可以播放几段优美的地方戏曲，让自由行既洒脱又充实。

当然，Siri不能只懂得英语，还必须懂得多国语言。Siri也不能只要求其用户像播音员一样，只会讲一口标准的普通话，它必须能自动学习用户的语音语调。就算讲着一口地道的湖北话或东北话，只要和Siri多聊几句，Siri就能像老乡一样聊天。这样才是我们期待的语音控制。

近场通信

近场通信（Near Field Communication，NFC），允许电子设备之间在10厘米之内进行非接触式点对点资料传输。由于近场通信受距离的限制，具有天然的安全性，因此在手机支付等领域具有很大的应用前景。

目前，在NFC技术的发展道路上，金融机构和电信运营商都在积极筹备，在技术标准和市场范围竞争异常激烈。谷歌公司也在2011年推出了电子钱包，使用的就是NFC技术。

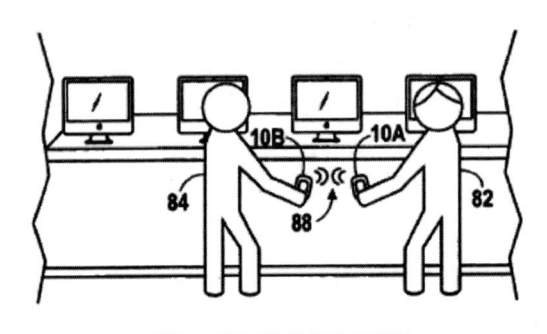

苹果公司的多项专利技术表明，苹果公司也对NFC技术一直抱有极高的热情，并准备在新的iOS中支持NFC技术。通过这种技术，两个设备之间共享数据就变得简单且有趣。例如只需要将两个设备碰一下即可启动数据共享，或者结合多点触控技术，用户可以很形象地抓起设备进行倾倒，即将需要传输的文件倾倒到另一设备中。

US8060627中的近场通信示意图

从苹果公司已获得的美国专利US8060627附图中，我们甚至可以看到，苹果公司在iPhone中设计了"N"形的NFC设备位置（图中的标号44）。也许这个变形金刚风格的"N"不久就会出现在下一代的iPhone中。

不可否认，NFC技术和产品的成熟只是时间问题而已，但苹果公司的支持显然可以极大推动该技术的发展。

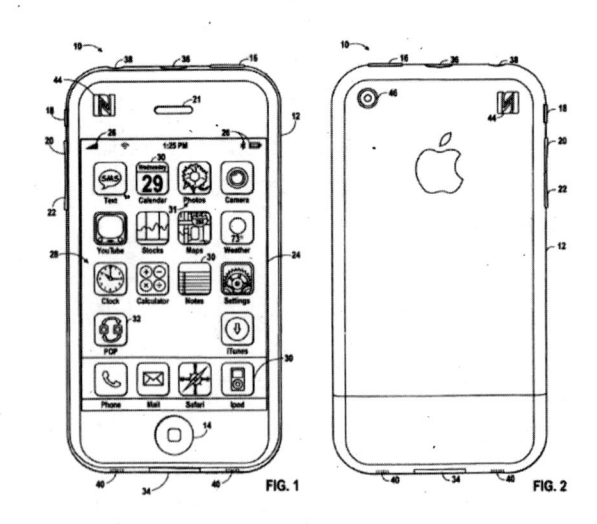

US8060627中的NFC设置图

欢乐与忧愁

乔布斯虽然走了，但是封闭的苹果帝国还在疯狂地扩张，从电子产品市场到出版销售市场，从网络连接技术到提供网络服务，似乎只有上帝才能阻止苹果的步伐。

然而在苹果前进的道路上不可避免地有挑战、有问题。

在技术上，苹果公司和谷歌、微软逐步形成三足鼎立的态势，掀起了IT界的专利核战争。在这场战争中，苹果公司是战争的发起者，也是战争的靶心，各大公司无不对苹果公司的巨额利润羡慕嫉妒恨！这让苹果公司一直处于孤军奋战、以一敌百的窘迫境地。我们不得不承认苹果的产品是革命性的，但是这并不意味着苹果公司拥有这个产品中每项技术的专利权。微软、摩托罗拉、三星、谷歌，这些公司无论在操作系统、网络技术，还是硬件生产技术上，都拥有数以万计的专利，苹果公司仅靠这十几年积累的数千件专利，想要打赢这场专利核战争，也必须要做好背水一战的心理准备。

苹果公司试图凭借iTunes和App Store抢占电子消费市场份额，而版权是必须解决的首要问题。2012年的3·15消费者维权日，中国作家们集体维权，声讨市值超过5 000亿美元的苹果公司，百部文学作品在没有授权的情况下在App Store上直接出售，甚至是免费下载。尽管，在美国本土苹果公司对App Store上发行的程序和电子读物都进行严格的审核，然而在非英语国家，苹果公司却采用了相对宽松的准入政策，导致大量盗版现象的出现。实在难以想象，苹果公司这样一个世界知名公司，却出现如此严重的版权问题。为了长远的发展，苹果公司必须有效杜绝网络盗版，在充当网络服务提供商的同时，也要维护电子消费市场的秩序。

除了知识产权问题外，苹果公司还面临着越来越多的社会问题。劳工组织已经开始关注苹果以及其台湾供应商富士康，甚至公布了上百名员工因使用有毒化学试剂正己烷擦拭手机屏幕而造成中毒，指责他们侵犯劳工的合法权益，甚至被指责是不折不扣的"血汗工厂"。很多民间环保组织也对苹果产品供应链的环境污染问题提出质疑，公布了对河流、空气的污染数据，让苹果公司陷入了舆论的风口浪尖。

也许有人说，苹果公司毕竟是一家以营利为目的的企业，我们不能对其要求过于苛刻。然而，对于苹果公司来说，改变世界是其宏远目标，这种改变应不仅体现在技术上的改进，也应当体现在对社会所负有的责任上。正所谓，能力有多大，责任就有多大。

苹果帝国要更好、更持久地发展，苹果帝国的大佬们在提升产品和服务质量时，在追求自身利益最大化时，在打压竞争对手时，还必须注意保护当地自然环境，维护劳工合法权益，遵守各国法律和文化习俗。

也许，一个懂得进取的苹果，懂得尊重的苹果，懂得责任的苹果，才是未来最完美的苹果，即使它被咬了一口……

参考文献

[1] 沃尔特·艾萨克森.史蒂夫·乔布斯传[M].管延圻,等,译.北京:中信出版社,2011.
[2] 春山惠一.乔布斯革命[M].陶旭瑾,译.北京:东方出版社,2011.
[3] 约翰逊·奥格雷迪.改变世界的苹果[M].侯晓蕾,译.北京:中信出版社,2011.
[4] 杰伊·埃利奥特,威廉·西蒙.爱乔布斯——改变世界的方法[M].刘世东,等,译.北京:中信出版社,2011.
[5] 卡迈恩·加洛.非同凡"想":乔布斯的创新启示[M].陈毅骊,译.北京:中信出版社,2011.
[6] 杰弗里·扬,威廉·西蒙.活着就为改变世界:史蒂夫·乔布斯传[M].蒋永军,译.北京:中信出版社,2010.
[7] 张意源.乔布斯谈创新[M].深圳:海天出版社,2011.
[8] 李屹立.苹果的哲学[M].南京:江苏人民出版社,2011.
[9] 李雪莹.破坏性创新理论的实例分析——论iPod的发展策略[J].丽水学院学报,2010(8):36-39.
[10] 梅成健.我国技术创新型企业的知识产权保护——由苹果皮5200引发的思考[J].企业家天地,2011(6):175.
[11] 高境.草根制造"苹果皮"[J].光彩,2011(1):22-23.
[12] 薛广文."苹果皮"与"越狱"合法化的探讨[J].中国发明与专利,2011(4):28-29.
[13] 袁真富.苹果皮520中国式创新的法律风险[J].电子知识产权,2010(10):32-36.
[14] 毛磊.iPod音乐播放器奏响专利战序曲[J].中国发明与专利,2005(10).
[15] 陈睿.破解苹果iPod的流行密码[J].广告大观,2007(4):70-72.
[16] 刘成.苹果iP家族大揭秘——走进iPod、iPhone、iPad的世界[J].微电脑世界,2011(7):68-69.
[17] 蔡恩泽.红透的苹果要变味——光鲜苹果背后不为人知的秘密[J].微电脑世界,2012(2):111-112.
[18] 王雷.向诺基亚苹果学习专利战略[J].中国发明与专利,2010(6):4.
[19] 钱敏.浅析苹果公司的知识产权管理及竞争优势获取[J].科技与法律,2010(2):45-48.
[20] 贾晓辉.从IPhone看苹果公司的知识产权经营之道[J].中国通信,2010(22):23-24.
[21] 彭小波.从iPhone手机看苹果公司的创新[J].航天工业管理,2010(12):27-30.
[22] 李佳怿.从苹果创新看新技术商业化[J].科技管理,2010(4):120.
[23] 钟星.解密苹果公司大崛起[J].人力资源,2010(5):80-83.
[24] 周春慧.高智发明:创新"天使"还是专利"魔鬼"?[J].电子知识产权,2011(6):17-18.
[25] 鲁灿.从ebay案看美国专利保护趋势——兼论我国专利"停止侵权"责任方式[J].电子知识产权,2006(9):48-52.
[26] 王伟光.软盘的风雨历程[J].电脑知识与技术,2006(3):70-71.
[27] 刘菊艳.苹果公司和电子出版:一场教科书革命[J].世界科学,2012(3).
[28] 张艳.数码播放器品牌形象传播研究——以ipod为例[D].北京:北京工商大学,2010.
[29] 赵建国.苹果:创新的世界很精彩[N].中国知识产权报,2011-04-20(4).
[30] 高林.被咬过一口的苹果改变了世界[N].东方早报,2011-02-13(B09).

[31] HTC称滑动解锁等触摸屏技术并未侵犯苹果专利[EB/OL]. (2012-04-20)
http://info.china.alibaba.com/news/detail/v0-d1026023083.html.

[32] "苹果"好吃树难栽[EB/OL]. (2012-04-01)
http://www.wangminjie.cn/lianjie/listinfo-115811.html.

[33] iPhone的滑动解锁的灵感源于什么？苹果为什么决定如此设计？[EB/OL]. (2012-03-08)
http://wenku.baidu.com/view/47c95c2a0066f5335a812113.html.

[34] iPhone的全部隐藏功能[EB/OL]. (2012-02-01)
http://wenku.baidu.com/view/7ac1792d915f804d2b16c10c.html.

[35] 突出苹果的重围——从"滑动解锁"看中国式创新[EB/OL]. (2011-12-12)
http://djt.qq.com/portal.php?mod=view&aid=66.

[36] 苹果获滑动解锁专利[EB/OL]. (2011-10-27)
http://anzhuo.paojiao.cn/android/allinfo/2/47174.html.

[37] 苹果在德首次胜诉摩托获"滑动解锁"使用专利[EB/OL]. (2012-02-17)
http://tech.sina.com.cn/t/2012-02-17/06046735251.shtml.

[38] 乔布斯：细节+体验+全局[EB/OL]. (2010-01-18)
http://tech.163.com/10/0118/10/5TA8K96R00093879.html.

[39] 瑞典公司称自己才是"滑动解锁"专利的合法持有人[EB/OL]. (2012-02-29)
http://www.paojiao.cn/android/xinwen/65598.html.

[40] 有关苹果获得滑动解锁专利的分析[EB/OL]. (2011-12-27)
http://wenku.baidu.com/view/a089eac18bd63186bcebbc54.html.

[41] App Store 审核指南（中文版）[EB/OL]. (2010-10-22)
http://wenku.baidu.com/view/7ed13f868762caaedd33d45f.html.

[42] 与乔布斯恩怨交织，Adobe与苹果关系日趋紧张[EB/OL]. (2011-12-13)
http://tech.sina.com.cn/it/2011-12-13/11246487031.shtml.

[43] 苹果平板iPad 2采用新型耳机插孔设计[EB/OL]. (2011-03-16)
http://www.it.com.cn/notebook/news/hy/2011031611/972589.html.

[44] 苹果iPad 2的耳机插孔解剖图[EB/OL]. (2011-03-31)
http://blog.zol.com.cn/2613/article_2612639.html.

[45] 苹果新专利：为制造更薄的设备而缩小音频接口[EB/OL]. (2011-03-11)
http://www.weiphone.com/apple/news/2011-03-11/Apple_s_new_patent__for_the_manufacture_of_thinner_and_reduce_the_audio_interface_device_231980.shtml.

[46] 苹果再获31项新专利，涵盖NFC、位置信息等[EB/OL]. (2011-11-16)
http://www.iteye.com/news/23393.

[47] 苹果iTravel专利获批 包含Passbook和NFC功能[EB/OL]. (2012-07-11)
http://info.china.alibaba.com/news/detail/v0-d1029988501.html.

[48] NFC前景与问题[EB/OL]. (2008-03-21)
http://www.rfidchina.org/news/readinfos-28198-178.html.

[49] 移动研究院黄晓庆：iPhone带来流量3年增50倍[EB/OL]. (2009-12-08)
http://tech.qq.com/a/20091208/000342.htm.

[50] 苹果称没将Kindle看作是电子书市场威胁[EB/OL]. (2012-03-12)
http://scitech.people.com.cn/h/2012/0312/c227887-2921164950.html.

[51] 未来有跟iPhone 4S一样多点触控投影仪[EB/OL]. (2012-05-28)
http://iphone.265g.com/news/115755.html.

[52] 苹果又来触控新专利：3D来袭[EB/OL]. (2011-07-12)
http://cn.engadget.com/2011/07/12/apple-seeks-patents-for-3d-and-physics-metaphor-gesture-contro/.

[53] 浅析苹果的封闭生态圈[EB/OL]. (2012-05-20)
http://wenku.baidu.com/view/00f5fbed172ded630b1cb63c.html.

[54] 封闭苹果内的开放世界[EB/OL]. (2012-02-17)
http://www.chinavalue.net/Biz/Blog/2012-2-17/880276.aspx.

[55] 苹果公司企业文化[EB/OL]. (2010-11-18)
http://wenku.baidu.com/view/d1063688d0d233d4b14e6996.html.

[56] IT巨头混战平板市场 三大系统争霸格局初现[EB/OL]. (2012-07-12)
http://finance.eastmoney.com/news/1360,20120712221759414.html.

[57] 后乔布斯时代Apple的下一步在哪里？[EB/OL]. (2011-08-26)
http://www.chinaz.com/news/2011/0826/207146.shtml.

[58] 后乔布斯时代：苹果和它的对手们[EB/OL]. (2011-08-26)
http://business.sohu.com/20110826/n317447578.shtml.

[59] 从苹果发布地图看导航地图及智能交通的发展方向[EB/OL]. (2011-06-26)
http://www.beareyes.com.cn/2/lib/201206/28/20120628319.htm.

[60] 触摸屏技术专题分析报告[EB/OL]. (2011-09-24)
http://wenku.baidu.com/view/d294791ec281e53a5802ffcc.html.

[61] 分析师称微软多点触控专利申请早于苹果[EB/OL]. (2009-04-01)
http://tech.qq.com/a/20090401/000336.htm.

[62] 苹果公司：没了国王的小王国[EB/OL]. (2011-10-24)
http://news.itxinwen.com/communication/foreign/2011/1024/361463.html.

[63] 苹果公司中国专利布局之憾[EB/OL]. (2011-10-18)
http://tech.hexun.com/2011-10-18/134327679.html.

[64] 苹果起诉摩托罗拉侵犯六项专利[EB/OL]. (2010-11-01)
http://xa.yesky.com/388/11623888.shtml.

[65] 比阿汤哥更迷人,细数碟中谍4中的科技产品[EB/OL]. (2012-02-15)
http://www.newhua.com/2012/0215/145727.shtml.

[66] 手机编年史：回顾移动电话走过的七十年[EB/OL]. (2011-05-11)
http://www.dospy.com/news/baike/2011-05-11/4894.html.

[67] 微软推出桌面计算机 双手掀起界面操作革命[EB/OL]. (2007-05-30)
http://news.mydrivers.com/1/84/84233.htm.

[68] 苹果再度于美国ITC控告宏达电 [Apple v. HTC 专利战争] [EB/OL].
http://cdnet.stpi.org.tw/techroom/pclass/2011/pclass_11_A172.htm.

[69] 智能巅峰对决,苹果不该被神话[EB/OL]. (2012-04-01)
http://digi.tech.qq.com/a/20120401/001207.htm.

[70] 3GPP标准专利侵权, Core Wireless Licensing控告苹果iPad及iPhone 3G等多项产品[EB/OL].
http://cdnet.stpi.org.tw/techroom/pclass/2012/pclass_12_A052.htm.

[71] iPad上市前夕义隆电于ITC再告苹果专利侵权[EB/OL].
http://cdnet.stpi.org.tw/techroom/pclass/2010/pclass_10_A059.htm.

[72] 传闻苹果愿意授权, 每部手机收取5~15美元的专利费[EB/OL].
http://cdnet.stpi.org.tw/techroom/pclass/2012/pclass_12_A053.htm.

[73] 摩托罗拉对苹果提出控告,智能型手机专利混战开打[EB/OL].
http://cdnet.stpi.org.tw/techroom/pclass/2010/pclass_10_A272.htm.

[74] 苹果控告宏达电侵犯其智能型手机专利, 目标在Google? [EB/OL].
http://cdnet.stpi.org.tw/techroom/pclass/2010/pclass_10_A035.htm.

[75] 苹果与三星互告事件观察 [EB/OL].
http://cdnet.stpi.org.tw/techroom/pclass/2011/pclass_11_A116.htm.

[76] 威盛电子加入战局在美国控告苹果 (VIA + S3 Graphics vs. Apple + AMD)[EB/OL].
http://cdnet.stpi.org.tw/techroom/pclass/2011/pclass_11_A225.htm.

[77] 乔布斯如何改变世界[EB/OL]. (2011-11-01)
http://v.youku.com/v_show/id_XMzE4MTY4ODU2.html.

[78] 福布斯:为什么乔布斯比盖茨更杰出[EB/OL]. (2009-02-22)
http://www.kuqin.com/itman/20090222/36078.html.

[79] ipod背后的故事[EB/OL].
http://wk.baidu.com/view/fd86ec896529647d27285295?pn=1&ssid=&from=&bd_page_type=1&uid=wk_1313591146_356&pu=sl%401%2Cpw%401000%2Csz%40240_320%2Cpd%401%2Cfz%402%2Clp%404%2Ctpl%40color%2C&st=1&set=jp&maxpage=5&wk=rd.

[80] 背后故事:看iPod操作转盘历代改进[EB/OL]. (2004-09-27)
http://tech.sina.com.cn/digi/2004-09-27/0921432171.shtml.

[81] 背后的故事:关于多触点技术的发明者[EB/OL]. (2009-05-15)
http://news.weiphone.com/2009-05-15/beihoudegushiguanyuduochudianjishudefamingzhe_201169.shtml.

[82] 苹果微软发动专利攻势 Android阵营屡战屡败[EB/OL]. (2011-12-21)
http://www.cnbeta.com/articles/166525.htm.

[83] 万名用户签名要求美专利局停止软件专利授权[EB/OL]. (2011-10-25)
http://www.lupaworld.com/article-214120-1.html.

[84] HTC在美被判侵犯苹果专利 部分型号手机获4个月缓冲期[EB/OL]. (2011-12-21)
http://finance.ifeng.com/news/tech/20111221/5305850.shtml.

[85] 苹果获滑动解锁手势专利 其他公司或成被告[EB/OL]. (2011-10-26)
http://tech.sina.com.cn/it/2011-10-26/08516231889.shtml?from=iasknominate.

[86] 分析称iPhone 4无法阻挡Android崛起[EB/OL]. (2010-06-08)
http://tech.sina.com.cn/t/2010-06-08/08244283626.shtml.

[87] Steve Jobs' Patents[EB/OL]. (2011-08-24)

http://www.nytimes.com/interactive/2011/08/24/technology/steve-jobs-patents.html.

[88] 乔布斯十大酷炫专利：含苹果商店楼梯专利[EB/OL]. (2011-09-20)
http://www.chinaz.com/news/2011/0920/210976_2.shtml.

[89] 盘点乔布斯七大经典专利：玻璃楼梯榜上有名[EB/OL]. (2011-08-26)
http://it.sohu.com/20110826/n317458894.shtml.

[90] 你知道吗？苹果iPod操作转盘背后的秘密[EB/OL]. (2004-09-29)
http://tech.163.com/04/0929/15/11F5SR070009155V.html.

[91] 微软和苹果聘请语言学家进行App Store商标诉讼[EB/OL]. (2011-03-30)
http://ipad.duowan.com/1103/165405653717.html.

[92] 从硬件"斗法"到软件 苹果起诉亚马逊[EB/OL]. (2011-03-30)
http://tech.qq.com/a/20110330/000084.htm.

[93] 法院驳回苹果诉讼 允许亚马逊用App Store名称[EB/OL]. (2011-07-07)
http://tech.qq.com/a/20110707/000226.htm.

[94] App Store涉嫌盗版侵权 苹果公司遭集体起诉[EB/OL]. (2011-06-25)
http://tech.sina.com.cn/it/2011-06-25/00485690266.shtml.

[95] 苹果就"App Store"的名称起诉亚马逊[EB/OL]. (2011-03-23)
http://article.yeeyan.org/view/89342/181901?from=rss_related.

[96] 苹果新专利：通过面部识别判断用户喜好[EB/OL]. (2011-12-30)
http://www.chinaz.com/news/2011/1230/229389.shtml.

[97] Lodsys专利风波详解[EB/OL]. (2011-05-20)
http://apple4.us/2011/05/on-lodsys-kerfuffle.html.

[98] 苹果HTC专利战年终盘点：历时近两年[EB/OL]. (2011-12-31)
http://www.enet.com.cn/article/2011/1231/A20111231953416.shtml.

[99] 宏达电反击苹果新方式：从公共利益向WTO求助[EB/OL]. (2011-12-18)
http://telecom.chinabyte.com/272/12225272.shtml.

[100] 基础专利储备不足成苹果软肋[EB/OL]. (2011-12-15)
http://www.cnipr.com/news/gwdt/201112/t20111215_139719.html.

[101] 软件专利的荒谬性[EB/OL]. (2011-06-25) http://www.tudou.com/programs/view/RIqCrm7sn-8/.

[102] 乔布斯的十大炫酷专利[EB/OL]. (2011-10-08)
http://www.tudou.com/programs/view/7EmowF5KX9Y/.

[103] 技术专利是关键 触控技术发展历程和趋势[EB/OL]. (2011-10-17)
http://info.av.hc360.com/2011/10/171405381509.shtml.

[104] 苹果有意授权低级别专利 保留部分供iOS专用[EB/OL]. (2011-10-17)
http://www.weiphone.com/apple/news/2011-10-17/Apple_intends_to_retain_part_of_the_patent_license_for_low-level_special_iOS_246269.shtml.

[105] 微软甲骨文苹果连环诉讼拉响Android专利地雷[EB/OL].
http://bbs.dospy.com/thread-12355852-1-464-1.html.

[106] 热点聚焦：移动终端系统的专利战争[EB/OL]. (2011-07-26)
http://www.lupaworld.com/article-212469-2.html.

[107] 魅族斗苹果 iPhone外观专利无效案公审[EB/OL]. (2010-11-17)
http://www.pcpop.com/doc/0/599/599743_all.shtml#p1.

[108] 苹果提出OLED改善耗电的技术US20110267279[EB/OL].
http://cdnet.stpi.org.tw/techroom/pclass/2011/pclass_11_A262.htm.

[109] 以人为本 苹果iPhone十项生活最佳应用[EB/OL]. (2010-05-12)
http://www.pcpop.com/doc/0/530/530893_all.shtml.

[110] 一直被模仿、从未被超越：谈iPhone优势[EB/OL]. (2008-10-20)
http://www.cnmo.com/reviews/24626.html.

[111] 苹果申请三专利 iPhone或用雷电高速数据接口[EB/OL]. (2012-01-06)
http://it.sohu.com/20120106/n331360978.shtml.

[112] 安卓压力大了 苹果拿下"滑动编辑"专利[EB/OL]. (2012-01-06)
http://tech.sina.com.cn/n/pad/2012-01-06/05591993623.shtml.

[113] 苹果将向台湾义隆支付500万美元和解专利纠纷[EB/OL]. (2012-01-06)
http://tech.qq.com/a/20120106/000275.htm.

[114] 苹果陷入专利官司 涉及iTunes商店等大量专利[EB/OL]. (2010-05-24)
http://www.weiphone.com/apple/news/2010-05-24/Apple_s_iTunes_store_into_a_patent_lawsuit_involving_a_large_number_of_patents_etc._217039.shtml.

[115] Droplets起诉亚马逊和苹果等侵犯网络专利[EB/OL]. (2011-12-23)
http://www.shengyidi.com/news/d-657089/.

[116] iTunes视频转换侵权？苹果遭新的专利官司[EB/OL]. (2010-09-28)
http://apple.tgbus.com/news/class/201009/20100928114356.shtml.

[117] 苹果iPod和iTunes涉嫌侵犯专利被起诉[EB/OL]. (2011-11-19)
http://www.cheeyo.com/a/lvyouluntan/20111119/95.html.

[118] 苹果iTunes等产品被诉侵犯专利[EB/OL]. (2011-12-22)
http://www.shengyidi.com/news/d-655644/.

[119] 盘点苹果移动技术七次专利诉讼之争[EB/OL]. (2011-06-23)
http://news.mydrivers.com/1/197/197331.htm.

[120] 苹果专利证实了iTunes云媒体服务[EB/OL]. (2011-05-20)
http://www.leiphone.com/itunes-apple-cloud.html.

[121] 评论：专利费用过高会伤害创新[EB/OL]. (2011-08-11)
http://tech.ifeng.com/it/detail_2011_08/11/8332731_0.shtml.

[122] 畅想未来：iPod和iTunes未来十年会怎样？[EB/OL]. (2012-01-05)
http://www.cnbeta.com/articles/168148.htm.

[123] Apple Industrial Design Group[EB/OL]. (2012-05-20)
http://en.wikipedia.org/wiki/Apple_Industrial_Design_Group.

[124] Mac OS X 背后的故事[EB/OL]. (2011-11-22)
http://www.douban.com/group/topic/23658084/.

[125] iTunes version history[EB/OL]. (2012-05-20)
http://en.wikipedia.org/wiki/ITunes_version_history.

[126] "高智发明"进入中国：是机会还是威胁[EB/OL]. (2009-10-10)
http://www.istis.sh.cn/list/list.aspx?id=5409.

[127] 专利"巨鳄"吞噬中国国家利益?[EB/OL]. (2010-09-19)
http://tech.hexun.com/2011-09-19/133491278.html.

[128] 还原iPad商标案：苹果和唯冠谁欺骗了谁[EB/OL]. (2012-02-18)
http://tech.sina.com.cn/it/2012-02-18/01496739205.shtml.

[129] 追随历史足迹 谈平板电脑忐忑发展史[EB/OL]. (2010-08-26)
http://bak3.beareyes.com.cn/2/lib/201008/26/20100826311.htm.

[130] 如果安卓是"偷来的"，那么iPhone也是[EB/OL]. (2012-02-26)
http://www.guokr.com/article/100693/.

[131] Android OEM厂商杯具 苹果获滑动解锁专利[EB/OL]. (2011-10-27)
http://tc.people.com.cn/h/2011/1027/c227890-499045566.html?prolongation=1.

[132] 苹果与Android专利核战始末[EB/OL]. (2012-03-30)
http://www.pss-system.gov.cn/sipopublicsearch/portal/showContentDetailAC!showContentDetail.do?wee.bizlog.modulelevel=0100103&contentId=bbef931bf48e4c9ea1c511438134433f&catalogIdForNV=case.

[133] 苹果创意：非"核心专利"体系布局[EB/OL]. (2012-03-26)
http://www.pss-system.gov.cn/sipopublicsearch/portal/showContentDetailAC!showContentDetail.do?wee.bizlog.modulelevel=0100103&contentId=7b415456813b4d49b2a47b74f77ce889&catalogIdForNV=case.

[134] 苹果公司:3D手势专利Pinch-and-Pull +旋转[EB/OL].
http://cdnet.stpi.org.tw/techroom/pclass/2012/pclass_12_A106.htm.

[135] 美国最高法院要求重审一项重要的软件专利裁决[EB/OL]. (2012-05-24)
http://www.ipr.gov.cn/guojiiprarticle/guojiipr/guobiehj/gbhjnews/201205/1295070_1.html.

[136] 三星与苹果专利谈判破裂[EB/OL]. (2012-05-25)
http://it.zaobao.com/pages10/commerce120525.shtml.

[137] 乔布斯给中国CEO的三堂课[EB/OL]. (2011-05-17)
http://www.bianlun.net/forum.php?mod=viewthread&tid=46254&highlight.

[138] 国内专利人起诉iPod侵权：曾索赔600万美元[EB/OL]. (2012-06-14)
http://www.cnipr.com/news/dxal/201206/t20120614_144040.html.

[139] 1984-2011苹果历代显示器进化历程回顾[EB/OL]. (2011-08-05)
http://blog.sina.com.cn/s/blog_462e5c4f0102dtxp.html.

[140] 苹果鼠标26年进化：从机械到多点触控[EB/OL]. (2010-07-26)
http://blog.pconline.com.cn/article/1997564.html.

[141] The Complete iTunes History -- SoundJam MP to iTunes 9 [EB/OL]. (2009-11-09)
http://www.maclife.com/article/feature/complete_itunes_history_soundjam_mp_itunes_9.

[142] 全面回顾苹果 iPod六代传世家族史诗[EB/OL]. (2007-06-05)
http://hi.baidu.com/lovefhj/blog/item/b82ca0fd20e40d1708244d1f.html.

[143] 十年之后 再度评测第一代iPod[EB/OL]. (2011-10-25)
http://games.cntv.cn/2011/news_09_1025/56662.shtml.

[144] 平板电脑登陆中国 WinXP Tablet PC中文版发布[EB/OL]. (2002-12-03)

http://it.enorth.com.cn/system/2002/12/03/000465453.shtml.

[145] 再一次改变一切？苹果MacBook历史回顾[EB/OL]．（2010-10-20）

http://notebook.pconline.com.cn/news/1010/2247041.html.

[146] 打开月光宝盒,苹果笔记本发展史[EB/OL]．（2005-06-14）

http://www.yesky.com/guangdong/296956100429742080/20050614/1954729.shtml.

[147] 苹果iPhone无线充电器评测[EB/OL]．（2010-03-16）

http://tech.sina.com.cn/mobile/n/2010-03-16/17153949990.shtml.

[148] Altair-8800诞生记[EB/OL]．（2010-04-03）

http://tech.ifeng.com/management/detail_2010_04/03/508731_0.shtml.

[149] PC History [EB/OL]. http://www.pc-history.org/index.html.

[150] Timeline of Computer History [EB/OL].

http://www.computerhistory.org/timeline/?category=cmptr.

[151] Total share: 30 years of personal computer market share figures [EB/OL]．（2005-12-15）

http://arstechnica.com/features/2005/12/total-share/8/.

[152] Dan Bricklin's Web Site [EB/OL].

http://www.bricklin.com/.

[153] http://apple2history.org/history.

[154] A History of the GUI [EB/OL]．（2005-05-05）

http://arstechnica.com/features/2005/05/gui.

[155] http://www.oldapps.com/category/video_utilities.

[156] iPad商标案：苹果的缩影与宿命[EB/OL]．（2012-02-08）

http://www.menet.com.cn/Articles/Marketing/201202/20120208140726726_60764.html?k=2053242490.

[157] MP3播放器十年大纪事[EB/OL]．（2010-10-09）

http://wenku.baidu.com/view/4365a729bd64783e09122bc2.html.

[158] 陈新焱．"苹果皮"兄弟仓库创业记[EB/OL]．（2010-08-26）

http://www.infzm.com/content/49351.

[159] 苹果-创新专利案跟踪：庭外和解,为共同抵御微软？[EB/OL]．（2006-07-12）

http://www.esmchina.com/ART_8800069762_1400_2202_0_4300_9fbad8a8.HTM.

[160] 苹果抛1亿美元橄榄枝,与创新和解专利纠纷[EB/OL].

http://www.cnwnews.com/Html/tech/tech_it/2006-8/24/1725383911.html.

[161] 苹果iPod十年变迁史（图文）[EB/OL]．（2011-10-21）

http://roll.sohu.com/20111021/n322968916.shtml.

[162] 考古第一款硬盘MP3播放器康柏PJB-100[EB/OL]．（2005-09-06）

http://mp3.yesky.com/mp3news/57/2103557.shtml.

[163] 光辉岁月：MP3历史回顾2000年、2001年、2003年、2004年系列[EB/OL].

http://bbs.voc.com.cn/topic-4378-1-1.html.

[164] MP3播放器技术发展史[EB/OL]．（2012-02-18）

http://wenku.baidu.com/view/dc9b6970f46527d3240ce078.html.

[165] 音乐播放器发展史[EB/OL]．（2010-05-27）

http://wenku.baidu.com/view/bfb4e7bff121dd36a32d8295.html.

[166] 数字光盘30年发展史回顾[EB/OL]. (2011-07-01)

http://wenku.baidu.com/view/70815e8fa0116c175f0e485b.html.

[167] "苹果皮"或涉及专利侵权 苹果已申请美国专利[EB/OL]. (2010-09-21)

http://productnews.itxinwen.com/mobile/2010/0921/171352.html.

[168] PALM中的独行之美-SONY CILE系掌上电脑（上）[EB/OL]. (2002-11-12)

http://bak1.beareyes.com.cn/2/lib/200211/11/20021111267.htm.

[169] iPod十年奇异创新[EB/OL]. (2011-10-26)

http://roll.sohu.com/20111026/n323476133.shtml.

[170] iPod真正的发明者穷困潦倒买不起iPod [EB/OL]. (2008-09-10)

http://www.china.com.cn/v/news/society/ 2008-09/10/content_16423500.htm.

[171] iPod的诞生故事[EB/OL]. (2011-08-29)

http://www.alibuybuy.com/posts/51717.html.

[172] 从2001到2008历代苹果iPod产品回顾[EB/OL]. (2008-03-14)

http://tech.sina.com.cn/digi/mp3/2008-03-14/08342077747.shtml.

[173] 从SoundJam MP到iTunes 9 [EB/OL]. (2009-09-18)

http://news.weiphone.com/news/apple/blog/2009-09-18/congSoundJam_MPdaoiTunes_9_206106.shtml.

[174] Apple App Store应用程序商店调研报告[EB/OL]. (2011-02-15)

http://wenku.baidu.com/view/ 9e811f878762caaedd33d40e.html.

[175] 拒绝抄袭：苹果获得iTunes软件界面专利[EB/OL]. (2004-05-13)

http://tech.sina.com.cn/other/2004-05-13/0854360914.shtml.

[176] 苹果革新：iTunes音乐商店取消DRM保护[EB/OL]. (2009-01-08)

http://www.it.com.cn/f/audio/ 091/8/725493.htm.

[177] iPod touch – 你所见所做的一切都呈现出色效果[EB/OL].

http://www.apple.com.cn/ ipodtouch/features/retina-display.html.

[178] 苹果中国代工厂调查：光环背后艰难生存[EB/OL]. (2012-01-12)

http://finance.ifeng.com/news/tech/20120112/5442830.shtml.

[179] 苹果入职信：你会热爱的工作[EB/OL]. (2012-05-07)

http://www.ifanr.com/86666.

[180] 苹果公司未来的发展趋势[EB/OL].

http://www.weiphone.com/apple/news/2011-10-14/Apple_s_future_development_trend_242854.shtml.

[181] 苹果公司中国专利布局情况概述[EB/OL]. (2012-02-16)

http://news.gbicom.cn/wz/21197.html.

[182] 苹果的战略及启示[EB/OL]. (2010-10-02)

http://wenku.baidu.com/view/2d34f385ec3a87c4028c43f.html.

[183] 苹果成功的秘密[EB/OL]. (2011-08-24)

http://ishare.iask.sina.com.cn/f/18347324.html?from=like&retcode=0.

[184] 聂士海. 高智发明：专利创富新模式[EB/OL]. (2011-12-27)

http://wenku.baidu.com/view/85b763ed856a561252d36f90.html.

[185] 专利投机人报告[EB/OL]．（2011-03-08）
　　　http://www.cnipr.com/news/dailykeyword/201103/t20110308_126310.html.
[186] 树大招风，苹果成为被专利流氓起诉最多的科技公司[EB/OL]．（2012-04-14）
　　　http://www.cnbeta.com/articles/182502.htm.
[187] 苹果微软建联盟抢夺专利被指专利流氓[EB/OL]．（2012-05-23）
　　　http://discovery.163.com/12/0523/09/8269MPGC000125LI.html.
[188] 苹果获得干涉Lodsys案授权 可帮助开发者抗击专利流氓[EB/OL]．（2012-04-13）
　　　http://www.cnbeta.com/articles/182278.htm.
[189] 全世界应用开发者们联合起来 共同抵制Lodsys和专利流氓[EB/OL]．（2011-08-03）
　　　http://de.appchina.com/news/app-developers-of-the-world-unite-to-fight-lodsys-and-patent-trolls/.
[190] 反专利投机公司RPX成立 大牌公司纷纷加盟[EB/OL]．（2010-06-23）
　　　http://www.cnipr.com/2010/focus/zthc/patenttroll/gz/201006/t20100623_117528.html.
[191] Multi-Touch Systems that I Have Known and Loved
　　　http://www.billbuxton.com/ multitouchOverview.html.
[192] Steve Jobs's Patents[EB/OL]．（2011-08-24）
　　　http://www.nytimes.com/interactive/2011/08/24/technology/steve-jobs-patents.html.
[193] http://www.nx007.com/article/pub_1248761617.htm.
[194] http://www.apple.com.cn.
[195] http://www.patentlyapple.com.
[196] http://www.computerhistory.org.
[197] http://cdnet.stpi.org.tw.
[198] http://www.techcn.com.cn.
[199] https://www.patentfreedom.com.
[200] http://www.cnipr.com.
[201] http://wenku.baidu.com.
[202] http://zh.wikipedia.org.
[203] http://en.wikipedia.org.
[204] http://www.everymac.com.
[205] http://www.uspto.gov.
[206] http://www.epo.org.
[207] http://www.jpo.go.jp.
[208] http://www.sipo.gov.cn.
[209] http://www.taobao.com.
[210] http://www.360buy.com.

（以上网络文献检索时间为2011年10月至2012年8月，为简洁起见，未一一标出具体检索时间，特此说明。）

附录

1. 乔布斯发明年表

- 1955年2月　乔布斯出生在旧金山。
- 1975年6月　乔布斯和沃兹完成Apple I的设计,键盘和显示器从此成为计算机的标配。
- 1976年4月　苹果公司成立。
- 1977年1月　苹果公司正式注册。
- 1977年4月　Apple II首次亮相,此后创造了PC史上的神话。
- 1978年1月　Apple II增加磁盘驱动器,在美国消费电子展上引起轰动。
- 1979年10月　Apple II率先支持电子表格软件VisiCalc,成为办公首选。
- 1979年11月　乔布斯访问施乐PARC研究中心,看到当时最先进的计算机技术。
- 1980年5月　Apple III发布,乔布斯收获人生的第一件专利。
- 1980年12月　苹果公司上市。
- 1983年1月　Apple Lisa发布,图形用户界面和鼠标从此成为个人计算机的标配。
- 1984年1月　Macintosh发布,配合Macintosh发售的广告《1984》成为经典。
- 1985年9月　乔布斯正式辞职,创立Next公司。
- 1986年1月　乔布斯收购Pixar公司,进入电影业。
- 1992年1月　Next公司发布了可在PC上运行的操作系统NextStep。
- 1995年11月　Pixar公司出品的动画电影《玩具总动员》成功上映,Pixar公司成功上市。
- 1996年12月　苹果公司收购Next公司,乔布斯回归苹果公司。
- 1997年9月　乔布斯成为苹果公司的临时CEO。
- 1998年5月　乔布斯为iMac G3申请了专利,这是乔布斯回归苹果公司后申请的第一件外观设计专利。
- 1998年8月　果冻iMac G3发布,苹果公司重新赢利。
- 1999年4月　新版QuickTime发布,乔布斯为QuickTime共申请了9件专利,包括回归苹果公司后的第一件发明专利。
- 1999年7月　贝壳iBook笔记本发布。
- 1999年12月　乔布斯为Aqua中的Dock进行了专利全球布局,在中国申请了第一件发明专利。
- 2000年1月　乔布斯成为苹果公司正式CEO。
- 2001年1月　iTunes正式发布,乔布斯不知不觉中进入音乐产业。乔布斯为iTunes共申请了10件专利。
- 2001年3月　Mac OS X正式发布,苹果公司有了抗衡Windows的终极武器。乔布斯为Mac OS X共申请了19件专利。
- 2001年5月　乔布斯亲自设计的苹果实体店开张。
- 2001年10月　iPod I发布,用户终于可以把1 000首歌放进口袋了,而且还能使用极富创意的滚轮。乔布斯为iPod共申请了42件专利。

- 2001年11月　乔布斯为iMac G4申请了专利，这是乔布斯的第一艘专利航母。乔布斯共为iMac G4申请了12件专利。
- 2002年1月　台灯iMac G4正式发布。
- 2002年6月　iPod 2发布，将机械滚轮改为触控滚轮。
- 2003年4月　iTunes音乐商店正式发布，后改名为iTunes商店，乔布斯涉足音乐销售行业。
- 2004年1月　iPod mini发布，首次使用了Click Wheel。乔布斯为iPod mini共申请了8件专利。
- 2004年3月　乔布斯罕见地为iPad申请了1件专利。
- 2004年7月　iPod 4发布，采用了iPod mini中使用的Click Wheel。
- 2004年8月　相框iMac G5发布，苹果公司的一体机定型。乔布斯为iMac G5共申请了5件专利。
- 2005年1月　Mac mini正式发布。乔布斯为Mac mini申请了4件专利。
- 2005年1月　iPod shuffle发布，只有口香糖大小。乔布斯为iPod shuffle系列共申请了22件专利。
- 2005年9月　iPod nano发布，代替了iPod mini。乔布斯为iPod nano系列共申请了31件专利。
- 2006年1月　乔布斯开始使用Intel的CPU，苹果公司笔记本的名字改为MacBook和MacBook Pro。乔布斯为MacBook和MacBook Pro申请了27件专利。
- 2006年1月　迪斯尼收购Pixar，乔布斯成为迪斯尼的最大个人股东。
- 2007年1月　Apple TV发布。乔布斯为Apple TV共申请了10件专利。
- 2007年6月　iPhone发布，开创了智能手机的新纪元。乔布斯为iPhone系列手机共申请了59件专利，包括乔布斯申请的第二艘专利航母，其中主要涉及多点触控技术，包括滑动关机、界面管理、文本输入、转盘拨号、外观等内容。
- 2007年9月　iPod touch发布，乔布斯为iPod touch系列共申请了11件专利，其中，为iPod touch 4申请的一件专利是乔布斯为音乐播放器申请的最后1件专利。
- 2008年1月　MacBook Air发布，成为历史上最轻薄的笔记本，Unibody开始普及到苹果的所有产品。乔布斯为MacBook Air共申请了10件专利。
- 2009年6月　iPhone 3GS发布，新增了指南针、触控对焦等功能。
- 2010年1月　iPad发布，个人计算机进入新纪元，乔布斯再为iPad申请了2件专利。
- 2010年6月　iPhone 4发布，三轴陀螺仪和视网膜显示屏是最大改进。
- 2011年3月　iPad 2发布，乔布斯最后一次发布苹果新产品。
- 2011年8月　乔布斯因身体原因，不再担任苹果公司的CEO。此时，苹果公司市值已是全球第一。
- 2011年10月　iPhone 4S发布，Siri语音助理成为亮点。
- 2011年10月　乔布斯去世。

2. 苹果公司历年美国专利统计表

年代	提交的专利申请数量（件）	获得的专利权数量（件）
2011	213	680
2010	933	570
2009	760	303
2008	830	192
2007	752	121
2006	474	115
2005	304	92
2004	248	98
2003	215	84
2002	155	81
2001	125	107
2000	81	90
1999	89	174
1998	90	259
1997	130	210
1996	217	170
1995	324	108
1994	186	57
1993	148	50
1992	89	36
1991	52	25
1990	38	24
合计	6 453	3 646

说明：
(1) 上述统计仅含发明专利，不含外观设计专利，未统计苹果公司1990年之前的专利。
(2) 统计时间截至2012年6月，因2011年和2010年的部分专利申请还没有公布以及部分申请的申请人信息不全，统计数据可能存在一定误差。

3. 苹果公司专利按技术主题统计表

序号	技术主题	数量（件）
1	数据处理技术	1 582
2	显示技术	566
3	电源技术	285
4	编码及加密技术	208
5	通信技术	628
6	照相及摄像技术	104
7	PC机械结构	241
8	PC电路结构	361
9	Mac OS X	894
10	键盘及鼠标	95
11	iPod硬件	149
12	iPod操作系统	194
13	iTunes	66
14	iPhone及iPad硬件	295
15	多点触控硬件	154
16	iOS操作系统	168
17	App Store	127
18	PDA	74
19	包装盒	15
20	充电器耳机等附件	149
21	其他	155
	合计	6 510

说明：
（1）上述统计表包含已公布的苹果公司全部发明专利或专利申请，不含外观设计专利。
（2）统计时间截至2012年6月，因部分申请的申请人信息不全，统计数据可能存在一定误差。

4. 苹果公司历年在各主要国家/地区专利申请统计表

年代	美国	欧洲	中国	澳大利亚	日本	韩国	总计（件）
2010	933	113	105	50	43	81	1 845
2009	760	148	148	65	50	108	1 631
2008	830	152	137	91	57	82	1 783
2007	752	166	119	55	64	52	1 697
2006	474	77	43	25	52	23	846
2005	304	88	65	19	48	22	685
2004	248	55	34	6	21	12	487
2003	215	54	6	10	11	9	343
2002	155	27	7	10	12	5	296
2001	125	14	0	10	5	2	198
2000	81	13	3	10	5	1	143
1999	89	24	2	11	8	0	167
1998	90	10	0	3	3	1	146
1997	130	2	0	6	2	0	147
1996	217	30	2	52	5	0	378
1995	324	33	1	119	19	0	647
1994	186	39	1	86	35	0	499
1993	148	23	0	18	25	0	296
1992	89	5	0	4	25	1	174
1991	52	1	0	3	8	0	91
1990	38	6	0	7	22	1	130
合计	6 240	1 080	673	660	520	400	12 629

说明：
(1) 上述统计含发明和实用新型专利，但不含外观设计专利，未统计苹果公司1990年之前的专利申请。
(2) 统计时间截至2012年6月，2010年的部分专利申请还没有公布以及部分申请的申请人信息不全，统计数据可能存在一定误差。

5. 七大消费电子公司美国专利申请对比表

年代	APPLE	NOKIA	HP	MICROSOFT	SONY	SAMSUNG	IBM
2010	933	698	147	2 712	2 696	6 084	4 474
2009	760	913	385	2 203	2 813	5 895	4 516
2008	830	1 098	558	3 119	3 071	7 314	9 668
2007	752	1 035	1 004	3 116	2 986	9 155	6 816
2006	474	1 159	939	3 115	2 748	9 159	4 833
2005	304	1 173	1 641	4 550	3 404	7 202	5 070
2004	248	1 315	1 927	3 542	2 402	5 574	5 076
2003	215	1 104	2 793	1 958	1 831	4 016	5 169
2002	155	857	2 384	1 208	1 566	2 662	4 439
2001	125	967	2 712	965	2 184	2 030	5 107
2000	81	842	1 667	1 068	1 975	1 606	4 485
1999	89	662	1 208	767	1 841	1 672	4 425
1998	90	391	1 043	643	1 680	1 957	3 811
1997	130	412	1 036	505	2 019	1 755	3 636
1996	217	334	893	373	1 496	1 672	2 753
1995	324	152	668	268	1 206	793	2 581
1994	186	96	555	158	980	568	1 845
1993	148	92	450	67	831	473	1 269
1992	89	82	414	66	801	483	1 505
1991	52	48	395	7	621	447	1 240
1990	38	43	342	11	400	271	878
合计	6 240	13 473	23 161	30 421	39 551	70 788	83 596

说明：

（1）上述统计含发明和实用新型专利，但不含外观设计专利。

（2）统计时间截至2012年6月，2010年的部分专利申请还没有公布以及部分申请人信息不全，统计数据可能存在一定误差。

6. 乔布斯历年提交的发明专利申请统计表

年代	PC	iPod	iPhone	其他	合计（件）
1998	0	0	0	0	0
1999	12	0	0	0	12
2000	5	0	0	0	5
2001	3	7	0	0	10
2002	2	6	1	1	10
2003	1	0	0	0	1
2004	0	0	0	5	5
2005	0	5	2	1	8
2006	0	4	9	7	20
2007	0	0	14	0	14
2008	2	0	0	1	3
2009	0	0	0	0	0
2010	0	0	0	0	0
2011	0	0	0	0	0
合计	25	22	26	15	88

说明：
(1) 统计时间截至2012年6月。
(2) 上述统计含乔布斯1998年至2011年作为发明人在美国提交的发明专利申请，不含1998年之前乔布斯获得的2项发明专利。

7. 乔布斯历年获得的外观设计专利统计表

年代	PC	iPod	iPhone	其他	合计（件）
1998	5	0	0	0	5
1999	2	0	0	0	2
2000	12	0	0	0	12
2001	11	12	0	0	23
2002	3	6	0	1	10
2003	1	0	0	0	1
2004	8	21	0	1	30
2005	1	37	0	0	38
2006	13	24	0	2	39
2007	16	35	17	0	68
2008	26	3	10	1	40
2009	0	0	0	0	0
2010	2	1	6	1	10
2011	0	0	0	0	0
合计	100	139	33	6	278

说明：
（1）统计时间截至2012年6月。
（2）上述统计含乔布斯在1998年至2011年作为发明人在美国获得的外观设计专利，不含1998年之前获得的4项外观设计专利。

8. 乔布斯全部专利按技术主题统计表

技术主题	发明	外观设计	总计（件）
分体机	0	8	8
一体机	3	16	19
笔记本	0	41	41
iPad	0	3	3
PC操作系统	13	9	22
PC应用软件	12	0	12
PC外设	0	23	23
iPhone前身	6	0	6
iPhone	20	29	49
iPhone包装	2	2	4
iTunes	3	7	10
iPod	8	34	42
iPod mini/nano	0	41	41
iPod shuffle	6	19	25
iPod touch	0	11	11
iPod外设	0	12	12
iPod包装	0	17	17
Apple TV	7	3	10
其他	8	3	11
总计	88	278	366

说明：
（1）统计时间截至2012年6月。
（2）上述统计含乔布斯在1998年至2011年作为发明人在美国提交的全部发明和外观设计专利申请，不含1998年之前申请的6件专利。

后记

2011年10月5日，前苹果公司CEO史蒂夫·乔布斯不堪病痛折磨，溘然离开人世，结束了他那创业的一生、创新的一生。这是一个让全世界都震惊的消息。

坦率地说，我不是果粉，在写作本书之前，我对苹果公司以及乔布斯本人知道得并不多，不管是对苹果公司惊人的业绩还是对乔布斯过山车般精彩的人生故事，我并不曾过多关注。只是作为一名资深的专利审查员，每年都接触大量的发明，对于发明家尤其是像乔布斯这样的兼职发明家，在内心深处始终怀有一股敬仰之情。也许正是这样的职业心态，在乔布斯去世不久，当知识产权出版社知识产权编辑室主任李琳来找我商量我们能否为乔布斯的发明写点什么的时候，我迅速爆发出一种希望发挥职业特长的激情。在知识产权出版社领导的支持下，我邀请了我的同事高可和李楠，组成三人写作小组，启动写作《乔布斯的发明世界》。

起初，我们热情高涨，信心百倍。然而，我们三人之前不仅没有任何这类题材的写作经验，而且对乔布斯本人以及苹果公司都了解不深，同时我们每人都还有繁重的日常工作，写作过程变得异常艰辛。面对扑面而来的各种信息，我们一度茫然无措，不知到底从何下手。所幸的是，李琳主任对此书的出版胸有成竹，及时为我们提供了非常宝贵的指导，并鼓励我们理清思路，大胆写下去。在写出部分章节初稿后，李琳主任和知识产权出版社发行中心李坚主任对我们撰写的内容和风格给予充分肯定，增强了我们继续完成本书的信心。

在此我们对知识产权出版社李琳主任、李坚主任、胡文彬编辑以及其他为本书出版做出各种努力的同事们深表感谢。

我们还特别感谢国家知识产权局专利局专利审查协作北京中心魏保志主任和国家知识产权局专利局电学发明审查部李永红部长。魏保志主任和李永红部长对我们的写作高度赞赏，不仅不辞辛劳，非常仔细地阅读了本书初稿并为本书的撰写提出了许多非常宝贵的建议，而且还欣然为本书作序。两位领导在序言中热情洋溢的溢美之辞让我们深受鼓舞，让我们进一步坚定了写好本书的决心。

在本书的撰写过程中，还有很多领导和同事为我们提供了非常有益的帮助。国家知识产权局专利审查协作北京中心诸敏刚副主任担任课题负责人、李意平副处长担任课题组组长的《智能手机行业专利分析报告》课题组及时为我们提供的课题报告是本书写作过程中极有价值的参考资料。专利审查协作北京中心同事张仁杰、廖佳佳、王名佳、陈婕、郑宁帮助我们完成了大量的数据标引工作，于立彪副主任、刘斌强为我们贡献了他们手头的宝贵参考资料，北京国之专利预警咨询中心王姣丽总经理以及同事杨震、张辉为本书撰写提出了很多具体的意见。在此向他们深表感谢！

在此，我们还要特别感谢我的同事刘宏伟，他是本书中"苹果公司的专利苹果树"和"乔布斯的专利苹果"两幅彩图的创作人。为了更全面、更美观地展现苹果公司和乔布斯本人的专利，刘宏伟充分发挥了他的美术特长，反复构思，不断改进，精益求精，为本书创作出非常传神的两幅彩图，为我们的写作增添了独具创意的亮点。此外，专利审查协作广东中心审查业务部李奉副主任、刘宏伟、吴斌等同事作为本书初稿的第一批读者，对本书的写作提出了十分中肯的意见。非常感谢同事们为本书所做的一切！

最后，感谢我们的家人为我们做出的默默奉献。在本书的整个写作过程中，由于白天我们都忙于各自的工作，阅读资料、讨论和撰写基本都是在晚上九点之后或周末、节假日进行。有时为了分享突发的写作灵感，我们甚至在深夜还通过电话或邮件进行讨论。在我们忙于本书撰写的同时，我们的家人，不管是妻子或丈夫，还是父母或孩子，都在背后支持着我们，默默地承担着家里的一切劳务。在本书即将付梓之际，我们要深情地说声谢谢。他们是我们取得一切成绩的坚强后盾！

《乔布斯的发明世界》就要出版了。对于我们这个创作团队来说，一方面我想特别感谢两位合作伙伴高可和李楠，在近一年的写作过程中，两位始终任劳任怨，兢兢业业，一直保持着高度的工作热情，优质高效地完成了撰稿工作；另一方面通过一年来的合作，我们彼此加深了了解，增进了友情。我们将携手并肩，期待着读者们的各种反馈，为读者朋友贡献更多、更好的成果。

周胜生 代为后记
2012年8月12日晚